THE CRYSTAL BIBLE

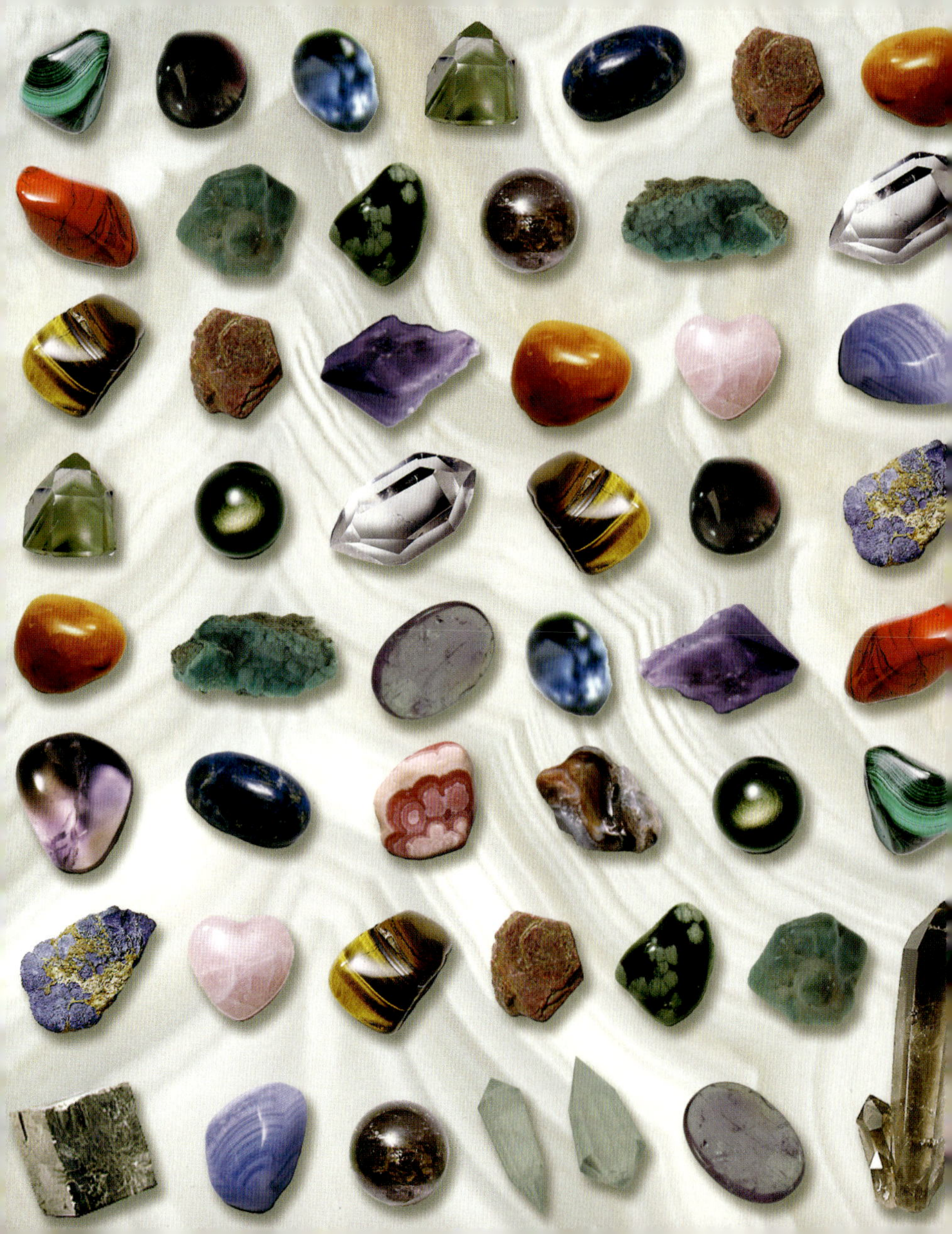

クリスタルバイブル

クリスタル図鑑の決定版

ジュディ・ホール 著
越智 由香 訳

First published in Great Britain in 2003
by Godsfield Press Ltd,
Laurel House, Station Approach, Alresford,
Hampshire SO24 9JH, UK

Copyright © 2003 Godsfield Press
Text copyright © 2003 Judy Hall

Designed and produced for Godsfield Press by
The Bridgewater Book Company

Additional photography by Mike Hemsley at
Walter Gardiner Photography

All rights reserved. No part of this publication may be reproduced,
stored in a retrieval system, or transmitted in any form or by any
means, electronic, mechanical, photocopying, recording, or otherwise.

Judy Hall asserts the moral right to be identified as the author
of this work.

Printed and bound in China

PICTURE ACKNOWLEDGMENTS
Grahame Baker Smith p367
Kate Nardoni of MTG p370

本文中の記号について：単語の後に＊記号を付している場合は、その単語（用語）の完全な解説を「用語集」部分で調べることができます。

注意：本書で提供する情報は、医学的治療の代替や診断に用いることを意図したものではありません。クリスタルには強い効力があり、誤用や乱用を招く恐れがあります。クリスタルの使用に関して疑問がある場合、特にクリスタルヒーリングの領域に関しては、専門の療法家に相談してください。

目　次

クリスタル参照表	6
クリスタルの楽しみ	10
クリスタルの基礎知識	12
クリスタルの成り立ち	14
クリスタルを飾る	18
クリスタルヒーリング	22
クリスタルの選び方	28
クリスタルの手入れ	30
クリスタルを用いた瞑想	32
クリスタル図鑑	**34**
クリスタルの形状	324
クリスタル活用のための情報一覧表	360
用語集	378
索引	384

クリスタル参照表

あ

アイアンパイライト	149
アイオライト	147
アイスランドスパー	92
アイドクレース	146
アクアオーラ	229
アクアマリン	67
アクティベータ／タイム	342, 344
アクロアイト	300
アゲート	38
アズライト	77
アゼツライト	75
アタカマイト	71
アパーチャ	345
アパタイト	62
アパッチティアー	202
アバンダンス	333
アベンチュリン	73
アポフィライト	64
アマゾナイト	49
アメジスト	53
アメトリン	57
アラゴナイト	69
アルマンディン	137
アレキサンドライト	83
アンダルサイト	106
アンドラダイト	137
アンバー	51
アンハイドライト	61
イシス	353
インディコライト	299
インフィニットストーン	265
インペリアルトパーズ	294
ウォーターメロン・トルマリン	302
ウバロバイト	139
ウルフェナイト	316
ウレキサイト	308
エッグ	331
エッチド	339
エメラルド	126
エルバイト	301
エレスチャル	332
エンジュライト	59
エンジェルヘアー	237
オクルージョン	333
オケナイト	204
オニキス	206
オパール	208
オパールオーラ	231
オブシディアン	196
オリビン	212

か

ガーネット	135
カーネリアン	94
カーンゴーム	116
カイアナイト	166
角礫化したジャスパー	159
カテドラル	337
カルサイト	88
カルセドニー	100
ガレナ	134
キー	345
菊花石	109

クリスタル参照表

キャストライト	106	クリソコーラ	111	ジェット	160
キャッツアイ	83	クリソパル	210	ジェネレータ	334
球状ジャスパー	158	クリソプレーズ	113	ジオード	329
クォーザイト	242	クリソベリル	82	シトリン	116
クォーツ	224	クリソライト	212	シナバー	115
クラスター	329	クロスストーン	106	シベリアンブルー・クォーツ	232
クリコソーラを伴ったマラカイト	185	グロッシュラライト	138	ジャスパー	154
		クロライト	108	シャッタカイト	266
		クロライト・ファントム	233	ショール	298
		クンツァイト	162	ジンカイト	320
		ゲートウェイ	345	スギライト	279
		ゴッデス	353	スクエア	331
		コンパニオン	347	スタウロライト	275

さ

クリスタルの楽しみ	10	サードオニキス	256	スティルバイト	277
クリスタルの基礎知識	12	サーペンティン	264	スノークォーツ	242
クリスタルの形状	324	サイモペイン	83	スノーフレーク・オブシディアン	203
クリスタルの手入れ	30	索引	384	スパイラルクォーツ	346
クリスタルの成り立ち	14	サテンスパー	258	スピネル	273
クリスタルの選び方	28	サファイア	252	スペクトロライト	169
クリスタルヒーリング	22	サルファ	281	スペサルタイト	139
クリスタルを飾る	18	サンシャインオーラ	232	スミソナイト	268
クリスタルを用いた瞑想	32	サンストーン	283	スモーキークォーツ	239
クリスタル活用のための情報一覧表	360	シーアストーン	353		
クリスタル参照表	6	シートクォーツ	347		
クリスタル図鑑	34	ジェード	151		
		ジェイダイト	151		

クリスタル参照表

スモーキーハーキマー	143	チャロアイト	104	ハーレクインクォーツ	226
ゼオライト	318	チューライト	287	ハイアライト	211
セプター	340	ツリーアゲート	43	パイナップルアメジスト	56
セラフィナ	262	ディスシーン	166	パイロープ	138
セラフィナイト	262	テクタイト	285	パイロリューサイト	222
セルサイト	98	デザートローズ	261	ハウライト	144
セルフヒールド	344	テレビストーン	308	バサナイト	157
セレスタイト	96	デンドリティックアゲート	43	バナジナイト	312
セレナイト	258	テンペストストーン	218	バリサイト	314
ソーダライト	271	トパーズ	292	ピーターサイト	218
ゾイサイト	322	ドラゴンズブラッド	115	ビクスビアイト	81
ソウルメイト・ツイン	348	ドラバイト	299	ピクチャージャスパー	157
		トランスミッタ	352	ヒッデナイト	165

た

		トルコ石	305	ピラミッド	331
ダイヤモンド	122	ドルフィンストーン	174	フールズゴールド	149
ダイヤモンドウィンドー	343	トルマリン	296	ファイアーアゲート	45
ダイオプテース	124	トルマリンクォーツ	243	ファントム	330
タイガーアイ	288	トルマリン・レピドライト	304	ファントムクォーツ	233
タイガーアイアン	159			ファイアーオパール	211
タビュラー	332			フィッシュテール・セレナイト	
ダブルターミネーティド	328	### な			261
タンザナイト	323	ナチュラルレインボー・		フェナサイト	216
タンジェリンクォーツ	227	クォーツ	227	フォーゲル	357
ダンブライト	120	ネフライト	151	フックサイト	132
チタンクォーツ	227	ネブラストーン	195		
チベット・トルコ石	307				
チベットクォーツ	228	### は			
チャネリング	352	ハーキマーダイヤモンド	142		
		バーナクル	350		

クリスタル参照表

ブッダ（仏陀）	351
ブラッドストーン	84
ブリッジ	350
ブルーペクトライト	174
ブルーレース・アゲート	41
プレナイト	220
フローライト	128
ペタライト	214
ヘッソナイト	138
ヘマタイト	140
ヘリオトロープ	84
ペリドット	212
ベリル	79
ベルデライト	300
ホークアイ	291
ボール	330
ボジストーン	86

ま

マイカ	192
マグネサイト	178
マグネタイト	180
マスコバイト	192
マニフェステーション	335
マホガニーオブシディアン	201
マラカイト	182
マラカイトを伴ったアズライト	78
マンガンカルサイト	92
水入り	327
ミルククウォーツ	242
ムーカイト	157
ムーンストーン	190
メラナイト	138
メルリナイト	186
モスアゲート	47
モルガナイト	80
モルダバイト	187

や

ユナカイト	310
用語集	378

ら

ライオライト	248
ライフパス・クリスタル	346
ラピスラズリ	172
ラブライト	279
ラブラドライト	169
ラリマー	174
リチウムクォーツ	227
ルチルクォーツ	237
ルビー	250
ルビーオーラ	231
ルベライト	302
レイヤード	332
レインボーオーラ	230
レインボーオブシディアン	201
レインボークォーツ	227
レコードキーパー	338
レピドライト	176
ローズオーラ	231
ローズクォーツ	235
ロードクロサイト	244
ロードストーン	180
ロードナイト	246
ロードライト	138
ロイヤルプルーム・ジャスパー	158
ロンボイドカルサイト	93

わ

ワンド	354

クリスタルの楽しみ

　誰もがみな宝石に引きつけられます。ダイヤモンドやルビー、エメラルド、サファイアは世界中で珍重されています。これらはまさに貴石で、心を高揚させてくれます。その輝きは、「クリスタル」という言葉を聞いてほとんどの人が思い浮かべるものです。同じように珍重されているものとして、カーネリアン、ガーネット、ロッククリスタル、ラピスラズリなどの半貴石があります。これらは装飾目的や権力の象徴として何千年にもわたって用いられてきました。しかし、このようなクリスタルが珍重されてきた理由は、その美しさ以上に、それぞれが持つ聖なる意味にありました。古代の文化では装飾上の効果と同様に癒しの力が重要な意味を持っていました。

　クリスタルは現在でも同じ特性を持っていますが、そのすべてに宝石のような華やかさがあるわけではありません。宝石に比べると地味で表面的な魅力が少ないクリスタルですが、その力は非常に強いのです。宝石自体も自然な未加工の状態では簡単に見逃されてしまう可能性がありますが、その特性には変わりがなく、例えば、未加工のサファイアはファセット加工されたものの数分の一の値段でありながら、最高レベルの輝きを放つ宝石と同じ効果を持つのです。

　たいていの人は何年も流行が続いているアメジストやマラカイト、オブシディアンなどのクリスタルになじみがありますが、最近では、ラリマーやペタライト、フェナサイトなどの新しいクリスタルが店頭に出回るようになっています。これらは「ニューエイジの石」です。これらは、地球および地球上のすべてのものの進化を促

進する石として知られるようになりました。非常に高い波動を持ち、その波動が意識を高揚させ、より高次のチャクラ*を開いて異次元と交流するのです。これらのクリスタルがもたらす恵みを享受するには、その利用法を知ることが非常に重要です。

　本書は、クリスタルの世界に足を踏み入れようとするあなたの手助けとなるようにセクション別に構成されています。必要となるであろう情報をすべて網羅しながら、クリスタルの楽しさ、ヒーリングツールとしての使用法や装飾的な側面、クリスタルの成り立ち、手入れ方法をご紹介します。冒頭部分のクリスタル参照表を利用して、名前がわかっている特定のクリスタルを名前で検索し、本書の大部分を占める図鑑部分でその特性を調べることができます。また、この図鑑部分を使ってクリスタルを特定することもできます。巻末の総合索引では、症状と特性を相互参照できるようになっています。具体的には、索引を使ってある特定の効果を持つクリスタルや特定の目的のためのクリスタルを探すことができます。p.378-383の用語集では、なじみのない用語の意味を調べることができます。

　クリスタルには無数の形状があり、現在ではその多くに、例えばチャネリングやアバンダンスクリスタルのように機能を表す名前がつけられています。特定のファセットの形状を確認したり、あるいはクリスタルがどのような形をしているかを調べるには、「クリスタルの形状」のセクションに目を通してください。このセクションに続いて「情報一覧表」のページが設けられており、身体や十二星座とクリスタルの関係、ジェムレメディ（宝石療法）、ヒーリングレイアウト（ヒーリングのためのクリスタルの配置法）、愛の儀式といった有用な情報を提供しています。

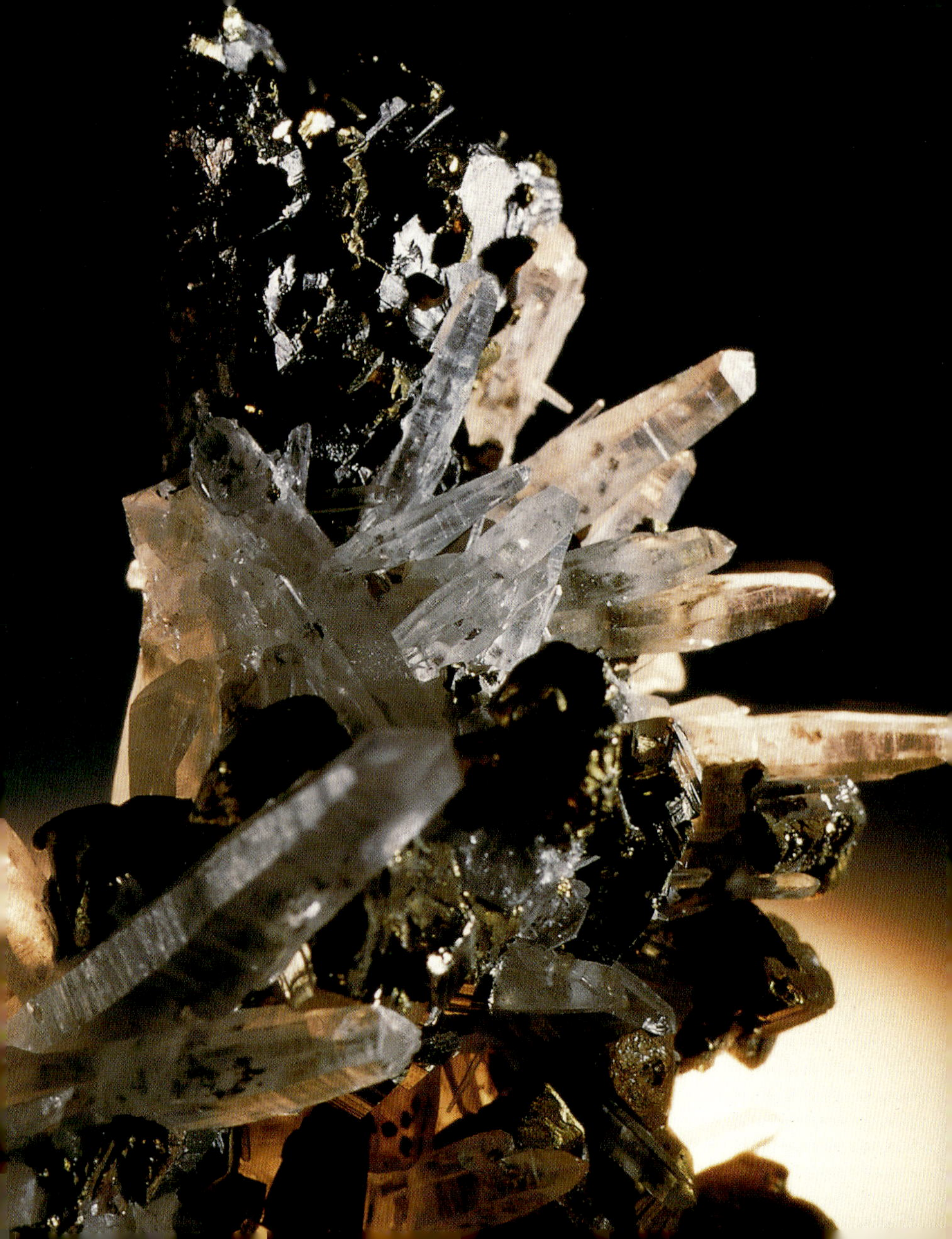

クリスタルの基礎知識

　クリスタルを知れば知るほど効果が得られます。このセクションでは、クリスタルがどのように形成されるのか、クリスタルの選び方と手入れの仕方、ヒーリングや装飾のための使い方、それらの目的のためにクリスタルを専用化する方法をご紹介します。

　クリスタルを特定の目的に合わせて専用化し、プログラミングを行うと、より効果的に機能するように促すことができます。これはクリスタルを扱う際の儀式の一部なのです。クリスタルは本来強い力を備えたものであるため、丁寧に接する必要があります。そうすれば、クリスタルの方から喜んであなたに協力しようとするでしょう。「クリスタルの日」を決めて、クリスタルを洗浄し、共に瞑想して、そのエネルギーにより強く波長を合わせている人もたくさんいます。これを定期的に実施することで、クリスタルの方からあなたに語りかけ、あなたの人生を向上させ、より幸福になるためにどのようにすれば良いかを教えてくれるようになるのです。

　クリスタルを洗浄する時間を設けることは非常に重要です。クリスタルはエネルギーを効率的に吸収すると同時に伝達する働きがあります。洗浄の作用の一つは、ネガティブなエネルギーを浄化して変性させることです。もし定期的な洗浄をしないで放置した場合、たいていは飽和状態となって機能できなくなりますが、クリスタルの中には自己洗浄ができるものもあります。

クリスタルの成り立ち

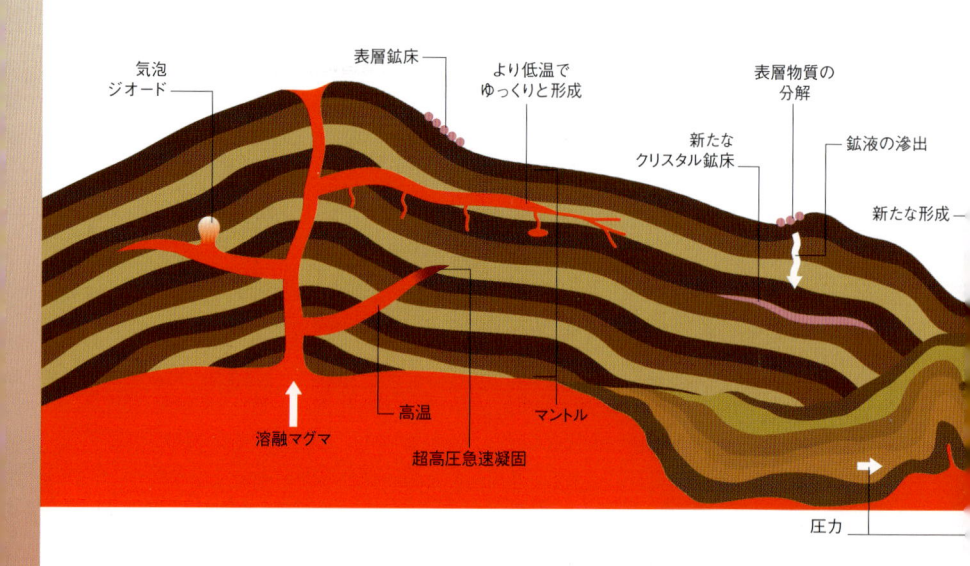

図中ラベル:
- 気泡 ジオード
- 表層鉱床
- より低温でゆっくりと形成
- 表層物質の分解
- 新たなクリスタル鉱床
- 鉱液の滲出
- 新たな形成
- 溶融マグマ
- 高温
- 超高圧急速凝固
- マントル
- 圧力

　クリスタルは幾何学的に規則的な形状をもつ固体です。クリスタルは地球の形成と共に生み出され、地球自体の変化に従ってクリスタルも変性を続けています。クリスタルはいわば地球のDNA、すなわち進化に関する化学的な刻印なのです。何百万年にもわたる地球の成り立ちの記録を収め、クリスタルが形成されることとなった強い力に関する消すことのできない記憶をとどめた小さな倉庫とも言えます。非常に大きな圧力を受けたものもあれば、地下の奥深くの空間で成長したもの、地層の中に横たわるもの、滴下によって形成されたものもあり、このような形成方法は、すべてそれぞれのクリスタルの特性と機能に影響しています。どのような形態であれ、クリスタル構造はエネルギーを吸収、保存、集束し、放出することができますが、それは電磁波帯に対して特によく働きます。

クリスタルの格子構造

　化学的な不純物、放射線、地球や太陽からの放射、および形成方法の厳密な違いによって、クリスタルはタイプ別にそれぞれ独自の「雰囲気」を持っています。ミネラルの配列によって形成されるクリスタルは、その内部構造によって特徴づけられ、すなわち、規則的に反復する原子の格子構造はその種に固有のものとなっているのです。同種のクリスタルの標本は、その大小にかかわらず全く同一の内部構造をもっており、これは顕微鏡下で確認することができます。

　このような独自の幾何学的な結晶格子によってクリスタルを特定することができるのですが、これは、アラゴナイトのように、一見しただけでは同一のクリスタルと思えないほど非常に異なった外形や色をもつクリスタルが存在することを意味しています。しかし、内部構造が同一であるためこれらは同一のクリスタルに分類されるのです。分類上で重要なことは、クリスタルが形成されているミネラルよりもその構造にあるのです。ある特定のクリスタルに含まれるミネラルがわずかに異なるだけで、様々な色が生まれる場合もあります。

　多くのクリスタルが同一のミネラルまたは複数のミネラルの組み合わせから成り立っていますが、種類が異なると結晶化の仕方が異なります。クリスタルは軸に沿って対称となっています。規則正しい外部平面は内部配列が外部に反映されたものです。対応するそれぞれの面は全く同一の角度を持っています。どんなクリスタルの内部構造も一定で変わることがありません。

　クリスタルは7つに分類することができる幾何学的形状、すなわち、三角形、正方形、長方形、六角形、菱形、平行四辺形、または台形のうちの一つをとって形成されます。これらは形成される可能性のある数多くのクリスタルの形状と密接に関係しており、このクリスタルの形状には、内部の幾何学的形状に基づいて名前がつけられています。六角形が三次元的に集まったものは六方晶、正方形が集まったものは立方晶、以下同様に、三角形は三方晶、長方形は正方晶、菱形は斜方晶、台形は三斜晶、平行四辺形は単斜晶と呼ばれます。クリスタルの外形は必ずしも内部構造を反映しているわけではありません。

　クリスタルの中心には原子とその構成要素があります。原子は中心のまわりを絶え間なく回転する粒子からなる動的な存在です。そのため、表面的には静かに

三角形	正方形	台形

長方形	菱形	平行四辺形	六角形

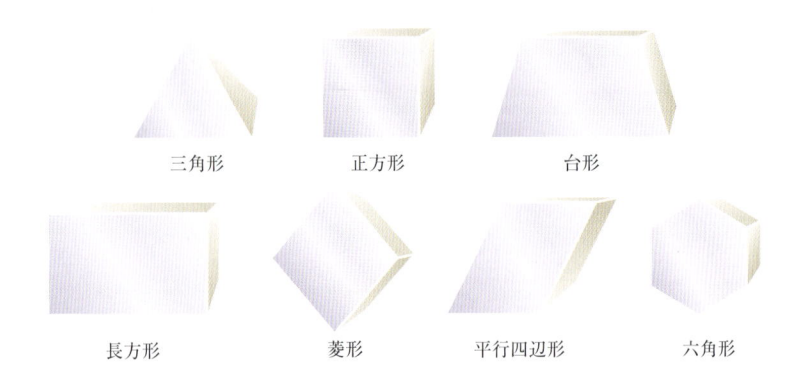

見えるものの、実際には一定の周波数で絶えず振動している分子の集まりなのです。このことがクリスタルにエネルギーを与えているわけです。

地殻

　地球の始まりは渦巻くガス雲で、その中から宇宙塵の高密度の円盤状の集まりができました。これが収縮して非常に高温の融解した球となったのです。何年もかけて徐々に、この融解した物質、すなわちマグマの薄い層が冷却されて地殻となったわけですが、この地殻とは地球を覆う層です。例えて説明するなら、地殻は丁度リンゴの皮ほどの厚さに相当します。地殻の内側では、高温でミネラルに富んだ溶融マグマが沸騰と発泡を続け、新たなクリスタルが形成されます。

　クリスタルの中には、クォーツのように地球の中心にある超高温のガスと溶融ミネラルから生まれるものもあります。過熱されたこれらの物質は、地球表面の巨大なプレートの動きによって生じた圧力に推進されて表面へと上昇してきます。ガスは地殻を貫通して硬い岩盤に出会うと、冷却されて固まりますが、このプロセスは非常に長い年月がかかることもあれば、急速かつ急激に起こることもあります。

　比較的ゆっくりとプロセスが進行する場合、またはクリスタルがガスの気泡中で成長する場合は、大きなクリスタルの成長が可能です。プロセスの進行が速い場合は、クリスタルは小さくなります。また、プロセスが中止した後で再開する

クリスタルの成り立ち

場合は、その影響としてファントムクリスタルやセルフヒールド・クリスタルなどが現れる可能性があります。プロセスの進行が極めて速い場合には、クリスタルではなくオブシディアンのようなガラス様の物質が形成されます。アベンチュリンやペリドットのようなクリスタルは高温下で液体マグマから形成されます。トパーズやトルマリンなどその他のクリスタルは、ガスが隣接する岩を貫通する際に形成されます。

さらに、他の種類のクリスタルは、水蒸気が液体に変わるのに十分なほどマグマが冷却された時に形成されます。その結果生じたミネラルに富んだ液体は、アラゴナイトやクンツァイトのようなクリスタルをもたらします。この液体が周囲の岩の裂け目に染み込んでいく際に、非常にゆっくりした冷却が可能となり、カルセドニーやアメジストのような大きなクリスタルやジオードが形成されます。

ガーネットのようなクリスタルは、地球の奥深くで、強い圧力と極めて高温な環境下でミネラルが溶解して再結晶する際に形成されます。これらは元の格子構造を再編成するような化学変化を経て形成されることから、変成岩として知られています。

カルサイトやその他の堆積性クリスタルは、侵食プロセスから形成されます。地表面の岩が分解して鉱化された水が岩の間から滴下したり、川となって流れ出たものが新たなクリスタルとして風化生成物質を生み出したり、あるいはミネラルが固化します。このようなクリスタルは岩盤の上に層となって存在していることが多く、柔らかな質感を持つ傾向があります。

クリスタルは、形成や固化が生じた岩盤に塊として付着したままの状態で発見されることも多くありますが、この岩盤は母岩として知られています。

アラゴナイト
("スプートニク"型)
訳注:旧ソビエト連邦の人工衛星スプートニクに形が似ていることから

クリスタルを飾る

クリスタルは装飾的要素が強く、特に成形と研磨が行われるとその要素がより一層強まりますが、自然の形のままで魅力的な石もあります。今では非常に多くの種類の貴石の中から、細かな加工が施された美しいオブジェを買うことができ、これらはみな環境を大いに改善しますが、クリスタルの神秘的な性質も考えて選べばなお効果があります。

エメラルドやサファイアのような宝石は強い波動を持っています。これらは女性だけでなく男性にとってもジュエリーとして申し分ありませんが、クリスタルはどれも同じようにあなたの環境を改善し、美しく見せることができるのです。クリスタルを慎重に配置すると魔法を使ったかのように環境を変えることが可能です。

宝石を身につけることは、かつては王族や聖職者だけに許されることでした。ユダヤ教の大祭司は貴石を施した胸飾りを着用していました。この胸飾りは単に職階を示す印としてだけでなく、着用者に力を与えるものでした。石器時代以来、男女共にクリスタルのジュエリーや護符を身につけていました。クリスタルには装飾的な役割だけでなく保護機能があり、身につける人を災いから守っていたのです。

現代におけるクリスタルも同じ力を持ち、ジュエリーを選ぶ際には外面的な魅力だけに頼らず選ぶことができます。クリスタルを身につけたり、あるいはただ身近なところに一つ持っているだけで、エネルギーを高め(オレンジカーネリアン)、空間を清め(アンバー)、富を引き寄せる(シトリン)ことができるのです。慎重に配置すれば、クリスタルはあなたの生活を変えることができます。直観を磨いたり(アポフィライト)、知能を向上させたり(グリーントルマリン)、

アンバーの
ジュエリー

クリスタルを飾る

自信を高める（ヘマタイト）ためにクリスタルを選ぶことができるのです。また、豊かさ（タイガーアイ）やヒーリング（スミソナイト）、または愛を引き寄せる（ロードナイト）クリスタルを選ぶこともできます。

クリスタルの保護効果

スモーキークォーツやブラックトルマリンのようなある種のクリスタルは、ネガティブなものや電磁スモッグ*を吸収する力を持っています。首のまわりにトルマリンがあると、携帯電話やコンピュータなどが発する電磁波から守り、サイキックアタック*をはね返します。アンバーやジェットのジュエリーもあなたのエネルギーを守ります。大型のスモーキークォーツのクラスターやポイントは、浄化という実用的な目的を持ちながら装飾用のオブジェとしての魅力も持っています。電磁スモッグ*やジオパシックストレス*の発生源と自分との間または机の上に一つ置いてください。アメジストのジオードには同じ効果があります。コンピュータによって身体の調子が悪くなっているように感じた場合は、フローライトのクラスターまたは光沢のあるレピドライトをコンピュータの横に一つ置くと、その違いが体感でき、コンピュータの協調的な動きが増すことに驚くことでしょう。

クリスタルの魅力

大型のシトリンのジオードは非常に装飾的要素が高いものです。それ自体で美しいオブジェは、富を引き寄せるだけでなく、富の維持を手助けする働きもあります。家の中の富を象徴するコーナー（玄関から

スモーキークォーツのエレスチャル

シトリンのジオード

クリスタルを飾る

最も遠い左手奥）に置いてください。

セレナイトは新しい石の一つです。純白で細かく筋が入った外見が天使のように見えるだけでなく、実際に天使のエネルギーをあなたの生活に呼び込むのです。セレナイトはあなたをあなたの魂の目的へと結びつけることができます。枕の下に置いても良いのですが、セレナイトが最も美しいのは、柱状の石が太陽光線を背に受けている状態、またはライトボックスの上に置いた状態です。

透明なクリスタルの多くは、ライトボックスの上に置くか太陽光線を受けることによってその効果が高まります。但し太陽光線には注意が必要です。例えば、透明なクォーツは太陽光線を集束させて発火させる可能性があり、色つきクリスタルは太陽光線によって色あせる可能性があります。

セレナイト

半貴石

半貴石は貴石と同等の力を持っています。様々な色のものもあり、色がそれぞれの特性に影響していることがあります。トパーズはあなたの人生の目的に黄金の光を照らす石で、指輪によく使われます。ブルートパーズは、考えを言葉にする能力を刺激することから、喉の部分に身につけることができます。

ハーキマーダイヤモンドには、ダイヤモンドそのものと全く同じように魅力的な透明度と輝きがありますが、ダイヤモンドより大きく手ごろな価格で手に入るサイズとなっています。ハーキマーダイヤモンドの多くは、内部に素晴らしい虹色の輝きを見せています。イアリングに使うと直観や想像力を高めます。しかし、このような力があるために、耳につけるのは数時間だけにとどめておくと良いでしょう。

ハーキマーダイヤモンド

クリスタルを飾る

　長時間身につけると、頭に雑音が聞こえるようになって不眠症を引き起こす可能性があります。ペリドットは「貧者のエメラルド」として知られていますが、洞察力に関わる石であり、嫉妬心や怒りを和らげ、ストレスを軽減し、ネガティブな思考パターンから開放する働きがあります。多くの石と同様に、未研磨の状態では見逃されやすい石ですが、ファセット加工と研磨を施せば女王にもふさわしい宝石となります。

人生に愛を呼び込む

　愛を求めているあなたにはクリスタルが力になります。大きなローズクォーツを家の中の人間関係を象徴するコーナー（玄関から最も遠い右手奥）またはベッドのそばに置いてください。この効果は非常に強力なので、エネルギーの吸引力を調整するためにアメジストを一緒に使うと良いでしょう。また、ロードクロサイトのジュエリーを身につけることもできます。ロードクロサイトは効力があるだけでなく、柔らかいピンク色の縞模様を持つ美しい石です。愛はまもなくあなたの元に訪れるでしょう。

スノークォーツ・クリスタルを伴ったアメジストのジオード

クリスタルヒーリング

マラカイト

クリスタルは、癒しやバランス調整のために、何千年にもわたって用いられてきました。クリスタルは共鳴と振動を通じて機能しています。クリスタルヒーリングから最大の効果を得るには、自分自身が適切な訓練を受けるか、あるいは十分な資格と経験をもった人に施術してもらう必要があります。しかし、日常よくある不調に対するクリスタルの効果は自分で得ることができます。クリスタルは有効な応急処置薬であり、特にジェムエッセンスの形で使用すると効果的です（p371参照）。

クリスタルの中には治療効果が知られているミネラルを含むものがあります。例えば、銅は腫脹や炎症を軽減します。マラカイトは銅の含有率が高く、関節や筋肉の痛みの治療に役立ちます。マラカイトのブレスレットを身につけると、身体が微量の銅を吸収しますが、これは銅のブレスレットを身につけた場合と全く同様なのです。古代エジプトでは、マラカイトを粉状にし、感染を予防するために傷口に塗布していました。現在これは強力な解毒剤の一つですが、毒性があることから、使用は外用に限るべきです。このように毒性のあるクリスタルが解毒作用を持つという特性は、ホメオパシーの原理である「似たものが似たものを治す（同種の法則）」のようなものと言えます。クリスタルは、大量に摂取した場合は有毒となるであろう物質を、波動を伝えることができるだけの微量な用量で身体に安全に伝達します。

クリスタルは現代医学でも用いられています。クリスタルには圧電特性があり、圧電とは、圧力によって電気および場合によっては光が生み出されることを意味します。この特性は、超音波機器に利用されており、超音波の生成に圧電クリスタルが使われています。音波は今では外科の最前線に応用されています。超音波を高密度に集束させたビームによって、侵襲的な処置を必要とせずに、体内の傷口を焼灼

クリスタルヒーリング

したり、腫瘍を破壊することができます。昔のシャーマンやクリスタルヒーラーは、クリスタルが音と光の波動を集束させて高エネルギー光線を生み出すこのような能力を熟知していました。皮膚の上でクリスタルのワンドを回転することによって圧力が生じ、皮膚の下にある内臓へと集束波が放出されるのです。

　また、古代のヒーラーたちは、クリスタルの中には活性化と鎮静化のいずれかの作用をもつものがある一方で、機能亢進している臓器の鎮静化と機能低下している臓器の活性化の両方の作用をもつクリスタルが存在していることにも気づいていました。マグネタイトは、その正負両方の電荷によって、まさにそのように作用します。つまり、機能亢進した臓器を鎮静化し、機能低下した臓器を活性化させるのです。急速な治癒を促すクリスタルもありますが、これらは治癒の経過上で問題を引き起こす可能性もあり、一方で作用がかなり遅いクリスタルもあります。痛みに対処したい場合には、痛みとはあなたの身体の内部で何か悪いところがあるという合図ですから、クリスタルを使うことができます。痛みはエネルギーの過剰や閉塞、または衰弱で生じている可能性があります。ラピスラズリやローズクォーツのような冷却作用と鎮静作用のあるクリスタルはエネルギーを沈静化させ、カーネリアンは刺激します。また、カテドラルクォーツには優れた鎮痛作用があり、痛みの原因を問わず効果があります。

カーネリアン

ラピスラズリ

　クリスタルは頭痛の対処にも優れた効果があります。ラピスラズリは片頭痛を急速に解消します。但し、頭痛にクリスタルを使う場合には、原因がどこにあるのかを知っておく必要があります。ストレスによる場合は、アメジストやアンバー、またはトルコ石を額の上に置くと軽減できます。但し、食物に関連する場合は、胃を鎮静化させるムーンストーンやシトリンのような石が適切です。

クリスタルヒーリング

ホリスティックヒーリング

　クリスタルはホリスティック（全体観的）なヒーリング作用があります。つまり、人間の肉体、情緒、精神、霊性レベルで作用するのです。クリスタルは精妙なエネルギーを調整し、根本原因を突き止めることによってdis-ease*（安楽ならざる状態）を解消します。クリスタルは、波動を介して作用し、肉体を取り囲みながら互いに浸透しあっている生体磁気シース*のバランスを回復させ、身体の波動の均衡状態を調整するチャクラ*との連結ポイントを活性化します（p364参照）。チャクラのバランスを回復させることによって、肉体的および精神的なdis-ease状態の多くは改善できるのです。

　ほとんどの病気は様々な因子が組み合わさった結果として生じます。精妙体レベルでのdis-ease状態もあります。この状態は情緒的または精神的な場合がありますし、スピリチュアルな不安や断絶の場合もあります。肉体と生体磁気シースの接続にずれが生じているのかもしれません。その他のエネルギー障害は、電磁スモッグ*やジオパシックストレス*などの環境因子による場合があります。あなたとそれらのジオパシックまたは電磁ストレスの発生源の間にブラックトルマリンかスモーキークォーツを置くだけで、あなたの生活を魔法のように変えることができるのです。但し、dis-easeの原因を深く探る必要があります。クリスタルは、単に症状を軽減するというよりも、原因に穏やかに対処するのです。

ラリマー

　クリスタルを身体の上またはまわりに10分から30分置くか（レイアウト例はp365と374参照）、足のツボを刺激するリフレクソロジーの道具として使うことができます。ラリマーは、dis-easeの発生源を特定することから、特にリフレクソロジーに役立ちます。クリスタルエッグ（p331参照）も足に使用できます。身体のツボを刺激する必要がある場合には、クリスタルワンドが有用です。そっと回転させることによって、痛みとdis-easeを取り除きます。クリスタル図鑑のページから、様々なレベルの病気やバランスの乱れに対処するためのクリスタルを見つけることができるでしょう。

　クリスタルは、何千年にもわたって、身体の特定の部位や臓器と関連づけられてき

クリスタルヒーリング

ました（p368参照）。これらの関連づけの多くは、西洋と東洋両方の伝統的な占星術に由来しています。伝統的な中国医学やインドのアーユルヴェーダは、いずれも五千年を超える歴史がありますが、古代の教科書に登場するクリスタルの処方を現代の処方の中でも用いています。例えば、ヘマタイトは魂を鎮め、それによって不眠に効果があると言われています。また、血液を冷やし、出血を止めると考えられていることから、血液疾患にも用いられています。現代のクリスタルヒーラーたちも、これらと同じ症状を軽減するためにヘマタイトを用いているのです。

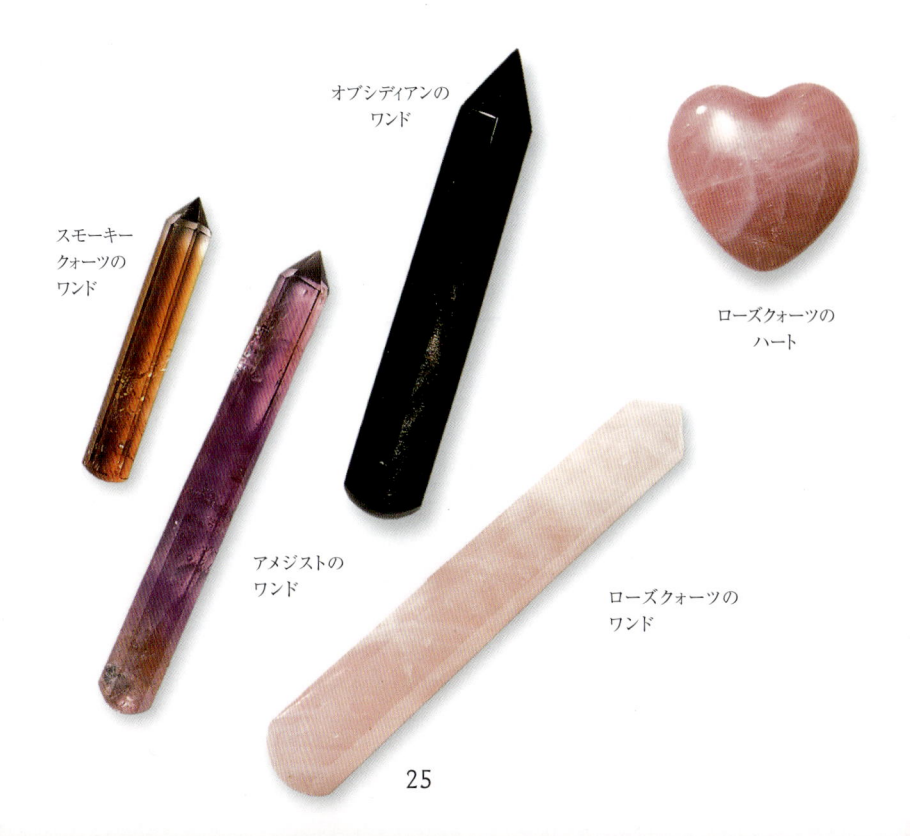

オブシディアンの
ワンド

スモーキー
クォーツの
ワンド

ローズクォーツの
ハート

アメジストの
ワンド

ローズクォーツの
ワンド

クリスタルヒーリング

ヒーリングのためのクリスタルを選ぶ

ヒーリングのためにクリスタルを選ぶには、症状から原因を掘り下げていくことができます(できれば資格のあるクリスタルヒーラーの助言を得てください)。クリスタル図鑑の各解説ページの冒頭には、クリスタルが肉体、情緒、精神、および霊性レベルで癒す症状を挙げています。索引は総合的な相互参照形式になっており、症状と対応するクリスタルの関連づけがしやすくなっています。例えば、症状が消化器系の問題である場合には、治癒を促すためにはシトリンのポイントクリスタルを選ぶことができます。これを腹部の上に置くか、小腸経*に接続している小指につけると、消化を安定させることができます。このクリスタルは肉体に直接作用します。しかし、より深いレベルにおいては、消化器系の問題は豊かさの欠如に関連している可能性があります。お金の心配はdis-ease状態*に形を変えることがよくあります。シトリンは繁栄の石で、(特に、家の玄関から最も遠い左手奥に置くと)富と豊かさを生活に呼び込みます。シトリンを身につけるとエネルギーが活性化され、やる気や創造性——すなわち充足をもたらすもの——が刺激されます。さらに、より深いレベルにおいては、お金に関する恐れは、宇宙からサポートされていないという感覚から生じていることも多いのです。この恐れは単なる情緒的なdis-easeではなく霊性面での断絶なのです。霊的なつながりが行われる場所である宝冠のチャクラ*を活性化させるシトリンの能力は、宇宙に対するあなたの信頼を深めさせます。

dis-easeの考えられる根本原因の一つとして霊性面での連続性の断絶が特定されたなら、他のクリスタルの中から霊性レベルをサポートするも

エンジェライト

シトリン

クリスタルヒーリング

のを選びたいと思われることでしょう。ペタライトやフェナサイトのような石は非常に高い波動を持った霊的な本質にあなたを結びつけます。フェナサイトは日常生活の中に霊的なものをグラウンディングするのを促進しますが、もしこれが、あなたにとって霊的なコンタクトを刺激するためにクリスタルを扱う最初の経験である場合は、作用が強力すぎるかもしれません。そのような場合、より適した選択としてはエンジェライトかセレスタイトがあり、これらはあなたを天の領域*に徐々に同調させてくれます。天使の存在は、宇宙からサポートされているという強い感覚をもたらします。

ブラウン
セレスタイト

　クリスタルの中には、互いにサポートしあったり、あるいは効力を相殺しあったりするものがありますから、ヒーリングのためにクリスタルを使用する際は注意が必要です。疑問がある場合には、資格のあるクリスタルヒーラーに相談してください。

クリスタルの入手先

　クリスタルの入手先として最も適しているのは、ゆっくりとクリスタルを見て回ることのできる地元の店です。このような店はたいてい職業別電話帳の、クリスタル、宝石、または鉱物の欄に掲載されています。インターネットからも適切な情報を得ることができますが、何千何百という情報が入力されていることから、絞り込んでいくには時間がかかり、忍耐が必要となるかもしれません。また、ボディ-マインド-スピリット（訳注：精神世界やニューエイジ）、ヒーリング、クリスタルと鉱物、と銘打った催しでクリスタルを購入できることもあります。これらは宝石の専門誌やボディ-マインド-スピリットの専門誌、地元の情報告知に掲載されています。

クリスタルの選び方

　これからのページに登場するクリスタルは、なじみのあるものもあれば、全く知らなかったものもあるでしょう。選ぶ対象が非常に多いため、あなたに最も適したものを知るのは難しいかもしれません。もし誰かから与えられるなら、迷う必要がなくて簡単です。しかし、自分で購入したい場合には、まず本書に目を通すことは大変有益でしょう。

　特定の目的のためにクリスタルを選びたい場合には、最適なものを見つけるのに図鑑と索引が役立ちます。索引で候補を探し、図鑑部分でそれを確認してください。クリスタルに何を求めるのかがはっきりしていないけれど、身につけてみたいと考えている場合には、誕生日が良いとりかかりとなり、p362-363から誕生石を見つけることができるでしょう。あなたの星座に共鳴し、天のエネルギーを引き込むようなクリスタルを選ぶことができます。

　また、ランダムに選ぶこともできます。自分の直観を信頼してください。どれか一つ気になるものが見つかるまで図鑑を眺めたら、店に出かけてその種類のクリスタルを買いましょう。店では間違いなく複数のクリスタルから選択することになりますが、あなたに語りかけてくるものを選ぶと良いのです（最初に石に触らせてくれない店で買ってはなりません。インターネット経由で購入する場合には、問題があった際に返品可能であることを確認してください——p27参照）。いくつか手にとってみて、自然に引きつけられる石を探すか、あるいは容器一杯のクリスタルに手を入れて、どれか一つが指にくっつくようになるまで探してください。こうして探したクリスタルに何かゾクゾクするような感覚を覚えたら、それがあなたにふさわしい石なのです。大きさや外見的な美しさが、必ずしもパワーと結びつかないことに注意してください。小さい未加工のクリスタルが非常に効果的である可能性もあります。

　クリスタルを使用する前には、必ず最初に浄化してください（p31参照）。

クリスタルのプログラミング

　あなたが使おうとする目的のために、クリスタルを専用化する必要があります。新しいクリスタルの浄化（p30-31参照）が終わったらすぐに専用化を行ってください。これによってエネルギーを集中させます。

　クリスタルを両手で持ちます。クリスタルを光が取り囲んでいるのを思い浮かべてください。（それが難しければ、両手を光源の前にかざします。）「私はこのクリスタルを至高の善に捧げます。このクリスタルが光と愛の中で用いられんことを祈ります」と大きな声で言いましょう。

　クリスタルのプログラミングを行うには、まず手にとります。高次の世界からの導きに心を開いてください。あなたが望むクリスタルの使用目的をよく考えてください。具体的に考える必要があります。愛を引き寄せたいのなら、どんな種類の愛を求めているのかをはっきり表現してください。癒しを求めているのなら、どんな症状で、それをどうしたいのかを正確に述べてください。プログラミングの内容が明確になったら、クリスタルに波長を合わせます。クリスタルは必ず目的にぴたりと合ったものを選んでください。クリスタルと完全に波長が合ったら、大きな声で次のように言いましょう。「このクリスタルを[具体的な目的]のためにプログラミングします。」

　その後、クリスタルを常に目に入るところに置くか、ポケットの中にしまいます。1日2、3回以上クリスタルを握ると効果が促進されます。場合によっては数回プログラミングを繰り返す必要があります。

クリスタルは非常に敏感に反応します。クリスタルをある目的のために専用化したり、プログラミングしたり、自分に適したクリスタルを選ぶためには、手のひらにのせてみてください。

クリスタルの手入れ

　多くのクリスタルは傷つきやすく、もろいものです。層状やクラスター状のクリスタルは分離する可能性があります。セレナイトのようなクリスタルは水に溶けます。研磨面や天然のポイント部分は簡単に擦り傷などの傷がつきます。タンブル加工された石はこれらよりは耐久性があります。長時間細かい砂と一緒に回転させることで表面が丈夫になるのです。タンブル状の石は一つの袋に一緒に入れておくことができますが、他の形状の石は別々に保存すべきです。

　クリスタルを使用していない時には、絹またはベルベットの布に包んでおきます。こうすることで擦り傷を防ぎ、異質なエネルギーの放出をクリスタルが吸収しないように保護します。クリスタルは購入時、身につけた後、ヒーリング目的で使用した後に浄化する必要があります。誰か他の人から譲り受けた宝石は、石にネガティブな波動があり、あなたに伝えられる可能性があることから、必ず浄化を行ってください。

　いくつかのクリスタルは全く浄化を必要としません。シトリン、カイアナイト、アゼツライトは自己浄化をします。クリアークォーツとカーネリアンは他のクリスタルを浄化し、繊細でもろい石の浄化に特に役立ちますが、他の石の浄化に用いた後はこれらの石自身も浄化を必要とします。

タンブルは小さな袋に入れて保管します。

クリスタルの手入れ

クリスタルの浄化

　砕けにくいクリスタルや連結していないクリスタルは、流水の下でさらしたり、海水または塩水に浸すことができます。その際、すべてのネガティブな要素が洗い流されてクリスタルが活性化するイメージを心の中に持ってください。クリスタルを数時間日光または月光にあてることもエネルギーの充電効果がありますが、太陽光で色あせる可能性のない石であり、発火のおそれのある場所に光線が集まらないように注意しなければなりません——太陽光は時間の経過と共に円弧を描くように移動することを忘れないでください。

　砕けやすい結晶やクラスターは海塩または岩塩の中に一晩置いておくことができます。塩はクリスタルを傷める可能性があるため、浄化の後すべての塩の粒をそっとブラシで払いますが、特に湿度が高い場所では注意してください。

　ある種のクリスタルには他のクリスタルを浄化する能力があります。カーネリアンをタンブル状の石を入れた袋の中に入れておくと、他の方法を使って浄化する必要は全くありません。小さなクリスタルはクリアークリスタルの横に置いて一晩そのままにすると浄化されます。

　クリスタルをスマッジ(燻煙)＊したり、ろうそくの光を通過させることもできます。また、クリスタルが光に囲まれ、光がクリスタルを浄化し、活性化するというイメージを描くこともできます。

　最も簡単な浄化法の一つは、インターネット上で入手可能なクリスタル専用洗浄剤を使用することです。これをクリスタルの上に1、2滴落とすか、水を入れた霧吹きに数滴加えたものを吹きつけるだけでよいのです。軽くスプレーするなら砕けやすいクリスタルも傷むことはありません。

クリスタルを水または塩で浄化します。

クリスタルを用いた瞑想

　クリスタルを用いた瞑想は、クリスタルのエネルギーに同調させる方法の中で最も簡単なものの一つです。始める前にクリスタルを浄化して、エネルギーを清めてください。瞑想は心の雑念を払う方法の一つです。ストレスの軽減や血圧低下などの様々な効果が得られますが、それだけでなく、あなたのクリスタルをよく知ることにもつながります。瞑想の静寂の中で、クリスタルがあなたに語りかけるのです。

　瞑想は別世界の扉を開くようなもので、特にフォールトライン*やオクルージョン*がある石を選んだ場合にはより強くそう感じられるでしょう。最初はクリスタルの中に迷い込んだような感覚に陥りますが、やがて安らかな気持ちになり、探し求めていたことへの答や洞察に気づくのです。持っているクリスタルを一つずつ順番に、一つにつき2、3日かけて波長を合わせて瞑想し、それぞれを十分に理解することで、有益な効果が得られます。

　自分のクリスタルに一つずつ波長を合わせるための「クリスタルの日」を設けている人もいます。まず、活性化と目覚めをもたらす赤いクリスタルから始め、次に虹のスペクトルの順番に従って、オレンジ、黄、緑、青、紫、すみれ色、そして透明へと進んでください。こうすることで、クリスタルの最高次の波動にまで同調することができ、至福*の境地に至ることができるかもしれません。その後は、黒いクリスタルを使ってエネルギーを地上に戻す必要があります。瞑想の後でエネルギーを大地に戻す、すなわちグラウンディングさせることは重要で、これを行わないと、浮遊しているような、心ここにあらずというような感覚に陥る可能性があります。ボジストーンは、即効性がありながら穏やかな作用で心を身体に落ち着かせ、直ちに意識を今に引き戻すことができることから、このような状態に優れた効果があります。

アゲート　　アンバー　　サルファ　　ペリドット　　アゲート　　アメジスト　　フローライト

クリスタルを用いた瞑想の訓練

　特に電話などの邪魔が入らないことを確認し、クリスタルと共に楽な姿勢で座ります。クリスタルを両手で持つか、目の前の低いテーブルの上に置きます。

　穏やかに呼吸をし、息を吸う時よりも吐く時の時間を少し長くとってください。息を吐きながら、ストレスや緊張があればそれらをすべて吐き出しましょう。次に、息を吸う時には、吸込んだ空気と共に安らぎが全身を通り抜けていくようにします。そして、呼吸のリズムを自然に落ち着かせます。

　目の焦点を緩め、クリスタルを見てください。クリスタルの色と形、手に持った時の重みに注意しましょう。波動が通り抜けていくのを感じてください。クリスタルの世界に入って思いつくままにさまよい、クリスタル内部の面を探検します。心の準備ができたら目を閉じてください。静かにクリスタルのエネルギーに思いを凝らし、クリスタルが自らについて語る言葉に心を傾けます。

　瞑想が終わったら、目を開けてクリスタルを片付けます。足をしっかり床につけてください。スモーキークォーツかボジストーンを手に持ってグラウンディングを行いましょう。

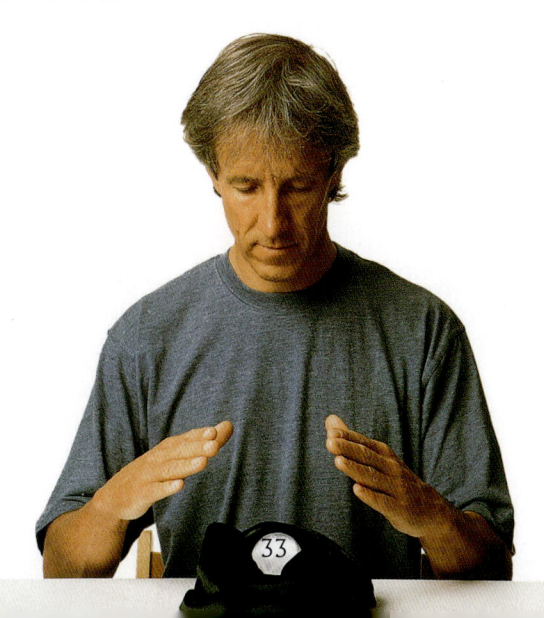

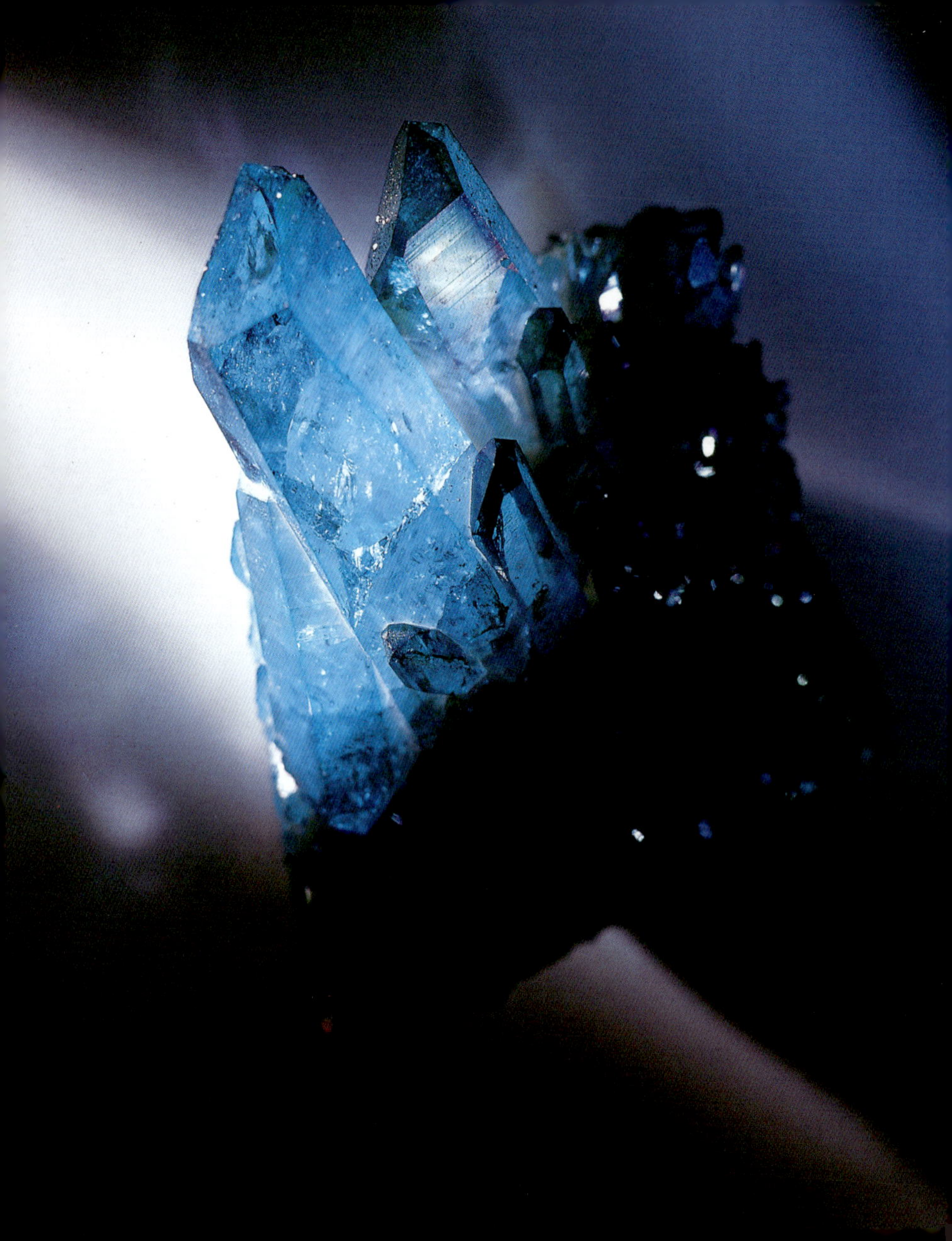

クリスタル図鑑

　クリスタルには様々な形や色があり、同じクリスタルでも複数の形や色を持つものや、複数の名前で知られているものもあります。多くのクリスタルはカットや研磨によって見栄えよく加工されていますが、その効果は未加工の状態と同じです。未加工のクリスタルは、その特徴の多くが見つけにくいために特定が難しいことがあります。

　この図鑑では、クリスタルの特定を簡単にするために様々な形や色の石を写真入りで紹介しました。未加工の状態のクリスタルに切削やファセット加工やタンブル処理を施すとどのようになるかを見ることができます。また、大型のクラスターや小さなポイント、研磨されたパームストーン、ジオードも見ることができます。

　クリスタルは、個人の装飾用としてだけでなく、ヒーリングや環境の改善に用いることができます。クリスタルのかすかな波動が、人間の肉体、情緒、精神、霊性レベルに影響を及ぼすのです。また、クリスタルは特殊な性質を発揮して、霊的な理解への扉を開いてくれるのです。この図鑑には、実用的な内容から神秘的な内容まで、クリスタルのすばらしい特性を利用し、クリスタルの配置によって最大のメリットを得るために必要なすべての知識が含まれています。

クリスタル図鑑

クリスタルの特性

このセクションの中では、各クリスタルの一般的な特性、さらに心理、精神、情緒、および霊性面での影響、ならびにそのヒーリングにおける使用法といった必要な情報がすべて網羅されており、これらは索引ページで相互参照ができます。また、最大の効果を得るためのクリスタルの配置法についても知ることができます。

各クリスタルはすべての色のものと一般名を掲載しています。二つ以上の色または形態があり、それらに追加的な特性がある場合は、主見出しの後に掲載しました。このように、各クリスタルの一般名の見出しの後にそのクリスタルの一般特性を示し、続いてクリスタル毎の固有の特性を示しました。

この図鑑をヒーリングや防御、その他の目的のためにクリスタルを選ぶ際に利用することもできます。索引はこの時に役に立つでしょう。あなたがクリスタルを必要としている状況を探してください。おそらく複数のページが見つかるでしょう。各クリスタルを順番に見ていき、最も強く引きつけられるものに注目してください。それが最適なクリスタルとなるでしょう。

カルセドニーのジオード

クリスタルを見分ける

各クリスタルの産地は見出しの下の枠内に示されています。あわせて、色や外観、大きさについての説明があります。これらによって、あなたが偶然手に入れたり譲り受けたクリスタルをこれらの情報を元に特定することができます。

クリスタルの種類を調べる際には、注意深く観察してください。

色や形に注意しましょう。透明なクリスタルでファセットを持ったポイントがありますか？　未加工の石ですか、滑らかにタンブル加工されたものですか？　緻密で粒状、あるいは半透明ですか？　あなたの石に最も近いものが見つかるまで写真をよく見てください。図鑑では多くの写真を掲載していますが、入手可能なすべてのクリスタルの全色を網羅したものではありません。もし外観が似ていて、写真は掲載されていないものの、枠内に挙げられた色の一つに該当する場合は、それが正しい種類である可能性が高いでしょう。（疑問がある場合には、たいていのクリスタル専門店が喜んで手助けしてくれるはずです。）

クリスタルの本質

　多くのクリスタルは、本質つまり守護霊を持っており、それらはあなたがクリスタルを最大限に活用できるように、積極的にあなたに協力しようとしています。クリスタルと共に瞑想すること（p32参照）で、これらの本質に接することができます。クリスタルが架け橋となっている異次元の中に本質が存在していることもあります。クリスタルの中には独自の天使を持っていたり、高次の存在へと結びついているものもあります。

ブルーカルセドニーの本質

アゲート（AGATE）

天然アゲート
（スライス）

色	透明または乳白色、灰色、青、緑、ピンク、茶。人工的に着色されることも多い。
外観	蝋様で滑らか、たいてい縞模様が入っており、小さな結晶を伴った半透明の場合もある。様々な大きさがある。人工的に着色されたスライスの形で売られることが多いが、これには追加的な治療効果はない。
希少性	よく見かける。
産地	アメリカ合衆国、インド、モロッコ、チェコ共和国、ブラジル、アフリカ。

特性

　層状になったクォーツの微細な結晶で形成されており、非常に安定したクリスタルです。アゲートはグラウンディングの石で、情緒、肉体、知性面のバランスをもたらします。身体エネルギーのセンタリングと安定化を助けます。

　陰と陽、つまり万物を適切に配置させるプラスとマイナスの力を調和させる力を持ちます。和らげ、落ち着かせる石であり、作用はゆっくりとしているものの非常に強力です。多層構造には隠された情報を明らかにする力があります。

　心理面では、自己受容を穏やかに促進し、それによって自信を持たせます。自己分析や表に出ない状況の認識を助け、あなたの健康を阻害しているdis-ease状態*に注意を向けさせます。

　集中力や知覚力、分析力を向上させながら精神面の機能を強化し、現実的な解決策へ導きます。アゲートは誠実性を好むことから、自分の真実を語るように促します。クリアークリスタルを伴ったアゲートは記憶力を刺激することができます。

　情緒面では、ネガティブな要素や心の痛みを克服します。内なる怒りを癒し、愛ややり直す勇気を育みます。あらゆる種類の情緒的トラウマに有用です。内面の緊張を解きほぐすことによって、安全感と安心感をもたらします。

　霊性面では、意識を高揚させ、集団意識と生命の一体性への気づきへと結びつけます。静かな熟考と人生経験の吸収を促し、霊的生長と内面の安定へと導きます。

ヒーリング効果

　ネガティブなエネルギーを取り除き、転化させることで、オーラ*を安定させます。その浄化作用は、肉体レベルでも情緒レベルでも強力です。心臓の上に置くと、愛の受容を妨げている情緒的dis-easeを癒します。腹部の上に置くか、エリキシルを服用すると、消化作用を刺激して胃炎を軽減します。目や胃、子宮を癒し、リンパ系と膵臓を浄化し、血管を強化し、皮膚疾患を癒します。

使い方

　手に持つか、身体の適切な部位に置いてください。

特殊な色と種類

　一般的な特性に加えて、特殊な色のものは追加的な特性を持ちます：

ブルーグリーン・アゲートは、通常は人工的に作られたガラスで、治療的特性はありません。

ブルーアゲート
（天然）

グリーンアゲートは、精神および情緒の柔軟性を促進し、意志決定を改善します。論争の解決に有用です。

ピンクアゲートは、親子間の愛情を促進します。最大の効果を得るには心臓の上に置いてください。

グリーン
アゲート

ボツワナアゲートは、ボツワナのみで産出する石ですが、火や煙に関係するすべての人に最適です。喫煙者や禁煙を望む人に効果があります。問題についてあれこれ考えるよりも解決策に目を向けます。未知の領域や自己の創造性の探究を助けます。精神レベルでは、より大局的にものごとをとらえるように促します。情緒レベルでは、抑圧を徐々に解き放ちます。このアゲートは瘤状や卵型のものが多く、灰色で、通常は瘤状として発見されますが、脳のような外観をしており、脳と共鳴します。身体の酸素吸収を促進する上で特に有用で、循環器系と皮膚に効果があります。抑うつにも対処します。非肉体レベルで宝冠のチャクラ*を刺激して、エネルギーをオーラの場へ移動させます。

ピンク
アゲート

クリスタル図鑑

アゲート：ブルーレース・アゲート（BLUE LACE AGATE）

研磨しタンブルにしたもの

原石

色	淡青色で白または濃い色の線が入っている。
外観	縞模様が入っている。小さく、タンブル状のことが多い。
希少性	簡単に入手可能。
産地	アゲートに同じ。

追加的な特性

　すばらしいヒーリングの石です。穏やかなエネルギーには冷却と鎮静作用があり、心の平穏をもたらします。特に喉のチャクラ*の活性化とヒーリングに有効で、思考や感覚を自由に表現させます。高次のエネルギーの経験を可能

にします。非常に養育的で支持的な石であり、怒り、感染症、炎症、発熱を解消します。

心理面では、判断されることや拒絶されることへの恐れからくる感情の抑制や抑圧の影響を弱めます。判断は、親子関係において小児期と成人期の両方でよく見られます。結果として、感情が抑えられ、自己表現の不足が喉のチャクラを閉塞し、胸に影響を及ぼして窒息するような感覚を覚える可能性があります。抑圧の古いパターンを徐々に壊し、新しい表現方法を促進します。また、男性が自分の繊細さや感情的な性格を表に出して受け入れるのを助けます。

精神面では、思考や感覚の口頭表現を助けて精神的ストレスを軽減します。情緒面では、この石から発せられる穏やかなエネルギーは怒りの感情を中和します。

霊性面では、喉のチャクラの障害物を取り除くことから、高次の霊的真実を表現することができます。思考を霊的な波動に結びつけ、深い静寂をもたらします。

ヒーリング効果

喉を強力に癒します。阻害された自己表現を打ち消す特性は、肩や首の問題、甲状腺機能低下、喉とリンパの感染症を解消します。熱を下げ、神経系の閉塞を取り除き、関節炎と骨奇形の治療に役立ち、骨格系を強化し、骨折を癒します。また、毛細血管と膵臓の働きも助けます。エリキシルは脳脊髄液のバランスの乱れと脳水腫に効果があります。サウンドヒーリングの促進にも用いられます。音を集中させ、適切な場所へ向けます。

使い方

必要に応じて使用します。特に喉の部分に使います。

アゲート：デンドリティックアゲート（DENDRITIC AGATE）

別名：ツリーアゲート（TREE AGATE）

成形・研磨したもの

色	透明、茶、緑。
外観	シダ様の模様が透けて見える。 小さく、タンブル状のことが多い。
希少性	簡単に入手可能。
産地	アメリカ合衆国、チェコ共和国、インド、アイスランド、モロッコ、ブラジル。

追加的な特性

　豊かさの石として知られます。仕事を含めた人生の様々な領域に豊かさと満足をもたらします。農作物の収穫量の増加または鉢植植物の健康の維持に使うことができます。

内面と外面の両方において平和な環境を作り出し、その瞬間、瞬間が楽しくなるように促します。このクリスタルは植物界と特に強い結びつきがあり、この領域との交信を促進することができます。また、あなた自身の地球との結びつきを深めます。

どのような使い方をしてもゆっくり作用するため、完全に効力が現れるには時間がかかります。

心理面では、争いや混乱の中にあっても中心性を保つように促し、安定性をもたらします。忍耐力を与え、困難を挑戦と受け止める能力を与えます。

霊性面では、成長と共に、自分のルーツとのつながりを維持するように求めます。チャクラ*を開いて調整し、チャクラが高次の意識を統合できるようにします。

ヒーリング効果

チャクラのバランスの乱れによって生じたdis-easeを精妙体レベルで癒します。枝分かれするすべてのもの、例えば血管や神経などと共鳴します。神経系および神経痛などの症状を癒します。骨格異常に対処し、骨格を肉体的現実に調整します。毛細血管の老化を逆行させて、循環器系を刺激します。怪我や痛みのある部分に置くと、鎮痛効果をもたらします。植物や地球自体を癒すのに有用な石です。地球のエネルギーの場の内部にある渦巻きを安定化させ、ジオパシックストレス*やブラック・レイライン*を克服することができます。

使い方

手に持つか、適切な場所に置いてください。最大の効果を得るには長時間身につけます。植木鉢の中に入れることもできます。

アゲート：ファイアーアゲート（FIRE AGATE）

天然の形態

色	茶色がかった赤、オレンジ、青、緑。
外観	渦巻いており、光沢がある小さな石。
希少性	専門店で入手可能。
産地	アメリカ合衆国、チェコ共和国、インド、アイスランド、モロッコ、ブラジル。

追加的な特性

　地球と深いつながりがあり、そのエネルギーには鎮静作用があり、安心と安全をもたらします。強いグラウンディング力があるため、困難な場面で支えてくれます。

　強い防御機能があり、特に他人の不幸を祈る行為から守ってくれます。悪意の発生源に悪意を返すことにより、発生源に自らの悪意を理解させます。

肉体面では、ファイアーアゲートという名前が示すように、火の要素と結びついており、性的活動を促進し、基底のチャクラ*に点火して、すべてのレベルの活力を刺激します。心理面では、恐れを追い払い、深い安心感をもたらします。

　手に持つと、内省を促し、解決を図るために内的な問題を提起することが楽になります。欲求や破壊的欲望を取り除くのを助け、依存症の治療に有用な場合もあります。

　霊性面では、この防御効果のある石は、リラクセーションを助けて身体をほぐし、瞑想を促進します。絶対的な完全を示すと言われ、霊的な勇気をもたらし、意識の進化を促します。

ヒーリング効果

　胃、神経系、内分泌系、循環器系の疾患を癒します。目に効果があり、夜間視力を強化し、心の目、つまり直観レベルでの目と物理的レベルでの目の両方の視力をはっきりさせます。三焦の経絡*と共鳴することから、バランス回復のために用いることができ、のぼせを抑え、身体から熱を取り除きます。身体に生命力をもたらし、エネルギーの燃え尽きを防ぎます。損傷したチャクラ*の上に置くと、エネルギーのネットワークを徐々に再接続します。精妙エネルギーレベルでは、エーテル体の閉塞を解消し、オーラ*を活性化させます。

使い方

　長時間身につけることもできますし、必要に応じて頭や身体の部分に置くこともできます。

アゲート：モスアゲート（MOSS AGATE）

研磨したもの　　　　　　　　　タンブルにしたもの

色	緑、青、赤、黄、茶。
外観	透明または半透明で、葉または苔様の分枝状模様を伴う。小さく、タンブル状のことが多い。
希少性	よく見かける。
産地	アメリカ合衆国、オーストラリア、インド。

追加的な特性

　自然と強力に結びついた、安定作用のある石で、魂を活気づけ、見るものすべてに美を認める力をもたらすと言われています。気候や環境汚染物質への過敏症の軽減に有用です。農業または植物に関連する職業に携わるすべての人に非常に効果があります。

　出産に関わる石で、助産婦の仕事を助け、痛みを軽減し、良いお産を保証します。新たな始まりの石でもあり、閉塞や霊的な拘束から解放します。

富を象徴する石で、豊かさを引き寄せます。

二重の目的を持って作用することができ、知的な人々の直観へのアクセスを促したり、逆に、直観的な人々がそのエネルギーを実際的な方向へ向けるのを助けます。

心理面では、自尊心を高め、ポジティブな個性を強化します。恐れや深く根ざしたストレスを解放します。長所や他者と歩調を合わせる能力を育て、個人の空間や成長の拡大を促進します。もう一度挑戦する力を強化し、停滞期間の後で新しいことをひらめかせます。

精神面では、自己表現とコミュニケーションを促進します。情緒のバランスをとり、ストレスを軽減し、恐れを和らげます。信頼と希望をもたらす、非常に楽天的な性質を持った石です。人生の出来事や脳の機能のアンバランスから生じる抑うつに苦しむすべての人に有用です。これらの状況がどんな困難なものであっても、その裏にある原因を見抜きます。

ヒーリング効果

回復を早めます。長期的な疾患に対し効果があります。抗炎症作用があり、循環器系や排泄系の浄化し、リンパの流れの促進、免疫系の強化などの作用もあります。左脳と右脳の働きの不均衡から生じる抑うつを解消します。低血糖や脱水症状の予防に役立ち、感染症、風邪やインフルエンザに対処し、熱を下げます。抗炎症作用があり、リンパ節の腫脹を軽減します。エリキシルを皮膚に使用すると真菌症や皮膚感染症に治療に役立ちます。

使い方

皮膚に接する適切な部分に置くか固定します。

クリスタル図鑑

アマゾナイト（AMAZONITE）

研磨しタンブルにしたもの

原石

色	青、緑。
外観	脈状の縞を伴い、オパール様に輝く。様々な大きさがあり、タンブル状のこともある。
希少性	よく見かける。
産地	アメリカ合衆国、ロシア、カナダ、ブラジル、インド、モザンビーク、ナミビア、オーストリア。

特性

　強力な濾過作用があります。肉体レベルでは、ジオパシックストレス*を遮り、電子レンジや携帯電話からの放射電磁波を吸収し、電磁波汚染から保護します。あなたと汚染源との間に置くか、携帯電話にテープで張ってください。精神レベルでは、脳を通過する情報を濾過して直観と結びつけます。

　優れた鎮静作用があります。脳と神経系を鎮め、肉体をエーテル体*に同調させ、最良の健康状態を維持します。男性性と女性性のエネルギーや人格の様々な側面のバランスをとります。問題を両面から、または、異なる視点からとらえるのを促します。情緒レベルでは、情緒的トラウマを癒し、心配や恐れを和らげます。ネガティブなエネルギーや悪化を解消します。

　霊性面では、エリキシルは意識のあらゆるレベルに非常に有用です。石そのものは普遍の愛の顕現を助けます。

ヒーリング効果

　愛情のこもったコミュニケーションを促進するために、心臓と喉のチャクラ*の両方を癒し、開きます。また、第三の目*を開き、直観を働かせます。神経系内部のネガティブなエネルギーや閉塞を分散させます。骨粗鬆症や虫歯、カルシウム欠乏、カルシウム沈着などの症状を引き起こす代謝障害のバランスを回復することにより、これらに効果があります。エリキシルはカルシウムの問題を是正します。また、筋肉の痙攣を軽減します。主要な特性の一つは、電磁スモッグ*を発生させる電子レンジやその他の機器の健康被害に対する防御作用です。

使い方

　手に持つか、患部の上に置いてください。電磁波から守るために身につけることもできます。コンピュータの近くに置くか、携帯電話にテープで貼りつけます。

アンバー（AMBER）

成形したもの

透明な黄色

色	金色がかった茶または黄。緑のものは人工的に着色されている。
外観	不透明または透明な樹脂で、昆虫または植物が内部に閉じ込められている。様々な大きさがある。
希少性	簡単に入手可能。
産地	ポーランド、イタリア、ルーマニア、ロシア、ドイツ、ミャンマー、ドミニカ。

特性

　厳密に言うと、アンバーはクリスタルとは全く別物です。樹木の樹脂が固化し、化石化したものです。大地と強い結びつきがあり、高次のエネルギーとグラウンディングする石です。強力な癒しと浄化の効果があり、身体からdisease*を取り除き、組織の再活性化を促します。環境とチャクラ*を清めます。ネガティブなエネルギーを吸収し、それらをポジティブな力に変換し、身体の自己治癒を刺激します。保護作用が強力で、日常の自己を高次の霊的存在へ結びつけます。

心理面では、人生に安定性をもたらしますが、願望を達成欲に結びつけることによって、動機づけも行います。温かく明るいエネルギーは、伝統を重んじつつも快活でのびのびした性質へ形を変えます。自殺やうつ傾向を弱めるのに役立ちます。

精神面では、知性を刺激し、抑うつ状態を解消し、ポジティブな精神状態と創造的な自己表現を促進します。バランスと忍耐をもたらして、意志決定を促し、記憶力を助ける働きもあります。柔軟性は抵抗を解消します。情緒面では、穏やかさを促進し、信頼を育みます。霊性面では、利他主義を促進し、叡智をもたらします。

ヒーリング効果

チャクラを強力に浄化し、癒します。肉体レベルでは、身体に生命力を吹き込み、身体から疾患を吹き飛ばす力を持ちます。痛みやネガティブなエネルギーを吸収することによって、身体のバランスを回復させ、自己治癒を促します。ストレスを軽減する働きもあります。喉と共鳴し、甲状腺腫やその他の喉の障害に対処します。胃、脾臓、腎臓、膀胱、肝臓、胆嚢の治療に役立ち、関節の問題を軽減し、粘膜を強化します。エリキシルとして傷の治療に用いると優れた天然の抗生物質様の働きをします。臍のチャクラを刺激することができ、グラウンディングのエネルギーを身体に送り込むのを助けます。

使い方

長時間身につけてください。特に手首や喉に効果がありますが、ヒーリングを必要とする場所に身につけます。赤ちゃんや子供の手当をする場合には、母親がまずその石を身につけると効果的です。

クリスタル図鑑

アメジスト（AMETHYST）

パープルアメジスト

色	紫からラベンダー色まで。
外観	透明でポイントのある結晶。ジオード、クラスター、シングルポイントの場合もある。大小様々なサイズがある。
希少性	非常によく見かけるクリスタルの一つ。
産地	アメリカ合衆国、英国、カナダ、ブラジル、メキシコ、ロシア、スリランカ、ウルグアイ、東アフリカ、シベリア、インド。

特性

非常に強い力と保護作用のある石で、高い霊的波動を持ちます。サイキックアタック*から守り、エネルギーを愛に変えます。自然に対する安定剤の働きがあり、ジオパシックストレス*やネガティブな環境エネルギーを遮ります。アメジストの静謐さは、高次の意識状態と瞑想を促進します。癒しと浄化の力が強く、霊的気づきを促進します。伝統的に、酩酊を防ぐために身につけられており、禁酒を支援します。あらゆる種類の依存症と閉塞を克服します。高次のレベルで用いると、アメジストはもう一つの現実へと導きます。

心に非常に効果があり、必要に応じて鎮静または刺激を行います。瞑想する際には、思考を日常から転換させて、静寂とより深い理解へと導きます。精神面では、落ち着きのなさを改善し、自分の能力のコントロールへの集中を助けます。新しい考えの吸収を促進し、原因と結果を結びつけます。

意志決定のプロセスを促し、常識と霊的洞察をもたらし、決断と洞察を実践させます。精神面では、鎮静作用と統合作用があり、脳を経由した神経信号の伝達を助けます。不眠が精神活動の亢進によって生じている場合に有用で、繰り返し起こる悪夢に効果があります。記憶力を向上し、やる気を増進し、現実的な目標を設定しやすくします。夢を思い出して理解するのを助け、視覚化のプロセスを促進することができます。

高低のバランスをとり、情緒的なセンタリングを促進します。怒り、逆上、恐れ、不安を払拭します。様々なレベルの悲しみを和らげ、喪失の受容を助けます。

霊的な力が最も強い石の一つで、神の愛を広め、本質への洞察をもたらし、無私の心と霊的な叡智を促します。直観の目を開き、心霊能力を高めます。瞑想と水晶占い*に非常に適した石で、第三の目の上に置いて刺激することができます。アメジストと一緒に眠ると、幽体離脱*を促し、直観的な夢をもたらします。波動の低いエネルギーを霊やエーテル体の領域の高い波動に変換します。

ヒーリング効果

ホルモンの産生を促進し、内分泌系と代謝系を調整します。浄化器官や排泄器官、免疫系を強化します。血液の浄化作用に優れています。肉体的、情緒的、心理的な痛みやストレスを和らげ、ジオパシックストレスを遮断します。頭痛を軽減し、緊張を解きほぐします。打ち身、外傷、腫脹を軽減し、聴覚障害に対処します。肺や気管のdis-ease、皮膚症状、細胞障害、消化管のdis-easeを癒します。腸に効果があり、腸内細菌を調整し、寄生虫を除去し、水分の再吸収を促進します。不眠を癒して、安眠をもたらします。

精妙エネルギーレベルでは、バランスをとり、肉体、精神体、情緒体を霊性体に接続させます。オーラ*を浄化し、ネガティブなエネルギーを変換し、喉と宝冠のチャクラ*を刺激します。死を経由して移行しようとしている人々の手助けをします。精神医学的な症状を安定させることができますが、妄想症または統合失調症の場合には使用すべきではありません。

使い方

必要に応じて身につけるか、置いてください。特にジュエリーとして身につけると良いでしょう。クラスターとジオードは置物として、シングルポイントはヒーリングツールとして使うことができます。エネルギーを呼び込むにはポイントを身体の方に向け、エネルギーを引き離すには身体から外側に向けます。喉や心臓の上に身につけると特に効果的です。不眠症や悪夢には、枕の下に置いてください。太陽光線によって色あせます。

アメジストのポイント

特殊な色

一般的な特性に加えて、次のような色や形態のものは追加的な特性を持ちます：

バイオレット-ラベンダー・アメジストは特に波動が高いクリスタルです。ダブルターミネーティドの薄紫色のクリスタルは、脳波をベータ波へ誘導します。喉と心臓のチャクラを刺激した後に鎮静化する働きもあります。すみれ色の「フラワー（花様の）」クリスタルは周囲の環境に光と愛をもたらします。

ラベンダーアメジストのフラワー

シェブロン（山形）アメジストは、第三の目*を刺激するクリスタルの中でも最も優れたものの一つです。心の目つまり直観レベルでの目と物理的レベルでの目の働きや、肉体を離れた魂の旅を促進します。エネルギーが強力に集束されており、ネガティブな要素を分散させ、撃退します。オーラを浄化し、オーラによる診断を助けます。強力なヒーリングエネルギーの場を持ち、身体の器官に調和をもたらし、免疫系を刺激します。あらゆる問題に対するポジティブな答えの発見と実践を助けます。

パイナップルアメジストは、側面が小さな塊で覆われており、その上にターミネーションポイントが現れています。おとぎ話に登場するお城の小塔の様に見えるこのポイントは、神話やおとぎ話の領域とのコンタクトを促進し、想像力を刺激します。家族や集団の伝説に対する強力なヒーリングツールの典型の一つです。

パイナップルアメジストのクラスター

アメジストのワンド

クリスタル図鑑

アメトリン（AMETRINE）

研磨したもの 　　　　　　　　　　　原石

色	紫および黄。
外観	透明な結晶。アメジストとシトリンのコンビネーション。小さく、タンブル状のことが多い。
希少性	簡単に入手可能であるが、一つの鉱山からのみ産出。
産地	ボリビア

特性

　アメジストとシトリンのそれぞれの特性を強力にあわせ持っています。その作用は即効性と実効性があり、dis-ease*の原因に対する洞察をもたらすことから、特に長期にわたる疾患に有用です。肉体の領域を高次の意識に結びつけます。アストラルトラベル*を促進し、トラベルの間を保護し、サイキックアタック*を和らげます。頭からストレスと緊張を取り除き、心を鎮めて瞑想へ

57

の集中度を高めます。第三の目を開き、ヒーリングと予言を促します。男性性と女性性のエネルギーを統合します。

心理面では、他者との和合性と受容性を高めます。すべての人間がつながっている部分を示し、偏見を克服します。非常に活気に満ちた石で、創造性を刺激し、自分の人生をコントロールするのを助けます。見かけ上の矛盾を克服することのできる石です。

精神面では、明晰性をもたらし、認識と行動を調和させます。集中力を強化し、ものごとを考え抜くのを助け、あらゆる可能性の探究を促し、創造的な解決策をもたらします。日々の現実を超越した知性を高次の意識へ結びつけます。

情緒面では、閉塞を解消しますが、これにはネガティブな感情によるプログラミング*や期待を含みます。変化を促し、精神的苦痛の根本原因への洞察をもたらします。楽観的な姿勢や、ストレスの多い外的な影響によって乱されることのない健康を促進します。

ヒーリング効果

ものごとの真相を解明します。強力な浄化作用はオーラ*からネガティブな要素を、身体からは毒素を追い払います。非常に優れた血液浄化作用と活性化作用があり、肉体を活性化させ、免疫系を強化し、自律神経系の働きや肉体的成熟を促進し、DNAやRNAを安定化し、身体に酸素を送り込みます、慢性疲労症候群（CFS）*、焼灼感、抑うつ、胃の不調や潰瘍、疲労と無気力、緊張性頭痛、ストレスに関連したdis-easeを癒します。肉体、情緒、精神における精妙体*の閉塞を解放します。

使い方

太陽神経叢の上にあてて長時間直接身につけてください。手に持っていると根本的な問題が顕在化するため、それらと対話して癒しを得ることができます。

エンジェライト（ANGELITE）

スライスし、
軽く研磨したもの

色	青と白。赤い斑点が入ることもある。
外観	不透明で、翼のように脈状の縞が入ることが多い。やや大きめ。
希少性	簡単に入手可能。
産地	英国、エジプト、ドイツ、メキシコ、ペルー、ポーランド、リビア。

特性

　ニューエイジへの「気づきの石」の一つです。平和と兄弟愛を象徴しています。その名前が示すように、エンジェライトは天使の領域*との意識的なコンタクトを促進します。テレパシーによるコミュニケーションを促し、日常の現実と

のコンタクトを維持したままでの幽体離脱の旅*の実現を可能にします。

　同調性を深め、知覚を高めることから、ヒーリングの施術者にとっては強力な石です。また、環境または身体の防御効果もあり、特にエリキシルとして使用すると効果的です。

　エンジェライトは、何百年もかけて圧縮されたセレスタイト（p96参照）から形成されており、特性の多くはセレスタイトと共通しています。

　心理面では、内容に関わらず、真実を語ることを助けます。また、思いやりや受け入れる気持ちを強めるのを助け、特に、変えることのできないものに対する気持ちに効果があります。心の痛みを和らげ、残酷さを打ち消します。精神面では、占星術への理解を促し、数学への理解を深めるのに使われてきました。また、テレパシーによる心と心のコンタクトを促進します。

　霊性面では、思いやりにあふれた石です。痛みや不調を全体性と癒しへと変換し、霊的インスピレーションへの道を開きます。深い平穏と静けさの感覚をもたらします。普遍の知識へのつながりを助け、意識を高揚します。再生プロセスを促し、癒しを刺激し、霊的チャネリング*の道を開きます。

ヒーリング効果

　足に用いると経絡*とエネルギーの通り道の閉塞を解消します。喉と共鳴し、甲状腺と副甲状腺の炎症を鎮めてバランスをとります。この石は鎮静作用だけでなく、組織や血管を修復し、体液のバランスをとる働きがあり、さらに利尿薬の作用もします。体重コントロールに有用で、特に肺と腕に関係があります。日焼けによる痛みを冷やして鎮めることもできます。精妙エネルギーレベルでは、肉体とエーテル体の領域とのバランスを整えます。

使い方

　手に持つか、身体の適切な部分に置いてください。

アンハイドライト（ANHYDRITE）

天然の形態

色	透明、青、灰色。
外観	長いブレード状、または短い結晶で、通常は母岩上にある。
希少性	専門店で入手可能。
産地	イタリア。

特性
　肉体面を支援し、力を与えます。肉体は魂にとっての一時的な乗り物であると受け入れることを促します。運命の甘受に立ち向かうのを助けます。転生を受け止めることが困難な人々や、死後状態を強く求める人々に有用です。過去へのこだわりを解放して、人生がもたらすすべてのものごとへの受容を教え、これまでに起こったすべての中にある恵みを示すことによって、過去世の癒しを助けます。

ヒーリング効果
　喉の不調に対処し、特に肉体を通した自己表現の困難によって生じた不調に効果があります。体液貯溜や体液過剰を解消し、腫れを消散させます。

使い方
　喉の上、または胸腺の上に置いてください。

アパタイト（APATITE）

ブルー

色	黄、緑、灰色、青、白、紫、茶、赤味がかった茶、すみれ色。
外観	不透明。透明な場合もある。ガラス状の六方晶。様々な大きさがあり、タンブル状のことが多い。
希少性	青は簡単に入手可能。黄は希少。
産地	メキシコ、ノルウェー、ロシア、アメリカ合衆国

特性

インスピレーションを与える性質を持っています。意識と物質の接点であり、顕現の石であるアパタイトは、奉仕へ心を傾けさせ、人道的な姿勢を推進します。未来へ同調しながらもなお、過去世にもつながっています。心霊能力と霊的な同調能力を開発し、瞑想を深め、クンダリーニ*を高揚させ、あらゆるレベルでのコミュニケーションと自己表現を助けます。

心理面では、アパタイトはやる気を増進し、エネルギーの蓄えを増加させます。開放性と社交性を高め、外向性を促し、よそよそしさや疎外感を解消します。自分自身や他者に関するネガティブな要素を取り去ります。過度に活発な子供や自閉症の子供に有用です。

創造性と知性を刺激し、混乱を解消し、個人および集団の善のために用いるべき情報へのアクセスを助けます。知識と真実を拡張し、悲しみ、無気力、

怒りをいやします。神経過敏を軽減し、情緒的な疲労を克服します。基底のチャクラ*のエネルギーを解放することにより、欲求不満を解消し、罪悪感のない情熱を支持します。

ヒーリング効果

　骨を癒し、新しい細胞の形成を促進します。カルシウムの吸収を助け、軟骨、骨、歯、運動能力に効果があり、関節炎、関節障害、くる病を改善します。空腹感を抑え、代謝速度を高め、健康な食生活を促します。また、腺、経絡、器官を癒し、高血圧を克服します。肉体、情緒、精神、霊性としての体およびチャクラのバランスをとり、機能亢進には鎮静し、機能低下には刺激します。他のクリスタルと一緒に使うと、アパタイトが効果を高めます。

使い方

　患部の上に皮膚に直接あたるように身につけるか、適切な場所に置いてください。

特殊な色

　一般的な特性に加えて、以下のような色のものは追加的な特性を持ちます：

ブルーアパタイトは、非常に高レベルな霊的導きとコンタクトします。人前での話術の向上やグループでのコミュニケーションを促進し、喉のチャクラを開き、心臓および情緒的なdis-easeを癒します。

イエローアパタイトは優れた排出作用を持ち、特に毒素に対して有効です。太陽神経叢を活性化し、停滞したエネルギーを取り除きます。CFS*、無気力、抑うつを直し、集中力の欠如や学習効率の悪さ、消化不良を克服します。セルライトを取り除き、肝臓、膵臓、胆嚢、脾臓の治療に役立ちます。情緒レベルでは、貯め込まれた怒りを和らげます。エリキシルには食欲抑制効果があります。

イエローアパタイト

アポフィライト（APOPHYLLITE）

ホワイトクラスター

色	透明、白、緑、黄色がかった色、桃色。
外観	立方晶またはピラミッド状の結晶。透明の場合も不透明の場合もある。小さな単一結晶から大きなクラスターまである。
希少性	簡単に入手可能。
産地	英国、オーストラリア、インド、ブラジル、チェコ共和国、イタリア。

特性

　水分含有率が高いことからエネルギーを非常に効率的に伝達し、アカシックレコード*（これまで起こったこと、これから起こることについての神秘思想における記録で、過去世の情報も含む）の運び手となっています。強力に波動を伝達することから、部屋に置くとエネルギーを強化します。物理的領域と霊的

領域の間を意識的に結びつけます。幽体離脱の旅*の間、この石は肉体との強力な結びつきを維持し、霊的領域から物理的領域へ情報を転送します。この霊的な石は、眼力を高め、直観を刺激し、未来へのアクセスを可能にします。水晶占い*に最適な石の一つです。

　心理面では、自己の行動への内省を促し、バランスの乱れや欠点に気づいた場合には是正を促します。見せかけをやめ、遠慮をなくします。真実を象徴する石であり、本当の自分を認識させ、世の中にそれを示すことを認めます。

　精神面では、鎮静作用を持ちます。ストレスを効果的に軽減し、精神的な閉塞や否定的な思考パターンを解放します。欲望を軽減する効果もあります。霊的レベルでは、精神が霊性に同調するように、分析や意志決定のプロセスに普遍の愛を吹き込みます。

　情緒面では、抑圧された感情を解放します。不安、心配、恐れを克服します。不安を鎮め、不確実性に耐えさせます。

　霊性面では、霊を鎮めてグラウンディングさせます。霊的領域と強力なつながりを持つと同時に、身体内部を心地よくさせます。幽体離脱の旅と霊的な眼力を促進します。アカシックレコードとのつながりによって、過去世への旅を簡単にします。

ヒーリング効果

　レイキ（霊気）*ヒーリングを助ける非常に優れた石と考えられています。患者をより深いリラクセーションと受容の状態に導くのを助け、同時に、患者へのヒーリングエネルギーの伝達がより純粋なものとなるように、施術者が邪魔にならないようにさせます。

　呼吸器系に作用し、胸の上に置くと喘息発作を止めることができます。アレルギーを中和し、粘膜と皮膚の再生を促進します。両目の上に一つずつ置くと目を活性化させます。霊的な問題の癒しと、魂を肉体に慣れさせようとする際に特に有用です。

使い方

　適切な場所に置いてください。アポフィライトのシングルピラミッドは、チャネリングや瞑想の際に第三の目*の上に置くことができます。水晶占い*をする際は、眼角部分からクリスタルを覗き込んでください。

特殊な色と形態

　一般的な特性に加えて、以下のような色のものは追加的な特性を持ちます：

グリーンアポフィライトは、心臓のチャクラ*を活性化し、率直な心を促しますが、特に心臓の問題に対する決断に効果があります。普遍のエネルギーを一旦吸収した後に伝達します。心臓のチャクラを開いて普遍のエネルギーを吸収させます。火渡りを行う人々に対しては、瞑想状態を促進し、火の上を歩いた後の足を冷やすことからこの石は有用です。催眠コマンド*や、現世または過去世からのその他のコントロール機構を解除します。

グリーンアポフィライト

アポフィライトピラミッドは強力な活性効果を持ちます。霊視や霊感能力を高め、第三の目を開きます。ピラミッドのベース部分から頂点方向を見ることで「スターゲート」*を開きます。すべてのピラミッドと同様に、保存能力があり、ものや他のクリスタルへのエネルギー充電に用いることができます。エリキシルにすると、光とエネルギーを心臓に送り込みます。

アポフィライトピラミッド

アクアマリン（AQUQMARINE）

透明な原石

色	緑がかった青。
外観	透明から不透明の結晶。小さく、タンブル状、またはファセット状のことが多い。
希少性	簡単に入手可能。
産地	アメリカ合衆国、メキシコ、ロシア、ブラジル、インド、アイルランド、ジンバブエ、アフガニスタン、パキスタン。

特性

　勇気の石です。その鎮静エネルギーは、ストレスを軽減し、心を鎮めます。環境を調和させ、汚染物質から守ります。古代には、この石が闇の力を打ち消し、光の霊からの恵みを手に入れると信じられていました。船乗りたちは、溺れないためのお守りとしてこの石を携行していました。

心理面では、敏感な人々と密接な関係があります。他者に対する寛容さを呼び起こす力があります。断定的な態度を克服し、責任に押しつぶされている人を支援し、自分で責任を取るように働きかけます。まっすぐで、粘り強く、活力に満ちた性格を作り出します。古くなった、自滅的なプログラムを打破することができます。

　心を鎮め、無関係な考えを取り除きます。脳に到達する情報をフィルタリングし、認識をはっきりさせ、知性を研ぎ澄まし、混乱を解決します。未完結の事項に結論をもたらす能力があることから、あらゆるレベルにおいて終わらせることに有用です。閉塞したコミュニケーションから障害物を取り除き、自己表現を促進します。根底にある感情の状態を理解し、自分の気持ちを解釈する際に有用な石です。恐れを鎮め、感受性を高めます。

　霊性面では、直観を研ぎ澄まし、霊視の目を開きます。瞑想にすばらしい効果のある石で、高次の意識と霊的気づきを呼び起こし、人類への奉仕を促します。

　オーラ*を保護してチャクラ*を調整し、喉のチャクラ*から障害物を取り除いて、高次の世界からのコミュニケーションをもたらします。また、肉体と霊体を同調させます。

ヒーリング効果

　喉の痛み、腺の腫れ、甲状腺の問題に有用です。下垂体と甲状腺を調和させ、ホルモン分泌と成長を調整します。全身の強壮効果があり、身体の浄化器官を強化し、目、顎、歯、胃に効果があります。近視または遠視を和らげ、免疫系の機能亢進や花粉症などの自己免疫疾患を鎮めます。

使い方

　手に持つか、適切な場所に置いてください。目の上に置いたり、エリキシルとして使うことができます。

アラゴナイト（ARAGONITE）

ブラウンの
スプートニク型

ホワイトの珊瑚型

ホワイトの扇型

色	白、黄、金、緑、青、茶。
外観	いくつか形があり、たいていは小さい。チョーク様で繊維状、または半透明もしくは透明で、小さなスプートニク様の突起部分が明確に存在。
希少性	簡単に入手可能。
産地	ナミビア、英国、スペイン。

特性

　地球を癒し、グラウンディングする石として信頼できます。地球の女神に同調し、保護と再循環を促進します。この石はジオパシックストレス*を変換し、レイライン*の閉塞を取り除き、たとえ遠距離であっても作用します。物理的なエネルギーをセンタリングし、グラウンディングする力によって、ストレスが

ある場合に有用です。基底と大地のチャクラ*を安定させ、地球とのつながりを深めます。あなたを徐々に、子供時代あるいはそれ以前へと連れ戻し、過去を探検させます。

　心理面では、忍耐と受容を教えてくれます。過敏症に効果があります。自分に無理をする人々に適しており、他者への委任を促します。その実際的なエネルギーは規律自制と信頼性を促し、人生に対する実用主義的なアプローチをもたらします。

　精神面では、目先の問題への集中を助け、柔軟性と忍耐を心にもたらします。問題や状況の原因への洞察を与えます。情緒面では、怒りと情緒的ストレスに効果があります。力と支援を与えます。

　肉体面では、自分の身体に快適感と健康感をもたらします。dis-ease*に効果があり、特に、心の動揺からくる神経性痙攣や攣縮に有効です。安定化効果のある石で、身体の内部でグラウンディングとセンタリングを行います。

　霊性面では、制御不能状態に陥った霊的発達を安定化させます。鎮静化とセンタリングによって、バランスを回復し、高次の霊的レベルへ波動を高め、エネルギーを肉体に呼び込むことによって瞑想への準備を整えます。

ヒーリング効果

　四肢を温め、エネルギーを全身に伝えます。レイノー病や冷えに対処します。骨を癒し、カルシウム吸収を助け、椎間板の弾力性を回復します。また、痛みを改善します。夜間の痙攣や筋肉の痙攣を止めます。免疫系を強化し、機能亢進を調整します。浮遊感のある人を肉体にグラウンディングさせるのに有用です。地図の上に置いて地球上のストレスラインを癒すことができます。

使い方

　手に持つか、患部の上に置いてください。エリキシルを使って入浴することもできます。眠れない夜は枕の下に置いてください。手を楽にするツールとして有用です。グラウンディングを行うには、ペンダントとして身につけることができます。

アタカマイト（ATACAMITE）

母岩上の
アタカマイト

色	濃い青緑。
外観	小さな結晶が母岩上にあり、クリソコーラに類似。
希少性	非常に希少であるが、徐々に流通し始めている。
産地	アメリカ合衆国、オーストラリア、メキシコ、チリ。

特性

　新たに発見されたクリスタルの一つで、その特性はまだ完全に解明されていません。（共に瞑想を行えば、それがあなたにとってどのような働きをしようとしているのかを石自身が語るでしょう。）宝石グレードのクリソコーラと混同されることもあり、特性の一部は共通している可能性があります。

　わかっていることは、アタカマイトは強力に第三の目*を開き、強力な視覚イメージと強い霊的つながりをもたらすということです。その力強さにも関わら

ず、霊的眼力を刺激したり視覚化を助けるために使うには安全なクリスタルの一つです。非常に透明度の高い石です。瞑想に用いると、可能な限り高いレベルにまで魂を安全に導きます。

失われた霊的信頼を回復し、高次の導きへのつながりを促します。幽体離脱の旅をする際に持っていると有用な石で、特により高次の霊的領域へと旅する場合に効果があります。

高次の心臓のチャクラ*を開いてあなたの人生に無条件の愛をもっと呼び込み、胸腺と免疫系の機能を刺激するように積極的に働きます。

ヒーリング効果

腎臓を浄化し、恐れを取り除き、あらゆるレベルの除去を促します。エーテル体と眉間のチャクラを強力に浄化する働きもあります。生殖器の治療にも使うことができ、ヘルペスや性病への抵抗力を改善すると言われています。喉の上に置くと、甲状腺を癒し、喉のチャクラを開き、甲状腺機能低下の原因となっている可能性のある自己表現の阻害を取り除きます。鎮静効果のある緑色は神経系にも有効で、精妙エネルギーレベルでのストレスや神経の消耗を克服します。

使い方

第三の目*の上、または必要に応じて内臓の上に置いて視覚化を刺激します。瞑想や異界への旅を行う場合は両手で持ちます。

アベンチュリン（AVENTURINE）

ブルーの原石

色	緑、青、赤、茶、桃色。
外観	不透明で輝く微粒子が斑点状にある。大小様々な大きさがある。タンブル状のことが多い。
希少性	簡単に入手可能。
産地	イタリア、ブラジル、中国、インド、ロシア、チベット、ネパール。

特性

　繁栄を象徴する非常にポジティブな石です。デーヴァの王国*と強い結びつきがあり、ジオパシックストレス*に対抗して庭または家にグリッディング*するのに使われます。身につけていると、電磁スモッグ*を吸収し、環境汚染から保護してくれます。携帯電話にテープで貼りつけると、電磁波放射から保護する働きがあります。ネガティブな状況を打開し、好転させます。

　心理面では、リーダーの資質と断固たる姿勢を強化します。思いやりと共感、忍耐力を促します。dis-ease*の原因を見つけるためにあなたを過去へ導きます。吃音や重い神経症を軽減し、これらの症状の背景への理解をもたらします。心の状態を安定させ、知覚を刺激し、創造性を促進します。別の選択肢や可能性、特に他者から示されたものを理解します。知性体と情緒体を一

つにまとめます。怒りやいらだちを鎮めます。情緒面の回復を刺激し、自分の心のままに生きられるようにします。

　肉体面では、健康感を促進します。誕生から7歳までの成長を調整します。男性性と女性性のエネルギーのバランスをとり、心の再生を促します。霊性面では、心臓のチャクラ*を守り、サイキックバンピリズム*によって心臓のエネルギーが失われるのを防ぎます。

ヒーリング効果

　胸腺、結合組織、神経系に効果があり、血圧のバランスをとり、代謝を刺激し、コレステロールを低下させて動脈硬化と心臓発作を予防します。抗炎症効果があり、皮膚発疹やアレルギーを鎮め、片頭痛を和らげ、目の疲れを癒すのに役立ちます。副腎、肺、副鼻腔、心臓、筋肉系、泌尿生殖器系を癒します。エリキシルは皮膚の問題を和らげます。

ピーチ
アベンチュリン
（原石）

使い方

　手に持つか、適切な場所に置いてください。

グリーン
アベンチュリン
（タンブル）

特殊な色

　一般的な特性に加えて、以下のような色のものは追加的な特性を持ちます：

ブルーアベンチュリンは精神的な癒し効果が強力です。

グリーンアベンチュリンは、安楽にさせる効果と心臓を癒す効果、さらに全身の調和を図る効果を持ち、心臓を守ります。ものごとをコントロールされた状態に戻し、特に悪性症状に有用です。吐き気を落ち着かせ、ネガティブな感情や思考を解消します。多方面にわたって癒し効果を発揮し、健康と情緒面での落ち着きをもたらします。

レッド
アベンチュリン
（原石）

アゼツライト（AZEZTULITE）

不透明な原石

色	無色または白。
外観	透明または不透明なクォーツで縞がある。小さいことが多い。
希少性	希少かつ高価。
産地	ノースカロライナ（鉱層は1ヵ所あったが、掘り尽くされた）。

特性

珍しい、光を発するクリスタルで、ニューエイジのための石です。その非常に純粋な波動は、鉱物の中でも最も微細なものですが、最高の周波数に同調します。高次の周波数を地球にもたらして、霊的な進化を助けます。

あなたの意識を拡張させます。あなたに準備が整えば、意識と波動をより高次のレベルへ高揚させることができます。あなたの波動を上昇させながら、他者のためになるポジティブな波動を発するのを助けます。アゼツライトは浄化の必要が全くなく、常に活性化した状態にあります。

霊的な領域での使用や高周波での使用に慣れていない場合には、取扱いは慎重に行うべきです。この石が誘発する波動の変動は強力なため、その使用法を完全に理解するまでは、不快な副作用が起こる可能性があります。アメト

リンやアクアマリンなどの他の霊的なクリスタルを使うことで、練習を積むことができます。アゼツライトを使い始める前には、古いパターンを解消させ、情緒面の完全な浄化を済ませておくべきです。不透明なアゼツライトは波動のレベルがやや低いため、より透明度の高い石を使用する前の準備段階での使用に有用です。

　霊性面では、瞑想を促進し、即座に「ノー・マインド（無心）」の状態に導き、身体のまわりに保護作用のある渦巻きをもたらします。クンダリーニ*が脊椎を上昇するように刺激します。視覚とインスピレーションの石であり、霊的レベルに到達しようとしている第三の目と、宝冠および高次の宝冠のチャクラ*を開きます。未来からの霊的導きに同調し、重要な決断を助けます。

　脊椎の基底部にある上昇ポイント、腹部の中心、および脳の中心を活性化して、肉体に留まりながらもより高次の波動へ変化させます。第三の目*の上に用いると、未来を見るのを助けます。

ヒーリング効果

　肉体レベルでは、癌、細胞傷害、炎症に対処します。目的を活性化して意欲を回復させることにより、慢性疾患の人を助けます。アゼツライトを用いたヒーリングワークの大半は霊的な波動によるもので、チャクラと高次の現実とのつながりに働きかけて波動の変化を促進します。

使い方

　第三の目のチャクラ、宝冠のチャクラ、または必要のある部位に置いてください。

アズライト(AZURITE)

原石

色	濃い青。
外観	非常に小さく、光沢のある結晶(タンブルの状態では目に見えない)。小さなタンブル状のことが多い。
希少性	簡単に入手可能。マラカイトとのコンビネーションのことが多い。
産地	アメリカ合衆国、オーストラリア、中国、ペルー、フランス、ナミビア、ロシア、エジプト。

特性

　霊的能力と直観の開発を導きます。魂を悟りの境地へと促します。第三の目*を浄化し、刺激して、霊的導きに同調させます。このクリスタルは幽体離脱の旅を容易かつ安全なものとします。意識を高次のレベルへ高揚させ、霊的な開発のコントロール力を高めます。瞑想やチャネリング*状態への入りやすくします。強力なヒーリング力を持った石で、精神と情緒が身体に及ぼす影響についての心身医学的な理解を促します。

　精神面では、明快な理解と新しい視点をもたらし、心の幅を広げます。長く続いているコミュニケーション上の障害物を取り除き、記憶力を刺激します。現実に対するあなたの見方に疑問を投げかけ、プログラミングされた思考体系を手放して、恐れることなく未知なるものへ足を踏み入れ、より深い洞察と新

たな現実に到達させます。古い信念は、徐々に意識されるようになり、それが真実か否かが検証されます。

情緒面では、ストレス、心配、様々な悲しみを取り除き、心に明るさをもたらします。恐れや恐怖症を変質させ、まず第一にそれらが起こった原因への理解を促します。神経質が原因で口数が多くなっている人を落ち着かせたり、自己表現が控えめな人を励まします。

ヒーリング効果

喉の問題、関節炎、関節の問題に対処し、脊椎を調整し、細胞レベルで作用してあらゆる閉塞または脳の損傷を回復させます。腎臓、胆嚢、肝障害を癒し、脾臓、甲状腺、骨、歯、皮膚の治療に役立ち、解毒作用を助けます。子宮における胎芽の成長を促進します。精神作用や心理作用、メンタルヒーリング、ストレス解消との特別な共振作用があります。精妙体*を活性化し、肉体と再調整を図り、チャクラ*から障害物を取り除きます。エリキシルは、ヒーリングクライシス*によって症状改善前に一時的に悪化する状態を和らげます。

使い方

右手の皮膚に接触するように身につけるか、身体の必要とする部分に直接置いてください。特に第三の目に効果があります。動悸を引き起こすことがありますから、もしそうなった場合はすぐに取り除いてください。

コンビネーションクリスタル

マラカイトを伴ったアズライトは、二つのクリスタルの性質を併せ持っており、エネルギーを強力に導きます。霊視や霊感能力を開放し、視覚化能力を強化し、第三の目を開きます。情緒レベルでは、深い癒しをもたらし、大昔からの障害物、ミアズム*、または思考パターンを浄化します。筋肉の痙攣から回復させる効果もあります。

マラカイトを
伴ったアズライト
(タンブル)

ベリル (BERYL)

ブルー　　　　　　　　　　　ゴールド

色	ピンク、金、黄、緑、白、青。
外観	柱状結晶。透明でピラミッド状のこともある。大小様々な大きさがある。
希少性	ほとんどの形状のものを簡単に入手可能であるが、高価な場合もある。
産地	アメリカ合衆国、ロシア、オーストラリア、ブラジル、チェコ共和国、フランス、ノルウェー。

特性

　必要なことのみを行う方法を教えます。ストレスの多い生活に対処し、不必要な重荷を減らす上で非常に優れた効果のある石です。何をすべきかについての導きへの同調を助けます。存在の純粋性を象徴しており、可能性の実現を助け、水晶占い*に大変適した石で、クリスタルボールによく使われます。宝冠と太陽神経叢のチャクラ*を開き、活性化します。

　心理面では、勇気を促し、ストレスを軽減し、心を鎮めます。精神面では、

気を散らすものをフィルタリングし、過剰な刺激を軽減する能力によって、ポジティブな見方を促進します。過度な分析や不安を防ぎます。情緒面では、倦怠期に陥った既婚者に再び愛を呼び起こします。

ヒーリング効果

　排泄器官の働きを助け、肺や循環器を強化し、毒素や汚染に対する抵抗力を増強します。肝臓、心臓、胃、脊椎の治療に役立ち、脳振盪を癒します。鎮静作用があります。エリキシルは喉の感染症の手当に使うことができます。

使い方

　必要な場所に置くか、水晶占い*に使います。

特殊な色

　一般的な特性に加えて、以下のような色のものは追加的な特性を持ちます:

ゴールデンベリルは預言者の石で、儀式的魔術に用いられます。水晶占いや魔術を行う際に役立ちます。本質の純粋性を促します。自発性や独立心を教え、成功欲や可能性を現実に変える能力を刺激します。宝冠と太陽神経叢のチャクラ*を開きます。

モルガナイト（ピンクベリル）は愛を引き寄せて維持します。愛情のこもった思考や行動を促し、生活や人生を楽しむための空間をもたらします。ピンク色をしていることから、心臓のチャクラの活性化と浄化を行い、ストレスの多い生活を落ち着かせ、神経系に効果をもたらします。霊的な進歩を妨げている逃げ道、かたくなな心、利己主義への認識を助けます。魂が必要としているものが無視されていることへの気づきを助けます。また、満たされない情緒的欲求や表面に表れ

ゴールデンベリル
（研磨したもの）

モルガナイト
（ピンクベリル）

ない感情の認識も助けます。癒しや変化に対する意識的および無意識的な抵抗を解消し、被害者意識を取り除き、無条件の愛と癒しを受け止めるために心を開かせる効果が強力です。精神と身体に関わる変化が生じている間、情緒レベルの体の安定を保ちます。ヒーリングに用いると、ストレスやストレス関連の疾患に対処します。細胞に酸素を送り込んで再組織化し、結核、喘息、気腫、心臓の問題、めまい、インポテンツ、肺の閉塞に対処します。

ビクスビアイト（レッドベリル） は基底のチャクラを開いて活性化させます。

ベリル：クリソベリル（CHRYSOBERYL）

原石 ファセット加工したもの

色	鮮黄色、茶色の入った黄色、赤の入った緑。
外観	タビュラー状の透明な結晶。アレキサンドライトとは自然光の下では緑に、人工光の下では赤に見える。キャッツアイまたはサイモペインは縞があったり目のように見える。
希少性	クリソベリルは簡単に入手可能。キャッツアイは高価、アレキサンドライトは希少。
産地	オーストラリア、ブラジル、ミャンマー、カナダ、ガーナ、ノルウェー、ジンバブエ、ロシア。

特性

　ベリルの一種であるクリソベリルは、新たな始まりを象徴する石です。思いやりと許し、寛大さと信頼をもたらします。太陽神経叢と宝冠のチャクラ*を調整し、心を霊的な努力へ向けさせ、宝冠のチャクラを開き、霊的な力と個人の力の両方を増強します。また、創造性に優れた効果があります。

　心理面では、自尊心を強化し、古くなって現状に合わなくなったエネルギーパターンを手放します。精神面では、問題や状況の両面を見ることと戦略的計画を使うことを助けます。情緒面では、不当な行為した者への寛容さを促します。

ヒーリング効果

他のクリスタルと一緒に使うとdis-easeの原因を強調します。自己治癒を助け、アドレナリンやコレステロールのバランスをとり、胸部と肝臓を強化します。

特殊な形態

一般的な特性に加えて、以下のような色のものは追加的な特性を持ちます：

アレキサンドライトは対比の要素を持つクリスタルです。直観力や形而上学的な能力を開発し、強い意志と人間的魅力をもたらします。再生作用があり、自尊心を再生し、内的自己と外的自己の再生を支援します。アレキサンドライトは、精神、情緒、霊性を集中し、強化し、調整します。喜びをもたらし、創造性を高め、変化を速め、顕現を促進します。感情を鎮め、労力を軽減する方法を教えてくれます。夢や空想を含めたイメージを刺激します。ヒーリングでは、神経系、脾臓、膵臓、男性生殖器の働きを助け、神経組織を再生します。蛋白質の吸収不良、白血病に伴う諸症状に対処し、首の筋肉の緊張を和らげます。強力な解毒作用があり、肝臓を刺激します。

アレキサンドライト

キャッツアイは不思議な性質を持っています。グラウンディング効果のある石ですが、直観を刺激します。オーラ*からネガティブなエネルギーを追い払い、オーラを保護します。自信、幸福、平静、幸運をもたらします。目の疾患に対処し、夜間視力を向上します。また、頭痛や顔面痛を軽減します。身体の右半身に身につけてください。

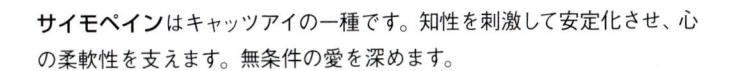

キャッツアイ

サイモペインはキャッツアイの一種です。知性を刺激して安定化させ、心の柔軟性を支えます。無条件の愛を深めます。

サイモペイン

ブラッドストーン（BLOODSTONE）

別名：ヘリオトロープ（HELIOTROPE）

タンブル

原石

色	赤緑。
外観	赤または黄のジャスパーが斑点状になった緑のクォーツ。中型のタンブル状の石であることが多い。
希少性	簡単に入手可能。
産地	オーストラリア、ブラジル、中国、チェコ共和国、ロシア、インド。

特性

　その名が示すとおり、ブラッドストーンは、優れた血液浄化作用と強力な癒しの作用を持ちます。天気をコントロールしたり、悪やネガティブなものを追い払い、霊的エネルギーを導く力を与えるといった神秘的で魔術的な特性があると信じられています。導きを伝える手段として音を発することから、古くは

「オーディブルオラクル」*と呼ばれていました。直観を高め、創造性を強化します。グラウンディングと保護作用に非常に優れた石で、好ましくない影響を遠ざけます。夢を見ることを促し、強力な活性化作用を持ちます。

　心理面では、勇気を与え、戦略的に撤退することや柔軟性によって危険な状況を避ける方法を教えます。無私無欲や理想主義を促進し、変化の前には混乱状態が起こるものだという認識を助けます。今この瞬間に行動するのを助けます。

　精神面では、心を鎮め、混乱を取り除き、意志決定プロセスを促進します。精神的に消耗した時に心を活性化させることができます。不慣れな状況への適応を助けます。

　情緒面では、心のエネルギーのグラウンディングを助けます。神経過敏や攻撃性、焦燥感を軽減します。霊性面では、霊性を日常生活に持ち込むのを助けます。

ヒーリング効果

　急性感染症に対し、エネルギーの浄化作用と免疫系の刺激作用があります。リンパの流れと代謝プロセスを刺激し、身体と心が消耗した際には活性化とエネルギー補給をし、血液を浄化し、肝臓、腸、腎臓、脾臓、膀胱を解毒します。血液の多い臓器に効果があり、血流の調整と促進を行い、循環を助けます。膿の産生を軽減し、過酸化作用を無効化します。血液の働きを助けて毒素を取り除くことから、白血病に有用です。古代エジプトでは腫瘍を縮小させるために用いられました。アンセストラルラインを癒すのに使うことができます。下部のチャクラ*を浄化し、それらのエネルギーを調整します。

使い方

　必要に応じて使います。健康のためには継続して身につけてください。水を入れたボウルの中に入れたものをベッドのそばに置くと安眠できます。免疫力を刺激するためには、胸腺の上にテープで貼ってください。

ボジストーン（BOJI STONE）

原石
（男性石）　　　　　（女性石）

色	茶色がかった色、青いものもある。
外観	金属のような外観。女性石は滑らか、男性石は角ばった突起を持つ。小型から中型。
希少性	真正なボジストーンは入手が困難。
産地	アメリカ合衆国、英国。

特性

　グラウンディングに非常に効果的な石の一つです。あなたを徐々にではあるものの確実に、地上へ、さらにあなたの肉体へと戻し、現在にグラウンディングさせ、特に他の霊的現実でのワークの後に効果的です。しっかり地に足をつけるのが困難な人々に特に有用です。強力な保護作用があり、閉塞を克服するのに非常に有用です。

　滑らかな石は女性性のエネルギーを持ち、突起のある石は男性性のエネル

ギーを持っています。バランスをとって活性化させる働きがあり、ペアで用いると身体の男性性と女性性の両方のバランスをとり、チャクラと精妙体＊を協調させます。

大地と強いつながりを持つことから、植物や農作物に有益ですが、地面の上に放置したり、風雨にさらされたままにすると、おそらく風化してしまいます。

心理面では、あらゆるレベルの閉塞の解明を助けます。閉塞した感情をすっきりとさせ、つらい記憶を癒します。また、ネガティブな思考パターンと自滅的な行動を明らかにして、これらを変化させます。心身症の原因を突き止め、肉体または精妙体の閉塞を解消します。ボジストーンを手に持つと、影の自分に協調させて抑圧された性質を表面化させ、その抑圧を徐々に解放し、それらの中にある恵みに気づくことができるようにします。

肉体面では、身体の経絡を経由したエネルギーの流れを刺激します。精神面では、過去からの精神的な刷り込みと催眠コマンドへ注意を向けさせます。情緒を安定させることができますが、この石を使う前に他に必要なワークをまず行うべきであると言われる傾向にあります。

ヒーリング効果

エネルギーの閉塞を癒し、痛みを鎮め、組織再生を促します。肉体的なエネルギーが低下した時や、難治性の症状に有用です。精妙エネルギーレベルでは、チャクラ＊を調整して、オーラ＊体の穴の修復と活性化を行います。

使い方

1組のボジストーンを両手で持ち、10分位そのままにするか、または閉塞や痛みのある部位の上に置きます。瞑想中に椅子のまわりにグリッド＊することもできます。

ブルー・ボジストーンは、高い波動であるもののグラウンディングされた霊的波動を持ちます。魂の旅を促進し、魂が肉体に戻るまで魂の保護をしてくれることから、魂が肉体から離れて旅する場合に非常に有用です。

クリスタル図鑑

カルサイト（CALCITE）

ブラウンのポイント

天然の斜方晶

マンガンカルサイトの
タンブル

色	緑、青、黄、オレンジ、透明、茶、ピンク、灰色、赤。
外観	半透明で蝋のような外観。縞模様があることが多い（色を改善するための酸処理による可能性）。大小様々な大きさ。タンブル状の場合もある。
希少性	よく見かける。
産地	アメリカ合衆国、英国、ベルギー、チェコ共和国、スロバキア、ペルー、アイスランド、ルーマニア、ブラジル。

特性

強力にエネルギーの増幅と浄化を行います。部屋に置いておくだけで、環境からネガティブなエネルギーを取り除き、あなたのエネルギーを高めてくれます。身体の内部では、停滞したエネルギーを取り除きます。色のスペクトルは肉体と精妙体を浄化します。活力のあるクリスタルで、発達と成長を速めます。高次の認識を開くことや霊的能力、チャネリング、幽体離脱体験を促す、高次の意識と結びついた霊的な石の一つです。霊的発達を加速させ、魂が身体に戻った時に体験を記憶させます。

心理面では、感情を知性と結びつけ、感情的知性を開発します。ポジティブな効果を持ち、特に希望ややる気を失った人に有効です。怠惰を克服し、あらゆるレベルにおいてより活動的になるのを助けます。

精神面では、心を鎮め、識別と分析を教え、直観を刺激し、記憶力を高めます。どの情報が重要であるかを知り、それを保持することを促します。考えを行動に移す能力を与えます。学習に有用な石です。

情緒的ストレスを和らげ、代わりに平静さをもたらします。安定作用のある石で、自己への信頼を高め、挫折を克服する能力を強化します。精妙体レベルでは、適切な色のカルサイトを置くと、すべてのチャクラ*を浄化し、バランスをとり、活性化します。

ヒーリング効果

排泄器官を浄化します。骨へのカルシウム取り込みを促進しますが、カルシウム沈着を分解し、骨格と関節を強化します。腸と皮膚の症状を和らげます。血液凝固と組織の治癒を刺激します。免疫系を強化し、小さな子供の成長を促進します。エリキシルは即効性があり、皮膚、潰瘍、疣、化膿した傷口に使うことができます。精妙エネルギーレベルでは、チャクラ*を浄化し、活性化します。

使い方

手に持つか、適切な場所に置いてください。ペンダントとして身につけるこ

ともできます。ベッドのまわりにグリッドすることもできます。ジェムエッセンスとして使います。

特殊な色

　一般的な特性に加えて、以下のような色のものは追加的な特性を持ちます：

ブラックカルサイトは、過去を解放するための退行と記憶回復に用いるレコードキーパーの石です。トラウマやストレスを受けた後の肉体に魂を戻し、抑うつを和らげます。また、心の暗闇を共に過ごす石として有用です。

ブルーカルサイトは、回復とリラクセーションのための穏やかな作用を持った石です。血圧を下げ、あらゆるレベルの痛みを解消します。そっと神経を鎮め、不安を取り除き、ネガティブな感情を解き放ちます。喉のチャクラ*の上に用いれば、明快なコミュニケーションを助け、特に意見の相違がある場合に効果的です。エネルギーを吸収し、フィルタリングした後に、エネルギーの送り手に有益となるような形でエネルギーを戻します。

ブラックカルサイト（原石）

クリアーカルサイトは「何でも治す」石で、特にエリキシルとして用いると効果的です。強力な解毒作用を持ちます。肉体レベルでは殺菌剤として働き、精妙体レベルでは、高次から低次まですべてのチャクラ*の浄化と調整を行います。虹を伴ったクリアーカルサイトは、大きな変化をもたらし、新しい始まりの石という性格があります。クリアーカルサイトは魂の深い癒しと精妙体*の活性化をもたらします。内なる目と外なる目を開き、はっきりとさせます。

ブルーカルサイト

クリアーカルサイト

ゴールドカルサイトは、瞑想や、高次の精神界との同調に優れた効果があります。高次の精神エネルギーを肉体の領域にグラウンディングさせるのに伴って、精神の覚醒をもたらします。臍または宝冠のチャクラの上に置いてください。

ゴールド
カルサイト
（原石）

グリーンカルサイトは、精神的な癒しを行い、かたくなな信念や古いプログラミングを解消し、心のバランスを回復します。身近にあって心地よいけれどもはや役に立っていないものを手放す手助けをし、コミュニケーションや、停滞した状況からポジティブな状況への移行を支援します。子供が議論の場で自分の主張を守るのを助けます。免疫系を強力に刺激し、特にグリッド*で用いると効果的です。ネガティブな要素を吸収し、身体から細菌感染を取り去ります。関節炎や靭帯もしくは筋肉の収縮を和らげ、骨の調整を助けます。緑色の光は、発熱、火傷、炎症を冷却し、副腎を鎮め、怒りによって生じたdis-ease*を和らげます。定期的に身体の上に置くと、dis-ease*を吸収しますから、使用後は完全に浄化すべきです。

グリーン
カルサイト

クリスタル図鑑

アイスランドスパー（オプティカルカルサイト）はイメージを増幅し、目を癒します。また、言葉の裏にある二重の意味を読み取るのを助けます。偏頭痛を起こす緊張を軽減します。この形態のカルサイトは、精妙体*に対し優れた浄化作用を持ちます。

オレンジカルサイトは、強力な活性化作用と浄化作用を持つ石で、特に下部のチャクラ*に有効です。情緒のバランスをとり、恐れを取り除き、抑うつを克服します。問題を解決し、可能性を最大にします。生殖器系、胆嚢、過敏性腸症候群（IBS）のような腸の問題を癒し、器官系から粘液を取り除きます。

ピンクカルサイト（マンガンカルサイト）は、天使の領域*とコンタクトする心臓のクリスタルです。許しの石でもあり、心が過去にとらわれたままになっている原因である恐れと悲しみを取り除き、無条件の愛をもたらします。自尊心と自己受容を助け、精神的に不安定な状態を癒し、緊張と不安を取り除きます。悪夢を予防します。愛に満ちたエネルギーは抵抗を穏やかに解消します。トラウマや暴行を受けた人すべての助けとなります。

アイスランドスパー

オレンジカルサイト

レッドカルサイト

レッドカルサイトは、エネルギーを増強し、気持ちを高揚させ、精神力を支援し、心臓のチャクラを開きます。停滞したエネルギーを取り除きますが、これには便秘が含まれ、閉塞を解消します。基底のチャクラと共鳴し、チャクラを活性化して癒します。恐れを和らげ、恐れの原因に対する理解をもたらします。レッドカルサイトの活力は集団を活性化します。肉体レベルでは、関節をほぐして腰部と下肢の問題を癒し、精妙体レベルでは、人生における前進を妨げている閉塞を取り除きます。

クリスタル図鑑

斜方晶のカルサイトは、心のざわめきを断ち切り、精神の静寂をもたらします。過去を強力に癒す力があります。

イエローカルサイトまたはゴールドカルサイトは、強力な排泄作用をもち、意志を刺激します。そのエネルギーには、特にエリキシルとして用いると、高揚効果があります。瞑想を促し、深いリラクセーション状態と霊性を誘発し、最高次の霊的導きの供給源へと結びつけます。高次の精神レベルを刺激します。宝冠と太陽神経叢のチャクラに使います。ゴールドカルサイトは非常に発展的なエネルギーを持っています。

イエローカルサイト

色とテクスチャーを
よりよくするために
酸処理されたグリーンカルサイト

カーネリアン（CARNELIAN）

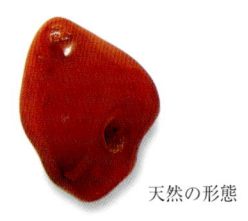

天然の形態

色	赤、オレンジ、ピンク、茶。
外観	小さく、半透明のペブル。 水により摩耗してタンブル化していることが多い。
希少性	よく見かける。
産地	英国、インド、チェコ共和国、スロバキア、ペルー、アイスランド、ルーマニア。

特性

　グラウンディングを促し、あなたを今の現実にしっかりと結びつけます。強いエネルギーを持った安定作用のある石で、活力ややる気の回復に優れています。演劇関係の仕事に有用です。他の石を浄化する力があります。

　心理面では、生命サイクルを受容させ、死への恐れを取り除きます。古代には、死者が死後の世界へ旅立つのを守るために用いられました。勇気を与え、ポジティブな生き方を選ぶよう促し、無気力を追い払い、仕事などでの成功への動機づけをします。あらゆる種類の乱用の克服に有用です。自分自身と自分の認識への信頼を助けます。怒りの原因を突き止め、ネガティブな条件づけを克服させ、断固とした姿勢を促します。

　精神面では、分析能力を向上させ、知覚を明確にさせます。瞑想中に外か

ら入り込んでくる思考を取り除き、空想家には日常の現実へ同調させます。集中力を高めさせ、無気力を追い払います。情緒面では、妬み、逆上、恨みに対し、それが自分自身のものであれ、他者のものであれ、強力に防御します。怒りを鎮め、感情からネガティブな要素を取り払い、人生を愛する心に置き換えます。

ヒーリング効果

　生命力や活力にあふれた石で、代謝を刺激します。基底のチャクラ*を活性化し、女性生殖器に影響を及ぼし、受胎力を高めます。不感症やインポテンツを克服し、下背部の問題、リウマチ、関節炎、神経痛、抑うつを癒しますが、特に高齢者に有効です。体液と腎臓を調整し、骨や靭帯の治癒を速め、止血を行います。ビタミンやミネラルの吸収を改善し、器官や組織への十分な血液供給を確保します。

使い方

　ペンダントやベルトのバックルとして、または必要に応じて皮膚と接触する部位にあてて使ってください。玄関の近くにカーネリアンを置くと防御効果を促し、家の中に富を呼び込みます。

特殊な色

　一般的な特性に加えて、以下のような色のものは追加的な特性を持ちます:

ピンクカーネリアンは親子の関係を改善します。虐待や対人操作の後に愛と信頼を回復するのを助けます。

レッドカーネリアンには温める作用と活性化作用があります。特に、脱力感の克服、心と身体の活気づけに有用です。

ピンク
カーネリアン

オレンジ
カーネリアン

セレスタイト（CELESTITE）

ブルーの
ジオード

ブルーのポイント

色	青、黄、赤、白。
外観	透明、ピラミッド状の結晶。中型から大型のクラスターまたはジオード、プレート状。
希少性	簡単に入手可能であるが非常に高価。
産地	英国、エジプト、メキシコ、ペルー、ポーランド、リビア、マダガスカル。

特性

　高い波動を持ち、ニューエイジにおける教師の役割を果たします。神のエネルギーが浸透した石です。霊体の無限の平穏の世界へと導き、天使の領域*とコンタクトをとります。霊的発展を後押しし、悟りが得られるように促します。霊視*によるコミュニケーション、夢の回想、幽体離脱の旅*を刺激するのに有

用な石です。美しいクリスタルで、純粋な心を得られるように促し、幸運を引き寄せます。オーラ*を癒し、真実を明らかにします。バランスと調和をもたらす石です。その非常に平穏な特性は、紛争の解決を助け、ストレスのある状況下で調和のとれた雰囲気を維持するのを助けます。平和的な交渉の場を設けることで、機能不全に陥った関係を改善することができます。

創造性を持った石で、特に芸術に有用です。

心理面では、新しい経験をより積極的に受け入れる用に促しながらも、穏やかな強さと、大きな内面の安らぎをもたらします。神の無限の叡智への信頼を教えます。鎮静効果があることから、激しい感情を沈めることができます。

精神面では、心を鎮め、鋭敏にし、心配を取り払い、頭脳の明晰さと円滑なコミュニケーションを促します。複雑な考えの分析を助けます。知性を本能と統合し、精神のバランスを促します。

第三の目*の上に置くと、普遍のエネルギーへの接続を開きます。すべての創造物との平和的な共存の展望をもたらし、完全な調和の達成は可能であることを示します。

ヒーリング効果

優れたヒーリング効果があり、痛みを解消し、愛を呼び込みます。目と耳の障害に対処し、毒素を排泄し、細胞を正常化させます。鎮静化作用によって筋肉の緊張を和らげ、精神的な苦痛を鎮めます。すべての青色のクリスタルと同様に、喉のチャクラ*を開いて癒し、関連する身体症状を癒すのに有効です。

使い方

適切な場所に置くか、瞑想や水晶占い*に用いてください。大型のセレスタイトを部屋の中に置くと、部屋の波動を高めます。色あせするため、直射日光の当たる場所に置かないでください。

セルサイト(CERUSSITE)

レコードキーパー
(山形が認められる)

色	白、灰色、灰色がかった黒、黄。
外観	白と黄色の半透明な結晶、または灰色と黒の粒状の結晶。通常は母岩の上にある。
希少性	専門店で入手可能。
産地	ナミビア。

特性

　グラウンディング用に優れた石で、環境の中で快適感を得るのを助けます。地球が自分たちの本当の家ではないと感じる人々に非常に有用で、そのような人々の「ホームシック」を和らげ、本当の故郷がどこであるかを問わず、魂をくつろいだ気持ちにさせます。星型またはレコードキーパー型の結晶を形成することもあります。これらの貴重な石は、高次の叡智とカルマの目的*に同調します。瞑想によって、これらの石があなたについて持っている固有の秘密が

明らかにされます。星型のものは地球外とのコンタクトを助けると言われています。地球上以外における過去世の探索を助け、過去世からの人々や彼らの現世における立場の認識を助けます。あなたが地球にやってきた理由、あなたが学ぼうとしている教え、あなたに課せられた任務、人類の進化を促すためにあなたがもたらす恵みについて説明します。過去とその影響を解き放つのを助けます。

　目的に関わらず旅に有益で、時差ぼけを軽減し、異なる文化への順応を助けます。短期的な和解をし、精神的な抵抗が強い状況へ適応するのに有用な石です。

　実用的な石で、意志決定を促進し、成長を刺激します。柔軟になる方法や責任を負う方法を教え、緊張や不安を軽減し、必要な変化に適応する方法を示します。あらゆる状況で機転を利かせる能力をもたらし、内向性ではなく外向性の促進を助けます。

　コミュニケーションを促し、連絡を容易にし、注意深く聴く能力をもたらします。右脳と左脳のバランスをとり、想像力を促進します。芸術に携わるすべての人に優れた効果があります。

　エリキシルには有用な殺虫作用があります。鉢植植物や部屋の中に噴霧して病害虫から守ることができます。

ヒーリング効果

　生命力やエネルギーを与える素晴らしい石で、特に疾患が一定期間持続している場合に効果があります。神経系を調整し、不随意運動を直し、筋肉と骨を強化します。パーキンソン病やトゥーレット症候群に有用です。不眠や悪夢を克服します。

使い方

　手に持つか、適切な場所に置いてください。害虫駆除や鉢植植物用にはエリキシルとして使用してください。

カルセドニー（CHALCEDONY）

ホワイトのジオード

ブルー（タンブル）

色	白、ピンク、青、赤、灰色がかった色。
外観	透明または不透明。縞模様が入っている場合もある。大小様々な大きさ。ジオードまたは小さなタンブル状の石として見られることが多い。
希少性	よく見られる。
産地	アメリカ合衆国、オーストリア、チェコ共和国、スロバキア、アイスランド、メキシコ、英国、ニュージーランド、トルコ、ロシア、ブラジル、モロッコ。

特性

　育む力を持つ石で、兄弟愛や善意を促進し、集団の安定性を高めます。思考の伝達やテレパシーを助けるのに用いることができます。ネガティブなエネルギーを吸収した後に分散させて、ネガティブなエネルギーが前方へ伝わっていかないようにします。

　古代には、カルセドニーから聖杯を作り、銀で内張りを施しました。これらは毒殺を防ぐと言われました。

　精神、肉体、情緒、霊性を調和させる働きがあります。

　慈悲の心と寛大さをもたらし、敵意を取り除いて、憂鬱を喜びに変えます。心理面では、自信喪失を和らげ、建設的な内省を促します。開放的で情熱的な人格を作り出します。ネガティブな思考や感情、悪夢を吸収して追い払います。

ヒーリング効果

　強力な浄化作用があり、開放創に対しても効果があります。母性を育み、母乳分泌を増加させ、ミネラル吸収を改善し、血管内のミネラル蓄積を抑制します。痴呆や老衰の影響を軽減します。肉体的なエネルギーを増強します。肉体、情緒、精神、霊性のバランスをとり、目、胆嚢、骨、脾臓、血液、循環器系を癒します。

使い方

　指や首のまわり、ベルトのバックルとして身につけるか、適切な場所に置いてください。特に内臓の上に置いたり、皮膚に接触させると効果的です。

特殊な色

　一般的な特性に加えて、以下のような色と形態のものは追加的な特性を持ちます：

ブルー
カルセドニー
（原石）

ブルーカルセドニーは想像力の石です。心を開いて新しい考えを吸収し、新しい状況の受け入れるのを助けます。精神的な柔軟性と巧みな言語表現力を与え、傾聴力やコミュニケーション能力を高めます。新しい言語の学習能力を刺激し、記憶力を向上させます。気持ちを楽にさせ、楽天的に前を見つめる力を与えます。自己認識を改善します。伝統的に天気に関わる魔術や天気の変化に関係する疾患の解消に用いられました。

肉体面では、粘膜の再生を助け、天気に対する過敏症によって生じたり、緑内障のように圧力によって生じるdis-ease*を緩和します。免疫系の機能を促進します。リンパの流れを刺激し、浮腫を消散し、抗炎症効果を持ち、熱と血圧を下げます。肺を癒し、呼吸器系から喫煙の影響を取り除きます。

デンドリティック・カルセドニーは、明確で的確な思考を促進します。リラックス状態での穏やかなコミュニケーションを促すことから、プレッシャーや攻撃にさらされた状態の時に有用です。今現在に生きるよう働きかけ、不愉快なものごとと向き合うのを助けます。記憶の処理を助け、生活に喜びをもたらします。他人に対する気楽で親しみやすいアプローチを支援します。判断することなく寛大な相互関係を結ぶように促します。

この石は慢性疾患に有用ですが、その場合は長期間身につける必要があります。また、喫煙に関連した問題にも有用で、免疫系を強化します。体内への銅の吸収を促進し、肝臓を解毒し、女性生殖器の炎症を解消し、口腔カンジダ症に対処します。

ピンクカルセドニーは、思いやりやあらゆる優れた性質を促進します。子供のように驚く気持ちや新しいことを学ぶ意欲をもたらします。想像力の一形態として物語を語らせます。この石は霊的な石で、共感や内面の安らぎを促します。また、深い信頼感をもたらします。

ピンクカルセドニー（原石）

特に心因性のdis-ease*への対処に有用です。心臓を強化し、免疫系の働きを支援します。授乳上の問題やリンパ液の流れを緩和します。

レッドカルセドニーは、目標に到達する際に力と粘り強さを与えます。戦うべき時と潔く譲る時を助言してくれます。自信の石であることから、夢の実現を助け、夢を最もポジティブな方法で実現するための戦略を考え出してくれます。ヒーリングの石としては、血圧を上昇させることなく循環を刺激し、血液凝固を促進します。空腹痛を軽減しますが、栄養素の吸収を阻害し、一時的に吐き気を起こす可能性があるため、長時間使用すべきではありません。

注意：銀色または様々な色で着色されたカルセドニーのジオードがモロッコなどで売られています。石が濡れるとこれらの色が落ちて、下側に白または灰色のカルセドニーが現れます。これらの特性は一般的なカルセドニーと同じです。

チャロアイト（CHAROITE）

研磨したもの

色	紫。
外観	斑点や渦巻き、脈状模様が入っている。小型から中型が多い。タンブル状または研磨されたものがある。
希少性	入手しやすくなりつつある。
産地	ロシア。

特性

　変換作用を持つ石です。恐れを克服する魂の石でもあります。内なる目と霊的な洞察を刺激し、霊性レベルでの非常に大きな変化への対処を助けます。この作用を促進するために、心臓と宝冠のチャクラ*を統合し、オーラ*を浄化し、無条件の愛を促します。波動の変化を促して、高次の現実へ結びつけます。同時に、肉体と情緒レベルでの深い癒しをもたらします。今現在を完全なものとして受け止めるのを助けます。

　心理面では、「ネガティブな要素」を統合して完全な形に変え、他者の受容を

促進します。深い恐れを解放し、特に、抵抗に打ち克ったり、ものごとを大局的にとらえるのに有用です。意欲、活力、自発性をもたらし、ストレスや心配を軽減することができ、リラックスした姿勢をもたらします。強迫観念や妄想を克服するのに用いることができます。宝冠のチャクラのバランスをとることにより、阻害感や欲求不満の克服を助けます。

精神面では、鋭い観察と分析を促し、これらをすばやい決断の促進に活用します。自分自身の考えやプログラムではなく、他者のものによって動かされている人を助けます。

霊性面では、霊的な自己を日常の現実へと結びつけます。人類への奉仕の道を奨励します。宝冠のチャクラを開き、バランスをとります。過去世への洞察に満ちた視点をもたらし、個人および集団レベルでのカルマを是正する方法を示します。

ヒーリング効果

ネガティブなエネルギーをヒーリングエネルギーに変化させ、dis-easeを健康に変化させます。身体の消耗時にエネルギーを補給し、癒し、二元性を統合し、血圧を調整します。目、心臓、肝臓、膵臓の治療に役立ちます。アルコールによる肝障害を回復させ、痙攣や様々な痛みを和らげます。強力な夢を伴った深い眠りをもたらし、不眠を克服し、子供を安眠させます。自律神経系の機能障害が心臓に影響している場合に有用です。自閉症と双極性障害を癒します。

使い方

心臓の上か、適切な場所に皮膚と接触するように置いてください。チャロアイトを使ってグリッディングをすると非常に効果があります。ジェムエリキシルは、肉体に対しては浄化剤、情緒不安には安定剤として優れた効果があります。

キャストライト（CHIASTOLITE）

別名：クロスストーン（CROSS STONE）、アンダルサイト（ANDALUSITE）

アンダルサイト

グリーン

ブラウン

色	茶色がかった灰色、ローズ、灰色、赤味がかった茶、オリーブグリーン。
外観	石の中央部にはっきりと十字模様。小さくタンブル状のことが多い。
希少性	簡単に入手可能。
産地	中国、ロシア、スペイン。

特性

強力な保護作用を持つ石です。古代には、他者からの悪意や呪いの撃退に使われていました。意見の相違を調和に変える性質があります。創造的な石で、ネガティブな思考や感覚を追い払う力を持ちます。争いを調和に変え、問題解決と変化を助けます。

神秘への入口であり、幽体離脱の旅を容易にします。不死性への理解と探究を促します。死と再生に関連しており、死を超えて移行しようとしている人に有用です。神秘的な出来事への答えをもたらします。

心理面では、幻影を解消し、恐れを鎮め、現実に直面させます。また、正気を失うことへの恐れを克服するのに特に有用です。ある状況から別の状況への移行を助けますが、特に心理レベルにおいては、古くなったパターンや条件づけを解放します。

精神面では、分析能力の強化によって問題解決を助けます。情緒面では、罪悪感を取り除き、情緒を安定させます。病気やトラウマに陥った間、霊性を維持し、防御力を発動させます。魂の目的への同調を助けます。

ヒーリング効果

熱を下げ、血液の流れを止め、過酸化作用を軽減し、リウマチと痛風を癒します。授乳中の女性の母乳分泌を刺激します。染色体の損傷を修復し、免疫系のバランスをとります。麻痺を癒し、神経を強化します。

使い方

適切な場所に置くか、首のまわりに身につけてください。

グリーンアンダルサイトは心を浄化し、バランスをとる作用のある石です。鬱積した怒りや過去の情緒的トラウマによる心の閉塞感やチャクラ*の閉塞を解放し、心理療法やクリスタル療法に非常に有用です。

クロライト（CHLORITE）

クロライトのファントム

色	緑。
外観	様々な形状。通常は不透明で、水晶の中に閉じ込められていることがある。
希少性	簡単に入手可能。
産地	ロシア、ドイツ、アメリカ合衆国。

特性　強力でポジティブな癒し効果を持つ石で、環境または個人のエネルギーの場に有益です。アメジストと一緒に使うと、エネルギーインプラント*を取り除き、サイキックアタック*を撃退します。カーネリアンとルビーと一緒に使うと、サイキックアタックから守り、地球に向かっている霊の前進を助けます。

ヒーリング効果　毒素の排泄、ビタミンAとE、鉄、マグネシウム、カルシウムの吸収を助けます。鎮痛作用が有用で、皮膚の増殖と肝斑を取り除きます。有用細菌の増殖を促進します。

使い方　手に持つか、適切な場所に置いてください。ネガティブなエネルギーまたは存在に対抗するためには、その場所をグリッド*してください。

（p233-234のクロライトのファントム、p262のセラフィナイトの項も参照。）

菊花石（CHRYSANTHEMUM STONE）

天然

色	茶、白の入った灰色。
外観	菊の花に似ている。中型の石。
希少性	簡単に入手可能。
産地	中国、日本、カナダ、アメリカ合衆国

特性

　時間を緩やかに漂い、時間旅行を促進します。落ち着いた自信を発散し、どんな環境も穏やかな雰囲気を高めます。調和のエネルギーを発しながら、変化と均衡を統合し、二つのものが共に作用する方法を示します。意識の中心が今現在にある喜びを味わう手助けをし、自己の開花を促します。インスピレーションとエネルギーを与え、達成への努力をもたらします。霊的な進歩の道にあっても、子供らしさや楽しいことを好む性格、無邪気さを失わずにい

る方法を教え、自己開発への激しい熱望をもたらします。性格を強化して、頑固さや無知、偏狭さ、独善、嫉妬を克服し、世界に対しより多くの愛を示すよう促しますが、それによってあなたの人生にはより多くの愛がもたらされるのです。

精神面では、軽薄さを打ち消します。思考を深め、心を乱すものから守ります。大局的見地からものごとを見つめさせます。情緒面では、安定と信頼をもたらし、憤慨や悪意を取り除きます。

ヒーリング効果

身体の成熟と移行を促進します。皮膚、骨格、目の治療に役立ちます。毒素を分散させ、増殖を分解させるのに有用です。

使い方

身につけたり、持ち歩いたり、環境中に置いてください。エリキシルとして使うことができますが、直接法でエリキシルを作成すると「花」が影響を受けるため、石をガラスボウルに入れてから、さらにそれを水を入れたボウルの中に入れるという間接法で作成してください。

クリソコーラ（CHRYSOCOLLA）

原石　　　　　　　　研磨したもの

色	緑、青、青緑。
外観	不透明、縞模様や封入物があることが多い。大小様々な大きさ。タンブル状や研磨された状態のことが多い。
希少性	よく見かける。
産地	アメリカ合衆国、英国、メキシコ、チリ、ペルー、ザイール、ロシア。

特性

　穏やかさと持続性を持った石です。瞑想とコミュニケーションを助けます。家の中にあると、あらゆる種類のネガティブなエネルギーを取り払います。内面的な強さを呼び起こし、常に変化する状況を平静に受け止めるのを助けます。問題が起こりかけた人間関係に有益で、家庭および個人的な相互関係の両方を安定させ、癒します。

　すべてのチャクラ*を鎮め、浄化し、活性化して、天の力と協調させます。太陽神経叢のチャクラに置くと、罪悪感のようなネガティブな感情を引き離し、

破壊的な感情のプログラミングを逆転させます。心臓のチャクラに置くと、心痛を癒し、愛の容量を増やします。喉のチャクラに置くと、コミュニケーションを改善しますが、沈黙を守るべき時を見極めるのを助けます。第三の目*のチャクラに置くと、霊的な目を開きます。

心理面では、自己認識と内面のバランスを促し、自信と感受性をもたらします。個人的な力を高め、創造力を刺激します。恐怖症を克服し、ネガティブな要素を取り払い、やる気の欠乏した人にはやる気をもたらします。

精神面では、緊張を軽減し、冷静さを保つのを助けます。真実を語り、中立を保つことを促進します。情緒面では、罪悪感を軽減し、喜びをもたらします。

ヒーリング効果

関節炎、骨疾患、筋肉の痙攣、消化管疾患、潰瘍、血管疾患、肺の問題に対処します。肝臓、腎臓、腸の解毒をします。血液と肺の細胞構造に再び酸素を送り込み、肺機能と肺活量を高め、膵臓を再生し、インスリンを調整し、血液のバランスをとります。筋肉を強化し、筋肉の痙攣を鎮めます。冷却作用があり、感染症を癒しますが、特に喉や扁桃腺に効果的です。また、血圧を降下させ、火傷を和らげます。関節炎の痛みを鎮め、甲状腺を強化し、代謝に効果があります。女性には優れた効果があり、PMS（月経前緊張症候群）や月経痛に対処します。精妙エネルギーレベルでは、ミアズム*を解消します。

使い方

皮膚の上または第三の目の上に必要に応じて置いてください。

コンビネーションクリスタル

ドゥルージー（集晶）クリソコーラはクリソコーラの特性とクォーツの特性を併せ持っています。極めて明確な性質を持ち、非常に急速に作用します。

ドゥルージークリソコーラ

クリソプレーズ（CHRYSOPRASE）

レモン（タンブル）

タンブル

原石

色	青リンゴ色、レモン色。
外観	不透明、斑点がある。小さくタンブル状のことが多い。
希少性	よく見かける。
産地	アメリカ合衆国、ロシア、ブラジル、オーストラリア、ポーランド、タンザニア。

特性

　神の世界の一部であるという感覚をもたらします。深い瞑想状態へ導きます。古代には、真実の愛を促すと言われていました。また、希望を増進し、個人的な洞察を与えます。才能を引き出し、想像力を刺激します。事業における信義や個人的な人間関係を促進します。心臓と仙骨のチャクラ*を活性化し、普遍のエネルギーを肉体にもたらします。

　心理面では、鎮静作用があり、自己中心的でない性質があり、新しい状況を

積極的に受け入れる姿勢をもたらします。過去の自己中心的な動機と、それがあなたの発展に与えた影響を見つめるのを助け、理想と行動を合致させます。強迫観念や衝動にかられた考えと行動を克服し、意識をポジティブな出来事に向けさせます。断定的な態度を妨げ、自分と他者の受容を促します。許しと思いやりに有用です。

　精神面では、流暢な発話と機転を促します。怒りの中で軽率な口をきくことのないようにします。重苦しく何度も繰り返すイメージを取り払い、特に子供に効果があります。情緒面では、安全感と信頼感をもたらします。共依存の治療に有用で、自立を支援しつつ、介入を促進します。

　肉体面では、強力な解毒作用を持ちます。重金属を体外に移動させ、肝機能を促進します。

ヒーリング効果

　リラクセーションと安眠に優れた効果があります。仙骨のチャクラ*と共鳴し、受胎力を促進し、感染症による不妊から回復させ、性感染症から守ります。痛風、目の問題、精神疾患に効果があります。皮膚疾患、心臓の問題、甲状腺腫に対処し、ホルモンのバランスをとり、消化器系を鎮めます。虚弱を改善し、普遍のエネルギーを身体に呼び込みます、ビタミンCの吸収を増加させます。スモーキークォーツと一緒に使うと、真菌感染症に効果があります。エリキシルは、ストレスによる胃の問題を鎮めます。インナーチャイルド*を癒し、小児期から封印されていた感情を解放します。閉所恐怖症と悪夢を軽減します。

使い方

　必要に応じて身につけるか置いてください。急性の場合はエリキシルとして使用します。長期間持ち歩くとデーヴァの王国*に波長を合わせることができます。

シナバー（CINNABAR）

別名：ドラゴンブラッド（DRAGON'S BLOOD）

母岩の上の
クリスタル原石

色	赤、茶色がかった赤、灰色。
外観	小さい。母岩上の結晶状または粒状の塊。
希少性	簡単に入手可能であるが高価。
産地	中国、アメリカ合衆国。

特性

豊かさを引き寄せます。販売業における説得力と積極性を高め、強引になることなく努力を繁栄に変えるのを助けます。また、組織、社会事業、商取引、金融を支援します。威厳と権力を与えることから、人格を高めたり、イメージを変えたい場合に有用です。外見に審美的な美しさと上品さを与えます。霊性レベルでは、すべてのものはそのままの状態で完璧であると受け入れることと結びついています。エネルギーの閉塞を解放し、エネルギーセンターを調整します。

ヒーリング効果

血液を癒し、浄化します。肉体に体力と柔軟性を与え、体重を安定化させ、受胎力を高めます。

使い方

手に持つか、適切な場所に置いてください。現金箱の中に入れておきます。

クリスタル図鑑

シトリン（CITRINE）

別名：カーンゴーム（CAIRNGORM）

ポイント

ジオード

色	黄色から黄色がかった茶色、または曇った灰色がかった茶色。
外観	透明の結晶。大小様々な大きさ。ジオード、ポイント、またはクラスターのことが多い。
希少性	天然シトリンは比較的希少。アメジストを熱処理したものがシトリンとして販売されていることが多い。
産地	ブラジル、ロシア、フランス、マダガスカル、英国、アメリカ合衆国。

クリスタル図鑑

クラスター

特性

　強力な浄化作用と再生作用があります。太陽の力を伝えることから、非常に有益な石です。温める作用と活性化作用、高い創造性を持ちます。浄化を全く必要としないクリスタルの一つです。ネガティブなエネルギーを吸収し、変換し、分散させ、グラウンディングすることから、環境に対し非常に高い防御効果があります。人生のあらゆるレベルを活性化させます。オーラ*の防御装置として、自衛のために機能できるように一種の早期警告システムとして働きます。チャクラ*の浄化能力があり、特に太陽神経叢と臍のチャクラに効果があります。宝冠のチャクラを活性化し、直観力を開きます。精妙体*を浄化してバランスをとり、肉体と協調させます。

　豊かさを象徴する石の一つです。ダイナミックな力を持ち、富や繁栄、成功、

すべての善きことを顕現させ、引き寄せる方法を教えます。幸福で寛大な石で、あなたが持てるものを分け与えることを促しつつも、富の維持を助けます。見守る人すべてに喜びを与える力があります。憂鬱や否定的な態度はこの石のまわりには存在しないのです。グループまたは家族間の不和の解消に有用です。

心理面では、自尊心と自信を高め、破壊的な性向を取り除きます。個性を高め、やる気を向上させ、創造力を活性化し、自己表現を促します。特に批判に対する耐性をつけさせ、建設的な批判に基づいた行動を促進します。積極的な態度を身につけるのを助け、過去にしがみつくのではなく流れに従って、楽天的に将来を見据えさせます。新しい経験を楽しむことを奨励し、最良の結果を見出すまであらゆる可能性を探るよう働きかけます。

精神面では、集中力を高め、心を活性化させます。抑うつや恐れ、恐怖症の克服に優れた効果があります。叡智の顕現が可能となるように、内面の落ち着きを促します。情報を理解し、状況を分析し、さらにそれらをポジティブな方向に向けるのを助けます。高次の心を呼び覚まします。シトリンのペンダントを身につけると、考えや感情を言葉で表現する難しさを克服します。

情緒面では、生きる喜びを促します。最も深いレベルにある否定的な特性や恐れ、感情を解放します。責任への恐れを克服し、怒りを止めます。感情の流れに身を委ねさせ、情緒のバランスをとります。

肉体面では、エネルギーと活気を与えます。環境やその他の外的影響に特に敏感な人に有用です。

ヒーリング効果

活性化とエネルギー補給に優れた石です。CFS*に非常に効果があり、変性疾患を回復させます。消化を刺激し、脾臓と膵臓を活性化させます。腎臓と膀胱の感染症を解消し、目の問題を助け、血行を増進させ、血液を解毒します。胸腺を活性化し、甲状腺のバランスをとります。温める効果があり、神経を強化します。排泄作用があり、便秘を解消し、セルライトを取り除きます。エリキシルは月経障害や、のぼせなどの更年期障害に有用で、ホルモンのバランスをとって、疲労を和らげます。

クリスタル図鑑

使い方

　指や喉に皮膚と接触するように身につけてください。ポイントを下に向けてシトリンを身につけると霊の金色の光を肉体の領域に呼び込みます。ヒーリングには必要に応じて置いてください。瞑想には球状のクリスタルを用います。家や職場の富を象徴するコーナー、または現金箱の中に置いてください。シトリンは太陽光線によって色あせます。

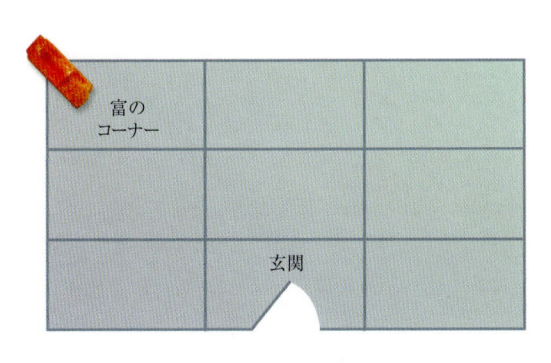

富の コーナー		
	玄関	

家を上から見た図

富のコーナーは、玄関またはそれぞれの部屋への入り口から見て左手奥にあります。

ダンブライト(DANBURITE)

ピンク

色	ピンク、黄、白、薄紫。
外観	透明で細い線が入っている。大小様々な大きさ。
希少性	簡単に入手可能。
産地	アメリカ合衆国、チェコ共和国、ロシア、スイス、日本、メキシコ、ミャンマー。

特性

　高い霊性を持つ石で、非常に純粋な波動を持ち、心のエネルギーに作用します。知性と高次の意識の両方を活性化させ、天使の領域*へ結びつけます。その輝きは宇宙の光に源を発しており、クリスタル内部にブッダと呼ばれる像の形成を認めることがありますが、ブッダは悟りと霊的な光を引き寄せます。行く手の障害を取り除きます。

　ダンブライトを身につけると、静謐さと永遠の叡智へのつながりがもたらされます。瞑想に用いると、高次の意識へ導かれ、内なる導きに到達します。

　深い変化を容易にし、過去と決別するのに優れた効果があります。カルマ

の浄化剤として作用し、受け継がれてきたミアズム*や精神規範を解放します。魂を新たな方向へ歩み始めさせます。ベッドの横に置くと、死を迎えた人の旅立ちに伴うことができ、意識的な霊的移行を可能にします。

霊性面では、第三の目*、宝冠、高次の宝冠のチャクラ*を刺激し、最終的に第14番目のチャクラまで開きます。心臓のチャクラをこれらの高次の宝冠のチャクラに協調させます（p364-365のクリスタルとチャクラの項を参照）。ダンブライトはオーラ*を清澄にします。また、明晰夢を促進します。

心理面では、反抗的な態度が和ぎ、変化するように促し、忍耐と心の平穏をもたらします。

ヒーリング効果

非常に強力な癒しの力を持つ石です。アレルギーや慢性症状を取り除き、強力な解毒作用があります。肝臓と胆嚢に効果があります。必要に応じて体重を増やします。筋肉と運動機能に効果があります。

使い方

適切な場所に置いてください。特に心臓の上に置くと効果的です。ダンブライトを枕の下に置くと明晰夢を見やすくなります。

特殊な色

一般的な特性に加えて、以下のような色のものは追加的な特性を持ちます：

ピンクダンブライトは心を開き、自己を愛するよう促します。

ライラックダンブライト

ダイヤモンド（DIAMOND）

ファセット加工したもの　　　原石

色	透明な白、黄、青、茶色、ピンク。
外観	切削し研磨すると、小さく澄んだ透明な宝石となる。
希少性	高価。
産地	アフリカ、オーストラリア、ブラジル、インド、ロシア、アメリカ合衆国。

特性

　ダイヤモンドは純粋性の象徴です。その純白の光は、あなたの人生を一つのまとまりのあるものとするのを助けることができます。人間関係を結びつけ、愛と透明性をパートナーの間にもたらします。夫から妻への愛を高めると言われ、献身と節操の印として考えられています。数千年もの間、ダイヤモンドは富の象徴であり続けており、豊かさを引き寄せる顕現の石の一つとなっています。ダイヤモンドが大きいほど、引き寄せられる豊かさも大きくなります。大きなダイヤモンドは、ジオパシックストレス*または電磁ストレス*の遮断と携帯電話からの防御にも優れています。

　ダイヤモンドはエネルギーを増幅させます。そして、数少ない、エネルギーの再充電を全く必要としない石の一つです。接触するものすべてのエネルギーを増大させ、パワーの増大に合わせてヒーリングのために他のクリスタルと

一緒に用いると非常に効果的です。しかし、ポジティブなエネルギーと同等にネガティブなエネルギーも増大させることができます。精妙体レベルでは、オーラ*の「穴」を埋め、活性化します。

心理面では、ダイヤモンドがもたらす性質には、勇敢さ、無敵性、不屈性があります。しかし、その情け容赦ない光は、すべてのネガティブなものを性格に指摘し、変化を求めます。感情的苦痛や精神的苦痛を取り除き、恐れを軽減し、新たな始まりをもたらします。非常に創造性の高い石で、想像力や創作力を刺激します。

精神面では、知性と高次の心との間に関係をもたらします。心の明晰性をもたらし、悟りを助けます。

霊性レベルでは、その人の内なる光を包みこんでいるすべてのものからなるオーラを浄化し、魂の光を輝かせます。あなたの魂の願望を思い出させ、霊的な進化を助けます。宝冠のチャクラ*を活性化させ、神の光とへ結びつけます。

ヒーリング効果

緑内障に対処し、視力をはっきりさせ、脳に効果があります。アレルギーと慢性症状に対処し、代謝のバランスを再調整します。伝統的に毒性を中和するために用いられました。

使い方

皮膚に接するように身につけたり、手に持ったり、適切な場所に置いてください。イアリングとして身につけると、特に携帯電話からの電磁波の放射に有効です。

ダイオプテース（DIOPTASE）

ブルーグリーン
（非結晶質）

結晶質

色	濃い青緑またはエメラルドグリーン。
外観	光沢のある小さな結晶。通常は母岩または非結晶質の塊の上にある。
希少性	非常に希少で高価。
産地	イラン、ロシア、ナミビア、コンゴ民主共和国、北アフリカ、チリ、ペルー。

特性

　心臓のチャクラを強力に癒し、高次の心臓のチャクラ*を開く働きがあります。美しい青緑色は、すべてのチャクラをより高い機能レベルへ導き、霊的な同調を促進し、最高次の意識レベルへ到達させます。人間のエネルギーの場に劇的な効果を与えます。

　心理面では、今現在に生きることを促し、それによって逆説的に過去世の記憶を活性化します。人生に対するポジティブな態度を支援し、自分自身のリソースへ同調する能力をもたらします。ネガティブなものをポジティブに変えるために、人生のあらゆる領域で機能して、あらゆる欠乏感を克服し、潜在能力の発揮を可能にします。あなたに方向を示してくれることから、次に何をすべきかわかっていない場合に、特に役立ちます。

精神面では、精神を強力に浄化し、解毒する働きがあります。他者をコントロールする必要を放棄させます。情緒面では、情緒的な癒しのための架け橋として働き、特にインナーチャイルド（内なる子供）に対して効果的です。緑の光が心臓の奥深くまで到達し、悪化した傷や忘れていた傷を吸収します。悲しみや裏切り、嘆きを解消し、心痛や見捨てられた苦しみを癒すのに非常に有効です。

人間関係における痛みや困難は結局のところ、内面における自我の分離を映し出したものであることを教えます。このつながりを修復し、あらゆるレベルにおいて愛を引き込むことによって、愛を渇望している情緒のブラックホールを癒すことができるのです。この石は、愛のあるべき姿についての認識を一掃し、愛の新たな波動をもたらします。

霊性面では、第三の目*の上に置くと、霊的同調と霊視*能力を活性化します。内なる豊かさの認識をもたらします。

ヒーリング効果

細胞傷害を正常化し、T細胞と胸腺を活性化し、メニエル病を軽減し、高血圧を鎮め、痛みや片頭痛を和らげます。心臓発作を予防し、心臓の症状を癒します。疲労を軽減してショックを克服します。解毒作用があり、吐き気を軽減し、肝臓を再生します。特に依存症とストレスの克服に有効です。エリキシルは頭痛や痛みに使います。

使い方

高次の心臓のチャクラの上に置きます。ジェムエッセンスは優れた効果があります。

エメラルド(EMERALD)

原石

色	緑。
外観	小さく光沢のある宝石、または大きな曇りのある結晶。
希少性	宝石クラスのものは高価であるが、未研磨のエメラルドは簡単に入手可能。
産地	インド、ジンバブエ、タンザニア、ブラジル、エジプト、オーストリア。

特性

インスピレーションと無限の忍耐を象徴する石です。すばらしい完全性を持った人生を肯定する石です。「愛を成就させる石」として知られており、家庭内の幸福と献身的愛情をもたらします。結びつきや無条件の愛、協力関係を強

め、友情を深めます。協力関係をバランスのとれた状態に維持します。エメラルドの色が変わる場合、それは不誠実を示すサインであると言われています。心臓のチャクラ*を開き、情緒を落ち着かせる効果があります。

　肉体、情緒、精神の均衡を確保します。ネガティブな要素を取り除き、ポジティブな行動をもたらします。意図に焦点を合わせ、意識を高揚させ、ポジティブな行動をもたらします。心霊能力を高め、霊視*の目を開き、精神界からの叡智の収集を促します。伝統的に、エメラルドは魔術や魔術師の策略から守り、未来を予言すると言われていました。

　心理面では、人生の不幸を克服する強い性格をもたらします。再生と回復の石であり、ネガティブな感情を癒すことができます。人生を満喫する能力を高めます。また、閉所恐怖症に有用です。

　頭脳の明晰性をもたらし、記憶力を強化し、深い内的理解を促し、視野を広げます。叡智の石でもあり、洞察力を高め、真実を追究し、豊かな表現力を助けます。無意識下にある知識を表面化するのを助けます。人々の集団の中の相互理解に非常に有益で、協力を促します。

ヒーリング効果

　感染性疾患後の回復を助けます。副鼻腔、肺、心臓、脊椎、筋肉の治療に役立ち、目の疲れを和らげます。視力を改善し、肝臓における解毒効果があります。リウマチと糖尿病の症状を和らげます。解毒剤として使われてきました。首のまわりに身につけると麻痺を予防すると信じられていました。緑色の光線は悪性症状の癒しを支援することができます。

使い方

　小指、薬指、心臓の上、または右腕に身につけます。ヒーリングには適切な場所に置いてください。ネガティブな感情を引き起こすことがあるため、常時身につけることは避けてください。不透明なエメラルドは精神の同調を図るには不適当です。

フローライト（FLUORITE）

クリアー

グリーン

ブラウン

パープル

パープル

色	透明、青、緑、紫、黄、茶。
外観	透明、立方体または八面体の結晶。大小様々な大きさ。
希少性	よく見かける。
産地	アメリカ合衆国、英国、オーストラリア、ドイツ、ノルウェー、中国、ペルー、メキシコ、ブラジル。

特性

　強い保護作用を持ち、特に心霊レベルで効果があります。あなたの中で外的影響が働いているのを認識し、心霊操作や過度な精神的影響を遮断するの

を助けます。オーラ*を浄化して安定させます。コンピュータと電磁ストレスに対して非常に効果的です。適切に配置すれば、ジオパシックストレス*を遮断します。ヒーリングに用いれば、あらゆる種類のネガティブなエネルギーとストレスを引き離します。体内にある完璧でない状態にあるものすべてを、汚れを取り除き、浄化し、一掃し、再編成します。あらゆる形態の混乱の克服に最も適したクリスタルです。

霊的なエネルギーをグラウンディングし、統合します。偏見のない公正さを促し、直観力を高め、高次の現実への認識を高め、霊的目覚めを速めることができます。また、精神を集中させ、それを普遍の精神に結びつけます。集団に安定性をもたらし、共通の目的のために結びつけます。

多くのレベルの進歩と関連しており、日常に構造化を取り入れます。混沌を克服し、肉体、情緒体、精神体を再編成します。

心理面では、固定化された行動パターンを解消し、無意識の世界への扉を徐々に開き、抑圧された感情を表面化させて解決へ導きます。自信を深め、器用さを高めます。

肉体と精神の協調を改善し、精神障害における不調を相殺するように働きます。固定観念を解消させ、偏狭さを克服して大局的な視点が持てるように促します。錯覚を解消し、真実を明らかにします。公正かつ客観的に行動する必要がある際に非常に有用です。

学習を助ける効果に優れており、情報を整理して処理し、既に知っていることと学ぼうとしていることを結びつけ、集中力を高める働きがあります。新しい情報の吸収を助け、敏速な思考を促進します。

情緒面では、安定効果があります。精神と情緒が身体に与える影響への理解を助けます。人間関係においては、バランスの重要性を教えます。肉体面では、バランスと協調を支援します。

ヒーリング効果

強力なヒーリングツールで、感染や疾患に対処します。歯、細胞、骨に効果があり、DNAの損傷を修復します。特にエリキシルとして使用すると、ウイルスに対して強力に作用します。皮膚と粘膜を再生しますが、特に気道に効果があり、潰瘍や傷を癒します。風邪、インフルエンザ、副鼻腔炎に効果があります。癒着を解消し、関節の可動性を高めます。関節炎、リウマチ、脊椎の損傷を和らげます。心臓に向かって身体を横切るように擦ると、痛みが鎮まります。帯状疱疹の不快感やその他の神経に関連した痛みを和らげ、皮膚を癒し、斑点やしわを取り除きます。歯科治療中に使用することができます。性衝動を再燃させます。

使い方

耳たぶにつけるか、環境中に置いてください。ヒーリングには適切な場所に置いてください。フローライトはネガティブなエネルギーとストレスを取り去りますが、使用後はその都度浄化を行う必要があります。コンピュータの上、またはあなたと電磁スモッグ*の発生源の間に置いてください。ジェムエッセンスを環境中にスプレーしても良いでしょう。パームストーンの鎮静作用は有用です。

特殊な色

一般的な特性に加えて、以下のような色のものは追加的な特性を持ちます：

ブルーフローライトは、創造的で理路整然とした思考や明快なコミュニケーションを促進します。二重作用性のある石で、肉体または生体磁気体*の必要に応じて、鎮静あるいはエネルギーの活性化を行います。目、鼻、耳、喉の問題に有効です。脳の活動に厳密に集中することにより、あなたのヒーリング能力の可能性を増幅させ、霊的な気づきを呼び起こすことができます。

ブルーフローライト

クリスタル図鑑

クリアーフローライトは、宝冠のチャクラ*を刺激し、オーラ*を活性化させ、知性と霊性を調和させます。すべてのチャクラを調整し、普遍のエネルギーを肉体に呼び込みます。ヒーリングの際に他のクリスタルの効果を促進し、不鮮明な視力をはっきりさせます。

母岩上の
クリアーフローライト

グリーンフローライトは、過剰なエネルギーをグラウンディングさせ、情緒的トラウマを分散させ、感染を解消します。環境中のネガティブなエネルギーの吸収に特に有効です。無意識から情報を引き出し、直観にアクセスします。オーラ、チャクラ、精神の浄化に有効で、陳腐化した条件づけを取り除きます。胃の不調や腸の痙攣を癒します。

バイオレットフローライトとパープルフローライトは、第三の目を刺激し、心霊コミュニケーションに良識をもたらします。優れた瞑想の石の一つです。骨と骨髄の疾患の治療に有用です。

グリーン
フローライト

バイオレット
フローライト

イエローフローライトは、創造性を促進し、集団のエネルギーを安定化させます。協同的活動に特に有用です。知的活動を支援します。肉体レベルでは解毒を行います。コレステロールに作用し、肝臓の働きを助けます。

イットリアフローライトは、他のフローライトとはやや異なり、混乱を正す作用はありません。しかし、フローライトに関係するその他の症状を効果的に癒します。サービスの提供を中心とした石です。富や豊かさを引きつけ、顕現の原則を教えます。精神活動を増大させます。

イエロー
フローライト

フックサイト(FUCHSITE)

別名：グリーンマスコバイト(GREEN MUSCOVITE)

原石

色	緑。
外観	プレート様で層状（マイカの形態）。大小様々な大きさ。
希少性	専門店で入手可能。
産地	ブラジル。

特性

　実用的な価値の高い知識へアクセスします。ハーブ療法やホリスティック療法に関する情報へ導くことができます。取るべき行動の中で最もホリスティックなものを示し、医療問題や健康に関する導きを受けます。あなたと他者との相互関係についての理解を助けます。また、人生に関する基本的な問題に関係しています。

　心理面では、過去世または現世における苦役に関わる問題に対処します。犠牲的傾向を逆転させます。対象が1人の人間であるか、集団であるかを問わ

ず、自分は救世主や救済者であるという意識状態に即座に陥り、続いてすぐに被害者意識に陥る人に、優れた効果があります。偽りの謙虚さの中での権力闘争に巻き込まれることなく、役に立てる方法を教えます。人のために働く多くの人は、ある種の不十分感から行動していますが、フックサイトは本当の自尊心を教えてくれます。

フックサイトは、他の誰かの魂の成長にとって適切で必要なことのみを行うことを教え、その人が自ら教訓を学んでいる間は、落ち着いて見守ることを支援します。無条件の愛と「もう十分である」と言える厳しい愛を組み合わせます。「助けている」ように見えるものの、実際は他者を依存的な状態にしておくことで大きな真理的満足を得ているような状況を克服するのに有用です。フックサイトはこのような依存関係にある二つの魂を解き放ち、それぞれ独自の道を歩ませます。

特に、家族または集団内においてdis-easeや緊張状態が投影された「既に特定された患者」に有用です。患者は家族を代表して病気や中毒に陥ります。患者が回復を望んでいる時に、家族は患者に圧力をかけて病的状態や依存状態を継続させようとすることが多いのです。フックサイトは、このような患者に対し、健康を手に入れて家族の葛藤から逃れるための力を与えます。共依存と感情的脅迫を克服し、トラウマや精神的緊張の後の回復力をもたらします。

ヒーリング効果

クリスタルのエネルギーを増幅し、その伝達を促進します。エネルギーを最も低い部分へ移動し、バランスを改善します。エネルギー過剰によって生じてた閉塞を解消し、エネルギーをポジティブな経路に変換します。赤血球と白血球の比率のバランスをとり、手根管症候群、反復性の捻挫に対処し、脊椎を調整します。筋骨格系の柔軟性を高めます。

使い方

適切な場所に置くか、瞑想の間手に持ってください。
(p192のマスコバイトの項も参照)

ガレナ（GALENA）

原石

色	金属のような灰色がかった薄紫。
外観	小さな光る塊、または大きな粒状やこぶ状の形態。
希少性	専門店で入手可能。
産地	アメリカ合衆国、英国、ロシア。

特性

調和を象徴する石で、あらゆるレベルにバランスをもたらし、物理界、エーテル界、霊性界の調和を図ります。グラウンディングの石で、固定やセンタリングの働きがあります。ホリスティックな治癒を助けます。医師、ホメオパシー療法家、ハーブ療法家に優れた効果があります。さらなる研究や実験を推進します。心を開かせ、考えを広げさせ、過去からの自己制限的な思い込みを解消します。

ヒーリング効果

炎症と皮疹を軽減し、血行を刺激し、血管に効果があります。セレンと亜鉛の吸収を高めます。毛髪に効果があります。

使い方

適切な場所に置いてください。ガレナは鉛系の鉱物であるため、エリキシルは間接法（p371参照）のみで作成し、傷ついていない皮膚に外用してください。

クリスタル図鑑

ガーネット（GARNET）

原石

研磨したもの

ガーネットの結晶

ガーネットのペブル

色	赤、ピンク、緑、オレンジ、黄、茶、黒。
外観	透明または半透明の結晶。小さくファセット加工されたもの、または大きな不透明の石片であることが多い。
希少性	よく見られる。
産地	世界各地。

特性

　強力な活性化作用と再生作用を持つ石です。チャクラ*を浄化し、活性化します。エネルギーを回復させ、浄化し、バランスをとり、必要に応じて静寂または情熱をもたらします。危険の接近を警告する能力があると言われ、古くはお守りとして携行されました。最も豊富に存在するクリスタルの一つです。構成するミネラルによって複数の形態があり、一般的な特性に加えてそれぞれが異なる特性を持っています。

　愛と献身を呼び起こします。性衝動のバランスをとり、情緒の不調和を和らげます。特にレッドガーネットは、クンダリーニ*のエネルギーを刺激して高揚させ、性的能力を支援します。献身を象徴する石です。

　危機の場合に持っていると有用なクリスタルの一つです。他になす術がないような状況や、生活が崩壊したり衝撃的なことが起きた状況では特に有用です。生存本能を強化し、活性化し、補強して、絶望的に見える状況に勇気と希望をもたらします。ガーネットの影響下では、危機は挑戦の対象へと変えられます。また、苦境の際の相互援助を推進する効果もあります。

　下垂体と強いつながりがあり、意識の拡張と過去世の想起を刺激することができます。他のクリスタルを活性化し、それらの効果を増幅させる働きもあります。チャクラのネガティブなエネルギーを取り去ります。

　スクエアカットされたガーネットは、職業上の成功をもたらすと言われています。

　心理面では、自分自身および他者の知覚を研ぎ澄まします。身に沁みついた行動パターンで、もはやあなたの役に立っていないものを解消し、抵抗や、自ら招いている無意識の破壊行動を回避します。精神面では、使用価値のない、古い、時代遅れの考えを放棄するのを助けます。情緒面では、抑制とタブーを取り除きます。また、心を開いて自信を与えます。

ヒーリング効果

　身体を活性化します。代謝を刺激します。脊椎と細胞の障害を癒し、血液、心臓、肺を浄化して活性化し、DNAを再生します。ミネラルとビタミンの吸収を高めます。

使い方

耳たぶ、指、または心臓の上に置きます。皮膚と接触するように身につけてください。ヒーリングには必要に応じて皮膚の上に置きます。過去世を思い出すには第三の目*の上に置いてください。

さまざまなガーネット

一般的な特性に加えて、以下のような色と形態のものは追加的な特性を持ちます：

アルマンディンガーネットは、強力に再生を促すヒーリングの石で、力とスタミナをもたらします。自分のために時間をとることを支援し、深い愛をもたらし、真実の統合や高次の自己との結合を助けます。高次の心を開き、慈善や慈悲の行動を起こします。基底と宝冠のチャクラの間のエネルギー経路を開き、肉体への霊的エネルギーのチャネリングとグラウンディングを行い、精妙体を肉体に固定します。腸での鉄の吸収を助けます。目を刺激し、肝臓と膵臓の問題に対処します。

アルマンディン
ガーネット

アンドラダイトは動的で柔軟性のある石です。創造性を刺激し、自己開発のためにあなたが最も必要としているものをあなたの人間関係にひきつけます。孤立感や疎外感を解消し、他者との親密な出会いを引き寄せます。勇気、スタミナ、力のような男性性を支援します。身体の電磁場を再調整します。オーラ*を浄化し、拡張させ、霊的な目を開きます。血液の形成を促進し、肝臓を活性化します。カルシウム、マグネシウム、鉄の吸収を助けます。

グロッシュラライトは、難問に直面している間や訴訟の間に持っていると有用な石です。リラクセーションや流れに従うことを教え、奉仕と協力の気持ちを呼び起こします。受胎力を高め、ビタミンAの吸収を助けます。関節炎とリウマチに非常に効果があり、腎臓を強化します。粘膜と皮膚に有益です。

ヘッソナイトは自尊心をもたらし、罪悪感や劣等感を解消し、奉仕の心を促します。新たな挑戦の追求と支援します。直観と霊的能力を引き出します。幽体離脱の旅*に用いると、目的の場所へと連れて行ってくれます。ホルモン産生を調整し、不妊やインポテンツを改善し、嗅覚系を癒し、不健康を引き起こすネガティブな影響を取り払います。

メラナイトは抵抗力を強化し、誠実さを促します。心臓と喉のチャクラ*から閉塞を取り除き、真実を語らせます。あらゆる状況における愛の欠如を克服し、怒り、羨望、嫉妬、不信を払拭します。どのようなものであろうと、協力関係を次の段階へと進めます。骨を強化し、身体が薬物に適応するのを助けます。癌、脳卒中、リウマチ、関節炎に対処します。

パイロープは生命力とカリスマ性をもたらし、生活の質を高めます。自分の中の創造的な力を一つにまとめます。基底と宝冠のチャクラを守り、それらのチャクラを精妙体と協調させ、基底のチャクラの大地とのつながりと宝冠のチャクラの智恵を結びつけます。安定化作用があり、血液循環を強化し、消化管の問題に対処します。胸やけを中和させ、喉の痛みを和らげます。

ロードライトは、温かさ、信頼、誠実という特性を持つ石です。瞑想、直観、霊感を促します。基底のチャクラを守り、健全な性欲を促進し、不感症を克服します。代謝を刺激し、心臓、肺、腰の問題に対処します。

スペサルタイトは高速で波動しています。他者を助けようとする意志をもたらし、心臓を強化します。分析過程と合理的精神を促進します。抗抑うつ作用があり、悪夢を抑えます。性的な問題を軽減し、乳糖不耐症やカルシウムのバランス異常に対処します。

ウバロバイトは自己中心となることなく個性を強め、同時に魂をその普遍の性質へと結びつけます。心臓のチャクラを刺激して霊的関係を促進します。穏やかで安らかな性質を持つことから、孤立感を伴うことなく孤独な時をすごすのに役立ちます。解毒作用があり、炎症を軽減し、熱を下げます。アシドーシス、白血病、不感症に対処します。

レッドガーネットは愛を象徴しています。心臓のエネルギーに共鳴して、感覚を活性化し、性欲を高めます。怒りをコントロールする作用もあり、特に自分に対する怒りに有効です。

ヘマタイト（HEMATITE）

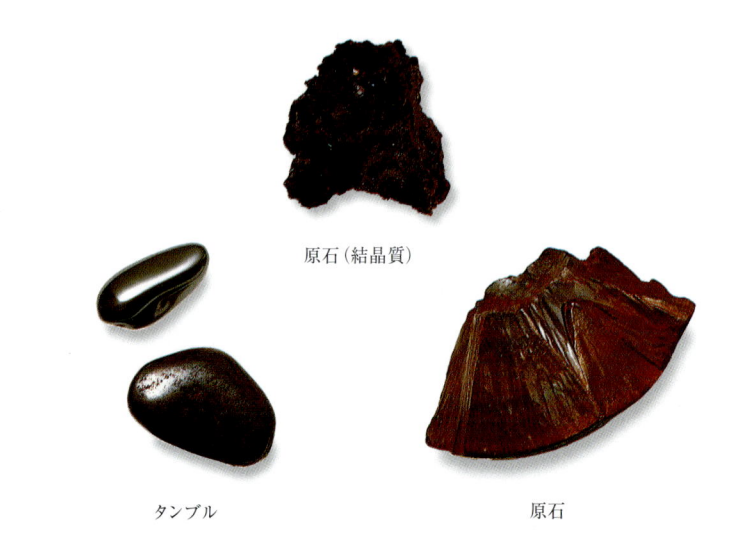

原石（結晶質）

タンブル　　　　　　　　原石

色	銀、赤。
外観	未研磨の状態では「脳のような」形状で赤または灰色。研磨したものは光沢がある。重い。大小様々な大きさ。
希少性	よく見られる。
産地	英国、イタリア、ブラジル、スウェーデン、カナダ、スイス。

特性

　グラウンディングと保護作用に特に有効な石です。精神、肉体、霊性を調和させます。幽体離脱の旅の間に用いると、魂を保護し、魂を肉体へ再びグラウンディングさせます。強い陽の要素を持ち、経絡*のバランスをとり、陰の要素のアンバランスを是正します。ネガティブな要素を解消し、ネガティブなエ

ネルギーがオーラ*に入るのを防ぎ、身体の穏やかさと調和を回復します。

法律が関わる状況に有益であると言われています。

心理面では、強い力があります。臆病な女性を支援し、自尊心と生存能力を高め、意志力と信頼性を向上させ、自信をもたらします。自己規制を取り除き、発展を助けます。抑えがたい衝動や中毒を克服するのに有用です。人生を支配している満たされない欲望へ注意を向けさせます。過食、喫煙、およびあらゆる形態の耽溺に対処します。間違いを受け入れ、災難としてではなく学びの体験として受け止めるのを助けます。

精神面では、集中力や焦点を刺激します。記憶力を高め、独自の思考を促進します。基本的な生存欲求に意識を向けさせ、あらゆる種類の問題の選別を助けます。数学や技術科目の勉強に有用な石です。

肉体面では、血液に強い関係があります。血液供給を回復し、強化し、調整します。また、身体の冷却作用もあります。

ヒーリング効果

レイノー病などの循環器系の問題や貧血などの血液症状に効果があります。腎臓の血液浄化を助け、組織を再生します。鉄の吸収と赤血球形成を刺激します。脚の痙攣、不安、不眠に効果があり、脊椎の調整と骨折の治癒を助けます。発熱にはエリキシルとして使用します。

使い方

脊椎の基底部と最上部に置くと脊椎マニピュレーション(訳注：手技による脊椎の調整)を円滑にします。手に持つか、ヒーリングまたは鎮静化には適切な場所に置いてください。ヘマタイトは炎症のある部位に使用したり、長時間使用してはなりません。

ハーキマーダイヤモンド（HERKIMER DIAMOND）

小型　　　　　　　曇ったオクルージョンを伴った大型

色	透明。
外観	透明で油を塗ったような艶がある。内部に虹色の輝き。通常はダブルターミネーティド。小型から大型まで。
希少性	高価であるが簡単に入手可能。
産地	アメリカ合衆国、メキシコ、スペイン、タンザニア。

特性

　エネルギーを与え、活気づけ、創造性を高めます。強力な同調性を持つクリスタルで、特に、小さめで非常に透明な石はそれが顕著です。霊視*、霊的な眼力、テレパシーなどの心霊能力を刺激し、高次元からの導きに結びつけます。また、夢を思い出すことや、夢の理解を促進します。最高次の霊的レベルとあなた自身の可能性への意識の同調を促進します。チャクラ*の障害物を取り除いて、霊的エネルギーが流れるための経路を開きます。あなたの霊的成長における閉塞や抵抗を認識するために、過去世の情報へのアクセス手段として用いることができます。その後、穏やかな解放と変化を促し、あなたの魂の目的の達成を早めます。ライトボディ*を活性化します。

人々が別れなければならない時に、人々を同調させて一つに結びつけます。但し、各人が石を一つずつ持っておく必要があります。テレパシーの力を高めますが、特に最初の施術段階において効果的で、ヒーリングの施術者と患者を同調させます。ハーキマーダイヤモンドは、後で検索するための情報を入力することができる記憶装置を有しています。他者が利用するためにプログラミングすることが可能です。電磁波汚染や放射能を取り除く強力な作用を持つクリスタルの一つです。ジオパシックストレス*を遮断することから、家またはベッドのまわりにグリッディングすると優れた効果がありますが、この場合、大きめの石を使うべきです。

ヒーリング効果

解毒作用があります。放射線に対する予防効果があり、接触によって生じる疾患に対処します。ジオパシックストレスまたは電磁波汚染による不眠を軽減し、DNA、細胞傷害、代謝バランスの乱れを修復し、身体のストレスや緊張を解消します。過去世における負傷や疾患で、現世でも影響を及ぼしているものの記憶を呼び覚まします。優れた効果を持つルームスプレーやジェムエリキシルを作成できます。

使い方

ペンダントかイアリングとして身につけてください（短期間に限ります）。必要に応じて脊椎の基底部に置きます。あなたと電磁スモッグ*の発生源に置いたり、部屋にスプレーしてください。

スモーキーハーキマーは、グラウンディングのエネルギーが特に強い石で、大地のチャクラと環境を癒し、電磁波汚染とジオパシックストレスを取り除きます。神経過敏の克服を助けるために、ベッドのまわりにグリッド*を行うことができます。

シトリンを伴ったハーキマーは、ネガティブなエネルギーによって生じた疲労に優れた効果を持ちます。

ハウライト (HOWLITE)

タンブル

色	緑、白、青。人工的に着色されていることが多い。
外観	大理石様の石。タンブル状のことが多い。大小様々な大きさ。
希少性	簡単に入手可能。
産地	アメリカ合衆国。

特性

　鎮静作用が非常に強い石です。枕の下に置くと不眠症に非常に良く効き、特に過剰な精神活動が原因の場合に効果的です。エリキシルとしての使用も可能で、就寝の約1時間前に一口飲んでください。

　ハウライトは霊的次元につながっており、叡智と洞察を受け取るために心を同調させ、準備をさせます。幽体離脱の旅と過去世へのアクセスを支援します。ハウライトに視線を集中させると、他の時間軸または他の次元へと導いてくれます。第三の目*の上に置くと、「生と生の間」*の状態や霊的次元を含む、他の世の記憶を思い出させます。

　霊的にも物質的にも大きな望みを抱かせ、その達成を助けます。

　心理面では、忍耐を教え、激しい怒りや抑えがたい憤りの解消を助けます。ポケットに一つ入れておくと、あなた自身の怒りや誰かからあなたに向けられ

た怒りを吸収します。また、批判的、利己的な性向を克服し、ポジティブな性格を強化します。

心を鎮める作用があり、睡眠または瞑想に非常に適しています。冷静で道理にかなったコミュニケーションの成立を可能にします。記憶力を強化し、知識欲を刺激します。

激しい感情を鎮めることができ、特に過去世にその原因がある場合に効果があります。過去の感情を現世での怒りの要因に結びつけている糸をハウライトが放します。

ヒーリング効果

不眠を軽減します。体内のカルシウム濃度のバランスをとり、歯、骨、軟組織に効果があります。有用なジェムエッセンスを作成できます。

使い方

必要に応じて置くか、瞑想中に手に持つか、怒りを鎮めるのに用います。不眠症に対応するにはベッドのまわりにグリッド*してください。ポケットに入れておいてネガティブな要素を吸収させます。

特殊な色

一般的な特性に加えて、以下のような色のものは追加的な特性を持ちます：

ブルーハウライトは夢を思い出すのを助け、夢がもたらす洞察にアクセスします。

ブルー
ハウライト
（人工的に着色）

アイドクレース（IDOCRASE）

タンブル

色	緑、茶、黄、薄青、赤。
外観	樹脂様で、斑点を伴った小さな透明の結晶。
希少性	専門店で入手可能。
産地	アメリカ合衆国。

特性

　高次の自己へ結びつけ、高次の自己が提供する魂の転生についての情報をもたらします。心理面では、監禁や拘束をされたような感情を解放します。過去世での捕虜体験、極度の危険状態、精神的または感情的拘束の経験を癒すのに有用です。怒りを徐々に解消し、恐れを和らげ、内なる安全感をもたらします。精神面で強い接続力があります。心を開き、ネガティブな思考パターンを取り除き、心がより明瞭に機能できるようにします。創作力と発見欲を刺激し、これを創造性へと結びつけます。

ヒーリング効果

　歯のエナメル質を強化し、嗅覚を回復させます。食物からの栄養吸収を助けます。抑うつを解消します。

使い方

　必要に応じて置いてください。

アイオライト（IOLITE）

原石

色	灰色、すみれ色、青、黄。
外観	小さく半透明で、見る角度によって色が変化。
希少性	専門店で入手可能。
産地	アメリカ合衆国。

特性

　アイオライトはビジョンの石です。すべてのチャクラ*が調整されている時には、第三の目*を活性化し、視覚化と直観的洞察を促します。内なる知識への接続を刺激します。シャーマンの儀式で用いられ、幽体離脱の旅を支援します。オーラの場と接触させると、アイオライトは放電し、それによって場が活性化され精妙体*と協調します。

　心理面では、依存の原因の理解と解放を助け、まわりの人間の期待から自由になって本来の自己を表現するのを助けます。精神面では、ソートフォーム*を取り除きます。

　情緒面では、人間関係の不和を解消します。自分で責任を負うように奨励

することから、相互関係の中での共依存を克服することができます。

ヒーリング効果
　強い体質を作ります。身体への脂肪蓄積を軽減し、アルコールの影響を和らげ、肝臓の解毒作用と再生作用を助けます。マラリアと発熱に対処し、下垂体、副鼻腔、呼吸器系に効果があり、片頭痛を軽減します。殺菌作用もあります。

使い方
　必要な部分、およびすべてのチャクラ*が既に調整済みの場合には、第三の目*の上に置いてください。

アイアンパイライト（IRON PYRITE）

別名：フールズゴールド（FOOL'S GOLD）

パイライトフラワー　　　　　　　キュービックパイライト

色	金色または茶色がかった色。
外観	金属のような外観。立方晶のこともある。小型から中型。
希少性	簡単に入手可能。
産地	英国、北米、チリ、ペルー。

特性

　優れたエネルギー保護作用があります。伝染病を含む、あらゆるレベルのネガティブなエネルギーと汚染物質を遮断します。首のまわりに身につけると、すべての精妙体*と肉体を保護し、害と危険をそらします。

　非常にポジティブな性質の石です。惰性や不十分感を克服します。能力と可能性を引き出すのを助け、発想の流れを刺激します。机の上にアイアンパイライトを一つ置くと、周囲を活性化させます。大規模な事業構想を計画する際に有用です。外見の裏側にあるものを見抜く方法を教え、駆け引きの力を促進します。

心理面では、不安と欲求不満を和らげ、自尊心と自信を高めます。自信と男性性を強化することから、劣等感を感じる男性に有用ですが、力強く男らしい男性には作用が強すぎて攻撃性をもたらす可能性があります。女性が隷属感や劣等感を克服するのを助けます。

　脳への血流を増加させることから、精神活動が促進されます。記憶力と回想力を向上させます。特に、立方体のものは、知力を拡張と構造化させ、本能と直観、創造性と分析力のバランスをとります。

　情緒面では、憂鬱と深い絶望に有用です。肉体面では、エネルギーを増強して疲労を克服します。身体とオーラ*からのエネルギーの漏出を遮断します。血液への酸素供給量を増加させ、循環器系を強化します。完璧な健康と幸福のための理想的な条件を備えた石です。ヒーリングでは、即効性が極めて高く、検査すべきdis-ease*の原因をすばやく指摘します。カルマによるものや心因性のdis-easeの根本原因に到達しようとする場合に特に有用です。

ヒーリング効果

　骨の治療に役立ち、細胞形成を刺激し、DNAの損傷を修復し、経絡を調整し、胃の不快感による睡眠障害に対処します。消化管を強化し、摂取した毒物を解毒し、循環器系と呼吸器系に効果をもたらし、血流中の酸素量を高めます。肺に効果があり、喘息と気管支炎を和らげます。

使い方

　小袋に入れて喉にあてるか、枕の下に置いてください。

クリスタル図鑑

ジェード (JADE)

別名：ジェイダイト（JADEITE）、ネフライト（NEPHRITE）

グリーン（タンブル）

グリーン（研磨）

ブルー

色	緑、オレンジ、茶、青、青緑、クリーム、ラベンダー、赤、白。
外観	半透明（ジェイダイト）またはクリームがかった（ネフライト）外観で、石鹸様の感触がある。大小様々な大きさ。
希少性	ほとんどの色が入手可能であるが、希少なものもある。ネフライトはジェイダイトよりも入手しやすい。
産地	アメリカ合衆国、中国、イタリア、ミャンマー、ロシア、中東。

特性

　純粋さと平穏さの象徴です。東洋では非常に高く評価されており、静寂の中に集められた叡智を意味します。心臓のチャクラ*と関係しており、愛と慈しみを深めます。保護作用のある石で、身につける人を害から守り、調和をもたらします。また、幸運と友情を引きつけると信じられています。

　心理面では、性格を安定させ、心と身体を統合します。自足を促します。精神面では、ネガティブな思考を解き放ち、心を鎮めます。発想を刺激し、課題がそれほど複雑に思えないようさせて、即座に行動できるようにします。

　情緒面では、「夢を呼ぶ石」という働きがあります。額の上に置くと、洞察に満ちた夢をもたらします。感情の解放を助け、特に神経過敏に効果があります。

　霊性面では、本当の自分になることを促します。自分自身を人間の旅における霊的な存在として認識させるのを助け、隠された知識を目覚めさせます。

　肉体面では、浄化作用があり、身体の濾過器官と排泄器官の働きを助けます。特に腎臓には非常に優れた効果があります。ジェイダイトとネフライトは同じ治癒特性を持ちますが、それぞれの色は固有の特性を持っています。

ヒーリング効果

　腎臓と副腎の治療に役立ち、毒素を取り除き、細胞系と骨格系を再結合させ、縫合部分を癒します。受胎力を促進し、出産を助けます。腰部と脾臓に効果があります。体液バランスと水-電解質および酸-アルカリの比率を調整します。

使い方

　必要に応じて置くか、身につけてください。中国ではジェードを持っていると石の徳が身体の中に移動すると信じられています。

特殊な色

　一般的な特性に加えて、以下のような色のものは追加的な特性を持ちます：

ブルー／ブルーグリーン・ジェードは平和と反射を象徴しています。内なる静けさと忍耐をもたらします。ゆっくりとではあるものの着実な進歩のための石です。自らの手に負えない状況に困惑している人々を助けます。

ブラウンジェードは強力にグラウンディングを行います。大地と接続して、安楽と信頼性をもたらします。新しい環境への適応を助けます。

グリーンジェードは最も一般的なジェードです。神経系を鎮め、情熱を建設的な方向へと導きます。機能不全に陥った関係を調和させるのに使うことができます。

ラベンダージェードは情緒的な傷やトラウマを和らげ、内なる平和をもたらします。情緒的な問題における機微や抑制を教え、明確な境界を設けます。

オレンジジェードは活力を持ちますが、穏やかに刺激します。喜びをもたらし、すべての存在が相互に関係していることを教えます。

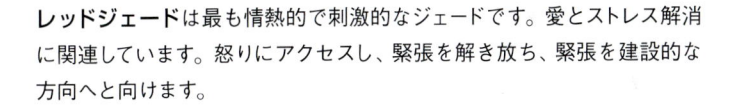

レッドジェードは最も情熱的で刺激的なジェードです。愛とストレス解消に関連しています。怒りにアクセスし、緊張を解き放ち、緊張を建設的な方向へと向けます。

ホワイトジェードはエネルギーを最も建設的な方向へと向かわせます。散漫さを取り除き、できる限り最善の結果を得ることを重視し、関連情報を集めて意志決定を助けます。

イエロージェードは活力があり刺激的な石ですが、穏やかさも備えており、喜びと幸福をもたらします。すべての存在が相互に関係していることを教えてくれます。身体の消化器系と排泄器系の働きを助けます。

ブルーグリーン・ジェード

ラベンダージェード

マルチカラー・ジェード

ジャスパー（JASPER）

タンブル

角礫化した原石

レッドの原石

色	赤、茶、黄、緑、青、紫。
外観	不透明で模様がある。水によって研磨されている場合、あるいは小さなタンブル状のことが多い。
希少性	よく見かける。
産地	世界各地。

特性

　ジャスパーは「最高の養育者」として知られています。ストレスを受けた時は支えと後押しをし、平穏と全体性をもたらします。ヒーリングに用いると、あなたの人生のすべての局面を一体化させます。人々に互いに協力することを思

い出させます。

　チャクラを調整し、チャクラ*に従ってクリスタルを配置する際に使うことができます。それぞれの色は特定のチャクラに適しています。シャーマンの旅（訳注：シャーマンが変性意識状態に入り精霊と対話すること）を容易にし、夢を思い出す力を促進します。保護をもたらし、エネルギーと身体をグラウンディングさせます。ネガティブなエネルギーを吸収し、チャクラとオーラ*を浄化し、調整します。陰と陽のエネルギーのバランスをとり、肉体、情緒体、精神体とエーテル体領域を協調させます。放射線を含む、電磁汚染と環境汚染を取り除き、ダウジングを助けます。

　心理面では、あらゆる追求に決意をもたらします。問題に対し積極的に真剣に取り組む勇気をもたらし、自分自身に正直であるように促します。対立が避けられない時には支援をします。

　精神面では、敏速な思考を助け、組織能力やプロジェクト完遂能力を促進します。想像力を刺激し、考えを行動に移させます。

　肉体面では、性的な喜びを長引かせます。長期化した病気や入院期間中を支え、肉体を活性化します。

ヒーリング効果

　循環器、消化器、生殖器の働きを助けます。体内のミネラル量のバランスを整えます。ジェムエリキシルは身体を刺激しすぎることがないため、特に有用です。

使い方

　必要に応じて皮膚と接触させた状態で身につけます。色別の解説欄にそれぞれ決まった配置法を紹介しています。ジャスパーの効果はゆっくり現れるため、長時間使用してください。大型の装飾的なブラウンジャスパーを部屋に置いてネガティブなエネルギーを吸収してください。

特殊な色と形

　一般的な特性に加えて、以下のような色のものは追加的な特性を持ちます：

クリスタル図鑑

ブルー
ジャスパー
(タンブル)

ブルージャスパーは、あなたを精神世界へ結びつけます。喉のチャクラ*を刺激し、陰と陽のエネルギーのバランスをとり、オーラ*を安定化させます。絶食中にエネルギーを維持し、変性疾患を癒し、ミネラル不足を解消します。アストラルトラベル*のためには臍と心臓のチャクラに置いてください。

ブラウンジャスパー(ピクチャージャスパーを含む)は、大地と関連しており、生態系への気づきを促します。その結果、安定とバランスをもたらします。ジオパシックストレス*や環境ストレス*の軽減に特に有用です。深い瞑想やセンタリング、過去世への退行を促し、カルマの原因を明らかにします。夜間視力を改善し、アストラルトラベル*を促し、大地のチャクラを刺激します。免疫系を活性化し、汚染物質や毒素を身体から取り除き、浄化器官を刺激します。皮膚を癒します。喫煙の決意を強化します。額の上か、または必要な部分に置いてください。

グリーンジャスパーはdis-ease*や強迫観念を癒し、解放します。あなたの人生の中で、他人の損失に極めて重要な影響をもたらすこととなった部分を相殺します。心臓のチャクラを刺激します。皮膚疾患に対処し、鼓腸を解消します。上半身や消化管、浄化器官の軽い不調を癒します。毒性と炎症を軽減します。

グリーン
ジャスパー
(原石)

パープルジャスパーは宝冠のチャクラを刺激します。禁忌を解消します。頭の天辺に置いてください。

レッドジャスパー(角礫化したジャスパーを含む)は穏やかに刺激します。エネルギーをグラウンディングし、不当な状況を是正します。問題が大きくなりすぎる前に明るみに出し、非常に困難な状況に対して洞察を与えます。優れた「悩み解決の数珠」を作ることができ、数珠を触ることによって感情を鎮めます。枕の下に置くと、夢を思い出すのを助けます。基底のチャクラを刺激し、再生を助けます。オーラを浄化して安定化させ、自分の境界を強化します。

健康を象徴する石で、循環器、血液、肝臓を強化し、解毒します。肝臓や胆管の閉塞を解消します。基底のチャクラの上か、または必要な部分に置いてください。

イエロージャスパーは霊的ワークや物理的な旅行の間の防御作用があります。ポジティブなエネルギーを流し、身体の調子を改善させ、内分泌系を活性化します。太陽神経叢のチャクラを刺激します。毒素を取り除き、消化や胃の調子に対処します。額、胸、喉、手首の上に置くか、あるいは痛む部位の上に痛みが和らぐまで置いておきます。

バサナイト（ブラックジャスパー）は水晶占い*に有用な石です。意識が変容した状態へと深く入り込ませ、予言夢や透視をもたらします。

イエロージャスパー（タンブル）

ムーカイト（オーストラリアンジャスパー）は内的な経験と外的な経験*の間に有用なバランスをもたらします。内的および外的の両面において、新たな経験への欲求とその経験に直面する際の深い落ち着きへの欲求をもたらします。ムーカイトには柔軟性があり、汎用性を高めています。すべての可能性を示し、適切な選択を支援します。肉体を安定させる働きがあり、免疫系を強化し、傷を癒し、血液を浄化します。

ムーカイト（タンブル）

ピクチャージャスパー（ブラウンジャスパーを参照）は、子供に話しかけている大地の母であると言われています。その絵を読み取る能力を持つ人に対して、絵の中に過去からのメッセージを示しています。罪悪感、嫉妬、憎悪、愛といった隠された感情、さらに普段は脇へ押しやられている思考を、現世のものか過去世のものかに関わらず表面化させます。一旦抑圧が解けたなら、それらはこれから歩む道の中での教訓とみなされます。この石は均衡や調和の感覚を与えてくれます。安楽をもたらし、恐れを和らげます。免疫系を刺激し、腎臓を浄化します。

タイガーアイアン
（原石）

球状ジャスパーは奉仕の心を支援し、責任を受け入れ忍耐を身につけるのを助けます。円形の模様は循環呼吸と共鳴し、循環呼吸を促します。不快な体臭を起こす毒素を取り除きます。

ロイヤルプルーム・ジャスパーは宝冠のチャクラ*を開き、霊的エネルギーを個人の目的に向けさせ、地位と力をもたらします。禁忌を取り除き、個人の尊厳を守る助けをします。情緒的および精神的な安定をもたらします。

球状ジャスパー

角礫化したジャスパー（ヘマタイトによる筋が入ったジャスパー）は足を地につけ、情緒的な安定を達成するのに優れた効果を持ちます。頭から過剰なエネルギーを取り去り、頭脳を明晰にします。

（p248-249のライオライトの項も参照。）

コンビネーションクリスタル

　タイガーアイアンはジャスパー、ヘマタイト、タイガーアイが組み合わさったものです。生命力を増進させ、変化を切り抜けるのを助け、危険が迫った場合には避難場所を示します。レベルを問わず、激しい消耗がある人々に非常に有用ですが、特に情緒または精神的な燃えつきや家族に関するストレスがある場合に効果があります。必要なことを熟考する空間をもたらすことによって、変化を促し、変化のための行動に必要なエネルギーを供給します。タイガーアイアンのもたらす答は、通常は実際的で単純なものです。創造性と芸術性をもった石で、生まれもった才能を引き出します。

　タイガーアイアンは血液に効果があり、赤血球数と白血球数のバランスをとり、毒素を排泄し、腰部、下肢、足を癒し、筋肉を強化します。ビタミンB群の吸収を助け、天然ステロイドを産生します。タイガーアイアンは皮膚と接触させて身につけてください。

タイガーアイアン（タンブル）

ジェット(JET)

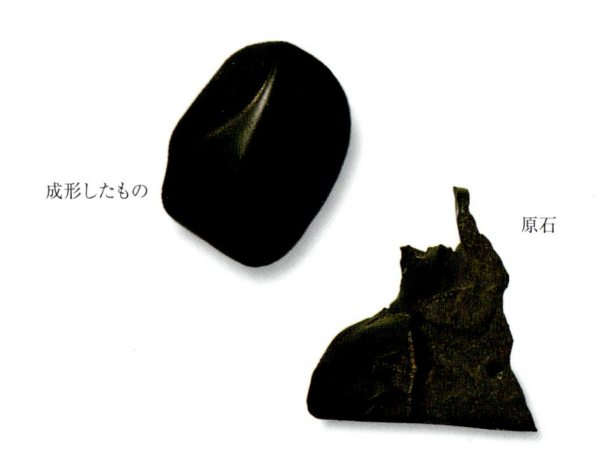

成形したもの

原石

色	黒。
外観	石炭様。通常は研磨されており小さい。
希少性	簡単に入手可能。
産地	世界各地。特にアメリカ合衆国。

特性

　実際には化石化した木から形成されていますが、石炭のように見えます。石器時代からお守りとして用いられてきました。ネガティブなエネルギーを取り去り、理由のない恐れを軽減します。首のまわりに身につけると、保護作用があります。暴力や病気から守り、霊的な旅の間を保護します。昔は「暗闇の霊」から守るために使われました。

これらに引きつけられる人々は、地球上での転生経験が長い「古い魂」だと言われています。

心霊体験をもたらすのにも使うことができ、霊的な悟りを求める手助けをします。

伝統的に、ジェットのジュエリーは身につける人の身体の一部になると言われていました。このことは、つまり相続したり購入したジェットのジュエリーは、特別な注意を払って浄化しなければならないことを意味します。ヒーリングで用いたジェットは、毎回の使用後に徹底的に浄化すべきです。

ジェットは財政を安定させ、事業を守ると言われています。現金箱の中か、家の中の富を象徴するコーナー（最も左手奥の角）、または事業用の建物に置くことができます。

心理面では、人生をコントロールすることを促します。気分変調のバランスをとり、抑うつを和らげ、安定性とバランスをもたらします。

基底のチャクラ*を浄化し、クンダリーニ*の力の高揚を刺激します。胸の上に置くと、クンダリーニの力を宝冠のチャクラへ向けることができます。

ヒーリング効果

片頭痛、てんかん、風邪に対処します。腺やリンパ性の浮腫を軽減し、胃痛を癒します。伝統的に月経痛に用いられました。

使い方

どこにでも使えます。ジュエリーの場合は銀に埋め込むべきです。

クンツァイト (KUNZITE)

グリーン（ヒッデナイト）

ピンク

色	ピンク、緑、黄、薄紫、透明。
外観	透明または半透明。線状の模様が入っている結晶。大小様々な大きさ。
希少性	徐々に入手しやすくなりつつある。
産地	アメリカ合衆国、マダガスカル、ブラジル、ミャンマー、アフガニスタン。

特性

　穏やかな性質を持つクンツァイトは、高い波動を持った非常に霊性の高い石です。心臓のチャクラを開いて無条件の愛を呼び起こし、愛にあふれた思考とコミュニケーションをもたらします。安らぎを放射し、普遍の愛へあなたを結びつけます。深く集中した瞑想状態をもたらし、瞑想に入ることが困難な人に有用です。また、創造性を高める働きもあります。謙虚さと奉仕意欲を促進します。

　保護作用のある石で、個人にも環境にも効果があります。ネガティブな要素

を追い払う力を持ちます。オーラ*を好ましくないエネルギーから遮り、周囲に保護シースを作り出し、オーラに付着した心霊体*とメンタルインフルエンス*を取り払います。群集の中にあっても自己充足を図る能力をもたらします。また、身体のまわりのエネルギーの場を強化します。

心理面では、自己表現を促し、感情を自由に表現させます。障害物を取り去り、人生の重圧への順応を助けます。封鎖されていた記憶の回復を助けることができます。あまりにも速く成長しなければならなかった人の癒しに有用で、失われた信頼と無邪気さを回復させます。自分自身に対しても他者に対しても寛容な性質を高めます。ストレスに関係した不安の軽減に有用です。

精神面では、内省を促し、建設的な批判に基づいて行動する能力を促進します。知性、直観、霊感を結合する力を持ちます。

感情の残骸を取り除き、感情を解放し、心痛を癒すために使うことができ、特にこれらのものが他の世から引き継がれた場合に有効です。抵抗を取り除き、個人の欲求と他者の欲求の間に妥協をもたらすのを助けます。クンツァイトの気分高揚効果は、感情的な原因で生じる抑うつに有用です。パニック発作の軽減に非常に効果的です。

霊性面では、心臓のチャクラ*を活性化し、このチャクラと喉および第三の目のチャクラを調整します。

肉体面では、ジオパシックストレス*の遮断に用いることができます。ペンダントとして身につけるか、携帯電話またはその他の電磁機器にテープで貼りつけると最も効果的です。

ヒーリング効果

循環器系と心筋を強化します。神経痛などの神経に影響する症状に有効です。てんかんを鎮め、関節痛を和らげます。麻酔の効果を弱め、免疫系を刺激します。リチウムを含むため、精神障害や抑うつに有効で、特にエリキシルを服用すると効果があります。肉体が情緒的ストレスの影響から回復するのを助けます。ラジオニック*の施術者が、遠隔治療中に患者の身代わりをするものとして使うことがあります。

使い方

手に持つか、適切な場所に置くか、あるいはエリキシルとして使用してください。（太陽光線でクンツァイトは色あせます。）ペンダントとして身につけるか、携帯電話やコンピュータにテープで貼りつけてください。手に持つか、太陽神経叢に置くとパニックをやわらげます。

特殊な色

一般的な特性に加えて、以下のような色のものは追加的な特性を持ちます：

クリアークンツァイトは魂の奪還*を助けます。魂が失われた地点への到達を容易にし、魂が再び肉体に統合されるまでの魂の貯蔵場所として用いることができます。

イエロークンツァイトは環境スモッグ*を取り払い、オーラの場からの放射やマイクロ波をそらす働きがあります。チャクラ*を調整し、DNAを再構築し、身体の細胞の青写真やカルシウムとマグネシウムのバランスを安定化させます。

クリアークンツァイト

ライラッククンツァイトは天への道*であり、無限性の象徴です。死を迎えた人の移行を促し、旅立とうとしている魂に必要な知識を与え、悟りの境地への移行を助けます。時間のバリアを越えて無限の世界へ移行させる力を持ちます。

ヒッデナイト（グリーンクンツァイト）は黄色からエメラルドグリーンまで様々な色のものがあります。異界と接続して、高次の領域からの知識の伝達を助けます。知的および情緒的経験に役立ちます。挫折感を穏やかに解き放ち、ものごとに対して「平静を装っている」人々が他者や宇宙からの慰めや支援を受け入れるように促します。未知なるものを生み出すために知性を愛に結びつける力を持ちます。霊的な愛をグラウンディングさせま

ライラッククンツァイ

す。新たな始まりを支援する石です。ヒーリングでは、そっと身体の上を櫛で梳くように動かすと、弱点や冷え、dis-ease*の部分を示すことから、診断を容易にします。胸腺と胸部の働きを助けます。霊的な洞察を刺激するには、第三の目*の上に置くのが最適です。

ヒッデナイト

クリスタル図鑑

カイアナイト（KYANITE）

別名：ディスシーン（DISTHENE）

ブルー
（真珠光沢化した
ブレード）

色	青みがかった白、ピンク、緑、黄、灰色、黒。
外観	筋の入ったブレード状の結晶。透明または不透明で「真珠光沢化」している場合がある。大小様々な大きさ。
希少性	簡単に入手可能。
産地	ブラジル。

特性

同調と瞑想に優れた効果のある石です。鎮静作用があり、高周波のエネルギーを強力に送信および増幅し、心霊能力と直観を刺激します。原因レベルにまで同調する能力があり、霊的エネルギーが思考の中で顕現するのを助けます。スピリットガイド*とつながり、思いやりの心を植えつけます。霊的波動をグラウンディングさせ、霊的な完全性と成熟をもたらします。夢を思い出すのを容易にし、癒しの夢を促します。死を経由して移行しようとしている人々に有用です。

チャクラ*と精妙体*を即座に協調させ、エネルギーの通路である経絡から障害物を取り除きます。肉体と器官の気*を回復させます。ヒーリングでは、浄化やトランス状態の後で生体磁場*を安定させます。

カイアナイトは、ネガティブな要素を保持しないため、全く浄化を必要としません。

心理面では、恐れや閉塞を断ち切り、真実を語ることを促します。喉のチャクラを開いて自己表現とコミュニケーションを促進します。無知を克服し、霊的および心理的真実を受け入れさせます。

混乱を断ち切り、閉塞や錯覚、怒り、欲求不満、ストレスを追い払います。論理的かつ直線的思考の能力を高め、高次の精神を刺激し、原因レベルにまでつながります。

霊性面では、偶然の運命や執念深いカルマ*といった考えを捨てるのを助けます。原因を作り出す過程に自分自身も一部加担していることを示し、過去のバランスをとるために必要な手段を示します。ライトボディ*を肉体の領域に引き寄せ、高次の心を最高の波動へ接続することによって、高次の世界への上昇プロセスを促します。

ヒーリング

筋肉の障害、発熱、泌尿生殖器系、甲状腺と副甲状腺、副腎、喉、脳に効果があります。天然の鎮痛剤として作用し、血圧を下げ、感染症の治療に役立ちます。余分な体重を減少させ、小脳と身体の運動反応を助けます。陰と陽

のエネルギーバランスを整えるのにも役立ちます。

使い方

　必要に応じて置きますが、特に臍と心臓の間が効果的です。ペンダントとして身につけてください。

特殊な色

　一般的な特性に加えて、以下のような色のものは追加的な特性を持ちます：

ブルーカイアナイトは声を強化し、喉と喉頭を癒します。演奏や演技をする人、演説や講演をする人に有用です。

ブラックカイアナイトは、チャクラ*の調整を行う際や瞑想中、または瞑想後に身体をグラウンディングさせます。

ラブラドライト(LABRADORITE)

別名:スペクトロライト(SPECTROLITE)

研磨したもの

色	青を伴った灰色がかった色から黒、黄。
外観	大小様々な大きさ。通常は研磨されている。光があたらないと濃い色だが、光によって虹色がかった青または金色の光を放つ。黄色のものは透明で、通常は小さくタンブル状である。
希少性	簡単に入手可能。
産地	イタリア、グリーンランド、フィンランド、ロシア、カナダ、スカンジナビア。

特性

虹色のラブラドライトは、非常に神秘的で保護作用が強く、光をもたらします。意識を高揚させ、普遍のエネルギーと接続します。好ましからざるエネルギーをオーラ*からそらし、エネルギーの漏出を防ぎます。治療中に流れるネ

ガティブなエネルギーに対するバリアを形成します。あなたを別世界または別の世へと導くことができます。神秘的な知識の石で、神秘の世界へ入るのを容易にします。

　肉体とエーテル体*を協調させ、霊的な目的へアクセスします。意識を高め、霊的エネルギーを肉体へグラウンディングさせます。直観と、ものごとを「適切なタイミング」で起こす術を含めた霊的能力を刺激し、無意識からのメッセージを表面化さ、そのメッセージへの理解を促します。

　心理面では、恐れや不安感、過去世における経験も含め、過去の落胆からの心霊的な残骸を追い払います。自分の信念と宇宙への信頼を強化します。オーラ*に取り付いたソートフォームを含め、他者からの投影を取り除きます。

　過剰な精神活動を鎮め、想像力を活性化し、新しい考えをもたらします。分析や合理的行動は、内なる目によるビジョンとのバランスが保たれます。熟考と内省をもたらします。知的な思考を直観的な叡智と統合させ、錯覚を強力に追い払い、ものごとの根本原因に到達し、思考や行動の裏にある本当の意図を示します。過去の抑圧された記憶を表面化させます。

　変化の際に持っていると有用で、力と忍耐をもたらしてくれます。変性意識（トランス）の石で、高次の世界への上昇プロセスのために肉体と魂を準備させます。

ヒーリング

　目や脳の疾患に対処し、ストレスを軽減し、代謝を調整します。風邪、痛風、リウマチに対処し、ホルモンバランスを整え、月経時の緊張を解し、血圧を下げます。dis-ease*の原因を特定することから、ラジオニック*治療時の証拠として使用できます。

使い方

　高次の心臓のチャクラ*の上に身につけたり、手に持ったり、あるいは適切な場所に置いてください。

特殊な色

　一般的な特性に加えて、以下のような色のものは追加的な特性を持ちます：

イエローラブラドライトは最高次の意識へアクセスし、視覚化やトランス、霊視*、チャネリング*を促進します。太陽神経叢のチャクラに有益で、精神体を拡張させ、高次の叡智を呼び込みます。胃、脾臓、肝臓、胆嚢、副腎を癒します。第三の目*、太陽神経叢の上に置くか、手に持ってください。

イエロー
ラブラドライト

ラピスラズリ(LAPIS LAZULI)

原石　　　　　　　　研磨したもの

色	金の斑点を伴った濃い青。
外観	緻密で脈状の模様がある。ラピスラズリは夜空のように見える。大小様々な大きさ。タンブル状の場合もある。
希少性	簡単に入手可能であるが高価。
産地	ロシア、アフガニスタン、チリ、イタリア、アメリカ合衆国、エジプト、中東。

特性

　第三の目*を開き、喉のチャクラ*のバランスをとります。悟りを促し、夢の働きと心霊能力を高め、霊的な旅を促進し、個人の力や霊的な力を高めます。ストレスを急速に解放し、深い平穏をもたらします。極めて穏やかな性質を持ち、霊的な達成に重要な働きをします。

　保護作用があり、守護霊にコンタクトします。サイキックアタック*を認識し、遮断し、そのエネルギーを発生源へ戻します。話し言葉の力を教え、呪いや、過去に口に出さなかったことで生じたdis-easeを逆転させます。

　肉体、情緒、精神、霊性のレベルを調和させます。これらのレベル間のアン

バランスは、抑うつ、dis-ease*、目的の欠如をもたらすことがあります。バランスがとれていると、調和によって深い自己認識がもたらされます。

人生に責任を持つように促します。内なる真実を明らかにし、自己認識を促進し、ためらいや妥協をすることなく、自己表現をさせます。抑圧された怒りによって喉またはコミュニケーションに問題が起きている場合、ラピスラズリはこれらの問題を解消します。人格に永続的な誠実さ、思いやり、高潔さをもたらします。

思考を強力に増幅させます。精神の高次の能力を刺激し、客観性と明晰性をもたらします。創造力の源への同調を通じて創造力を促進します。真実がどこにあろうと、あなたと真実との対峙を助け、真実が教える内容を受け入れるのを助けます。自分の意見を表現し、対立に調和をもたらすのを助けます。積極的に聞くことの価値を教えます。

愛と友情の関係を結びつけ、感覚や感情の表現を助けます。犠牲、過酷さ、苦しみを解消します。ジェムエッセンスとして用いると、感情的な隷属を解消します。

ヒーリング

痛みを和らげますが、特に偏頭痛の痛みに効果があります。抑うつを克服し、呼吸器系と神経系、喉、喉頭、甲状腺に効果があり、内臓、骨髄、胸腺、免疫系を浄化します。難聴を克服し、血液を浄化し、免疫系を活性化します。不眠とめまいを和らげ、血圧を下げます。

使い方

喉または第三の目*の部分に身につけるか、置いてください。横隔膜の上側に置くべきですが、胸骨と頭頂部の間ならどこでもかまいません。

ラリマー（LARIMAR）

別名：ドルフィンストーン（DOLPHIN STONE）、ブルーペクトライト（BLUE PECTOLITE）

タンブル

色	青、青緑、灰色、または赤に白の入った色。
外観	半透明で滑らか、地の色全体に色の渦巻きまたは白い脈状の模様を伴う。小型から中型でタンブル状のことが多い。
希少性	簡単に入手可能。
産地	ドミニカ共和国、バハマ。

特性

　最近発見された石で、この世のものとは思えないような霊的な石の一つで、新しい次元への扉を開き、地球の進化を刺激します。愛と安らぎを放射し、静寂を促します。深い瞑想状態へ楽に誘導します。自然に意識を高揚させ、肉体と魂を新たな波動へ調和させます。霊性面では、力を与え、霊的な自己を束縛している偽りの境界を解消させ、魂を人生の本当の道へと導きます。天使とのコンタクトや他の領域とのコミュニケーションを促進します。ソウルメートを求めている人に非常に有益な石で、過去世の人間関係または心的トラウマの癒しを促します。

　心理面では、自らに課した閉塞や制約を取り除きます。自ら妨げている行動を解消し、特に犠牲的傾向に効果があり、人生をコントロールすることを助けます。罪悪感の軽減と恐れの解消に特に有用です。ストレスや避けられない

変化を通り過ぎようとしている時に、困難を冷静に乗り越えさせます。

精神面では、落ち着きと明快さ、建設的な思考をもたらします。創造力を刺激し、「流れに従う」ことを促します。

情緒面では、平穏と均衡をもたらします。情緒の極端な変動を癒し、双極性障害を改善します。心のトラウマを癒し、生まれながらの遊び好きな性質や明るい子供のようなエネルギーに再び結びつけます。

地球を癒す石で、地球の女神のエネルギーに接続して女性がその本質的な女性性に再び同調するのを助け、自然とのつながりを回復させます。地面の上に置くと、地球のエネルギーのアンバランスとジオパシックストレス*を解消するように働きます。

ヒーリング

心臓、第三の目*、もしくは太陽神経叢の上に置くか、または身体の上をそっと撫でると、アタッチドエンティティ*を取り除きます。第三の目、心臓、宝冠、および喉のチャクラ*を刺激し、自己治癒を促します。特に軟骨組織と喉の症状に有効で、胸部、頭部、頸部のエネルギーの閉塞を解消します。収縮した関節または閉塞した動脈の上に置くことができます。痛みのある部位に置くと、痛みを穏やかに取り除きます。リフレクソロジーのツールとして使うと、dis-ease*の部分を特定し、身体の経絡*から閉塞を取り除きます。

使い方

長時間手に持つか、身につけます。足に使ってください。

レピドライト（LEPIDOLITE）

原石（雲母状） 　　　　　　　　　　研磨したもの

色	紫、ピンク。
外観	プレート様の層で、わずかに光沢があるもの、または粒状の塊。大小様々な大きさ。
希少性	簡単に入手可能。
産地	アメリカ合衆国、チェコ共和国、ブラジル、マダガスカル、ドミニカ共和国。

特性

　電磁波汚染を取り除くことから、コンピュータが放出する電磁波を吸収させるためにコンピュータの上に置くべきです。雲母状の形態をとる場合に、その特性は大いに増幅され、非常に有効に電磁波を一掃する道具となります。至高の善のために使われることを強く求めている石です。ネガティブな要素を分散させます。喉、心臓、第三の目*、宝冠のチャクラ*を活性化して開き、閉塞を取り除いて宇宙意識をもたらします。シャーマンの旅（訳注：シャーマンが変性意識状態に入り精霊と対話すること）または霊的な旅を助け、アカシックレ

コード*にアクセスします。あなたの現世において閉塞をもたらしている、他の世からの思考や感情に同調させます。また、未来に導くこともできます。

ストレスや抑うつ状態の軽減に非常に有用です。強迫思考を止め、落胆を和らげ、不眠症を克服します。リチウムを含有しており、気分変調と双極性障害を安定させるのに役立ちます。あらゆる種類の情緒的または精神的依存に非常に有用で、依存からの離脱を助け、拒食症を含むあらゆる不調に対処します。「移行の石」として、古い心理パターンや行動パターンを再構成し、変化をもたらします。独立を促進し、外的な助けなしに目標達成するように働きかけます。

精神面では、知性と分析力を刺激します。客観性と集中力によって意志決定を速めます。重要なものに集中し、外部からの邪魔を除外します。

情緒面では、他者に影響されることなく、自分自身の心に集中できるようにします。鎮静作用があり、睡眠障害や情緒的ストレスを和らげ、情緒面での深い癒しをもたらします。

ヒーリング

dis-ease*の部位を特定します。身体のdis-ease部位に置くと、静かに振動します。アレルギーを和らげ、免疫系を強化し、DNAを修復し、マイナスイオンの生成を促進します。疲労、てんかん、アルツハイマー病を軽減します。坐骨神経痛や神経痛の痛みを抑え、関節の問題を克服します。皮膚と結合組織に対し解毒作用があります。更年期に最適で、特にジェムエリキシルとして用いると効果があります。シックビル症候群*やコンピュータストレスによる疾患に対処します。

使い方

必要に応じて置くか、身につけてください。睡眠障害の緩和のためには枕の下に置いてください。

マグネサイト(MAGNESITE)

「脳状」の形態(原石)　　　大理石状の形態(タンブル)

色	白、灰色、茶、黄。
外観	大きさと形状は変化に富む。「脳状」、チョーク状、大理石状、または結晶状の場合がある。
希少性	簡単に入手可能であるが、結晶質のものは希少。
産地	ブラジル、アメリカ合衆国。

特性

　瞑想とリラクセーションに深い静寂をもたらします。第三の目*の上に置くと、視覚化とイメージを強めます。心臓のチャクラ*を開き、心からの愛を促しますが、この愛には自分自身に対する愛も含みます。他者からの愛を受け入れるようになる前に、自分自身への愛が欠かせないのです。

　相手の行動や依存が原因でその関係が困難な状況にあるような場合に、無条件の愛を実践する上で非常に有用となることがあります。あなたがセンタリングした状態になり、静かに相手のそばに立ち、相手に変化を要求することなく、または、彼らの問題からあなた自身が影響を受けることなく、相手があり

のままの自分でいられるようにさせるのを助けます。

　心理面では、あらゆる形の自己欺瞞を表面化させます。無意識の思考や感情を認識させ、これらの原因を探るのを助け、必要であればあなたを過去へ退行させます。人生に対する積極的な態度をもたらします。自己中心的な人々が目立たない立場をとるのを助け、他者の声に注意深く耳を傾ける方法を教えます。

　脳状の形態のマグネサイトには、心に対する強力な効果があり、右脳と左脳を調和させ、発想を刺激し、さらにその応用を促します。

　情緒の鎮静効果をもたらし、情緒的ストレスへの耐性を高めます。神経質でおどおどした人を支援し、神経過敏を克服し、耐性をつけるのを助けます。

ヒーリング

　高濃度のマグネシウムを含み、体内への吸収を助けます。解毒し、体臭を弱め、鎮痙薬や筋弛緩剤の働きをし、月経痛、胃や腸、血管の痙攣、胆石や腎結石の痛みに対処します。骨と歯の障害の治療に役立ち、てんかんを予防します。頭痛を軽減し、特に片頭痛に有効です。血液の凝固を遅らせます。脂肪の代謝を速め、コレステロールを分散させ、動脈硬化と狭心症を予防します。心疾患の予防に有効です。発熱と悪寒を軽減し、体温バランスを整えます。

使い方

　必要に応じて皮膚と接触するように置いてください。ジェムエッセンスとして、内用または外用できます。

マグネタイト（MAGNETITE）

別名：ロードストーン（LODESTONE）

原石

色	黒、茶色がかった灰色。
外観	色が濃く、粒状で、磁気を帯びている(鉄鉱石)。大小様々な大きさ。
希少性	簡単に入手可能。
産地	アメリカ合衆国、カナダ、インド、メキシコ、ルーマニア、イタリア、フィンランド、オーストリア。

特性

　磁気があり、強力なプラスとマイナスの極性を持っています。磁気療法に使用することができ、身体自体の生体磁場*と経絡*に作用し、地球のヒーリングの場合は地球自体の磁場に働きかけます。グラウンディングの石としても機能します。熟練した施術者が用いると、身体または地球のエネルギーの逆行や反転を再調整します。

マグネタイトは引きつけたり、反発したり、活性化したり、鎮静化させます。身体が自己治癒しようとする努力が強すぎることもありますが、それは経絡が過剰に活性化された場合です。器官または経絡の機能が亢進した場合には、マグネタイトがそのマイナスの電荷によって鎮めます。反対に機能が低下している場合には、プラスの電荷で活性化させます。筋肉の様々な痛みを軽減することから、スポーツ障害に極めて有用です。

　チャクラ*と、精妙体*とエーテル体*の経絡を一時的に協調させます。基底と大地のチャクラ*を地球の養育的エネルギーにつなぎ、身体の生命力と活力を維持します。

　テレパシーや瞑想、視覚化を助けます。バランスのとれた考え方と自分の直観への信頼をもたらします。

　磁気があることから、愛や献身、忠誠を引きつけます。

　心理面では、恐れ、怒り、悲しみ、過剰な執着のようなネガティブな感情を和らげ、粘り強さや忍耐のようなポジティブな特性をもたらすのに使うことができます。自分自身が有害な状況から立ち去る方法を示し、客観性を促進します。知性と感情のバランスをとって内面の安定を図ります。

ヒーリング

　回復に必要なヒーリングエネルギーを供給します。喘息、血液、循環器系、皮膚、毛髪に有益です。機能低下した器官を刺激し、機能亢進の場合は鎮めます。抗炎症作用があり、肉離れや痙攣を癒します。鼻出血の止血にも有効です。

使い方

　首の後ろ、および脊椎の基底部、または痛みのある関節の上に置いてください。ベッドの端に置くと夜間の痙攣を止めます。

マラカイト（MALACHITE）

タンブル

原石

色	緑。
外観	同心円状に濃淡のある縞が入ったもの、ロゼット状。大小様々な大きさ。タンブル状または研磨されたものが多い。
希少性	簡単に入手可能。
産地	ルーマニア、ザンビア、コンゴ民主共和国、ロシア、中東。

特性

　強い力を持つ石ですが、取り扱いには注意が必要です。資格を持ったクリスタル療法家の監督下での使用が最善の策です。毒性があるため研磨された状態でのみ用いてください。石の細かい粒子を吸込まないように注意してくだ

さい。ジェムエリキシルとして使用する場合は、外用のみとするか、石を入れたガラス容器を涌き水の中に入れて石が水に接触しないようにする間接法で作成してください。

ポジティブとネガティブ両方のエネルギーを増幅します。霊的エネルギーを地球にグラウンディングします。マラカイトは現在でも進化を続けており、新千年紀における最も重要なヒーリングの石になると信じている人もいます。

マラカイトは保護作用のある石として既に重要な存在となっています。ネガティブなエネルギーや汚染物質を、大気や身体から簡単に吸収します。使用の前後には、日の当たる場所に置いたクォーツのクラスターの上にマラカイトを置いて浄化すべきです（表面を傷つけるので塩は使用しないでください）。

プルトニウム汚染を吸収し、あらゆる種類の放射能から守ります。原子力発電所または天然の放射能発生源の近くに住む人の家の中に置くべきです。同様に、電磁波汚染も取り除き、地球のエネルギーを癒します。自然およびデーヴァ*の力に対し強い親和性を持っています。

チャクラの障害物を取り除いて活性化し、霊的導きに同調します。第三の目*の上に置くと、視覚化と霊視能力を活性化します。心臓の上に置くと、バランスと調和をもたらし、無条件の愛に心を開きます。

水晶占い*または内的もしくは外的な別世界*へのアクセスのために使うことができます。渦巻状の模様を通して旅することで、心が解放され、イメージが刺激されます。無意識からの洞察を受け取ったり、あるいは未来からのメッセージを受け取るのを助けることができます。

心理面では、トランス（変性意識）に関係しています。リスクを冒したり変化を促すこの大胆な性質の石の影響を受けて人生がより情熱的なものとなります。あなたの霊的成長を妨げているものを容赦なく指摘します。深い感情や心因性の症状の原因を取り除き、好ましからざる結びつきや古びて意味の無くなったパターンを壊し、自分の行動、思考、感情に対して責任を負う方法を教えます。抑圧を解放し、感情表現を促します。他者への共感を育て、相手の立場に立てばどのように感じるかを示します。内気さを軽減し、友情を支えます。性心理学的問題に有用で、特に過去世における性体験がトラウマとな

って起こっている場合に効果的です。また、再生プロセスを助けます。

精神面では、問題の核心に迫り、直観力と洞察力を高めます。精神病を含めた精神障害を緩和し、難読症を克服します。情報の吸収および処理能力を強化し、観察力を高め、難解な概念の理解を助けます。

太陽神経叢の上に置くと、情緒面での深い癒しを促します。ネガティブな体験や古いトラウマを解放し、抑圧された感情を表面化させ、深く呼吸する力を回復させます。これによって、心臓と臍のチャクラ*のバランスがとれ、洞察が明らかになります。情緒面では、気分を情熱的にすることがありますが、但し、その気分はすぐに変わります。心の内面の探究に用いることができます。夢を刺激し、記憶を鮮やかによみがえらせます。但し、マラカイトをヒーリングやトランス状態へ入るプロセスに用いる場合は、他の石の助けを必要とすることがあります。

ヒーリング

ヒーリング用として非常に用途の広い石です。特に、月経痛を含む痙攣に有用で、出産を促進します--そのため「助産婦の石」と呼ばれてきました。女性生殖器と共鳴し、あらゆる性的なdis-ease*に対処します。血圧を下げ、喘息、関節炎、てんかん、骨折、関節の腫れ、増殖、乗り物酔い、めまい、腫瘍、視神経、膵臓、脾臓、副甲状腺に効果があります。DNAと細胞構造を調整し、免疫系の働きを促進します。肝臓の解毒作用を刺激し、組織の酸化を軽減します。ウエストのまわりに身につけると糖尿病に効果があります。

使い方

左手に身につけるか、または第三の目の上に置きます。ヒーリングには必要に応じて置いてください。ネガティブな感情を吸収するには太陽神経叢の上に置きます。エリキシルには、研磨したマラカイトを用いて間接法で作成してください。外用のみとしてください。

注意：軽い動悸を引き起こす可能性がありますから、もし起こった場合には直ちに取り除き、代わりにローズクォーツかロードナイトを使用してください。

コンビネーションクリスタル

クリソコーラを伴ったマラカイトは、非常に高い波動を持つ透明な宝石グレードのクリスタルの場合があります。この組み合わせは全体性と平和を象徴しています。アンバランスが生じた部分に置くと、穏やかに均衡を回復します。第三の目の上と太陽神経叢の上に1個ずつ置くと、心、身体、情緒のバランスをとることができます。

（p78のマラカイトを伴ったアズライトの項も参照。）

クリソコーラを伴った
マラカイト（原石）

クリソコーラを伴った
マラカイト（研磨したもの）

メルリナイト（MERLINITE）

成形し研磨したもの

色	黒と白。
外観	はっきりと異なる二つの不透明色。通常は小さい。
希少性	徐々に入手しやすくなりつつある。
産地	ニューメキシコ。

特性

不思議な力を持った石で、シャーマン、錬金術師、魔術を使う聖職者、その他の魔術に関連した仕事をする人々の総合的な知識が刻まれています。二つの色は、霊的な波動と地球の波動を一つに合わせ、霊的領域とシャーマンの領域へアクセスさせます。シャーマンの活動や魔術の儀式を支援します。アカシックレコード*の解読を促し、未来の人生をどう生きるかについての洞察を得るために、過去世や未来世への旅へ導きます。あなたの生活に不思議な力をもたらすことができます。

ヒーリング

過去世の癒しと現世に調和を呼び込むために用いることができます。陰と陽、男性性と女性性のエネルギー、意識と無意識、知性と直観のバランスをとります。

使い方

過去世にアクセスするには、首のまわりに身につけるか、または耳の後ろに置いてください。

モルダバイト(MOLDAVITE)

結晶状

色	深緑。
外観	小さく、透明で、折り重なった塊。ガラス状のことが多い。
希少性	希少であるが簡単に入手可能。 但し、鉱脈の枯渇と共に価格が上昇。
産地	チェコ共和国、ドイツ、モルドバ。

特性

　モルダバイトはニューエイジのための石の一つです。テクタイトの一種で、地球外に起源があり、巨大な隕石が地球に衝突して形成されたと言われています。衝突の熱が周囲の岩を変成させ、生じた結晶を広範囲にまき散らすことによって「飛散地域」を作り出しています。これらのことから、モルダバイトには地球外のエネルギーと地球のエネルギーが融合されているのです。希少な石の一つで、現在モルダウ川の川岸沿いで発見されていますが、世界の他の地域では発見される可能性は低くなっています。このクリスタルは枯渇してしまうでしょう。

　モルダバイトは石器時代から、幸運と豊饒を願うお守りや魔よけとして用いられてきました。地球の移行と癒しを助けるためにモルダバイトが現れ、そのエネルギーを賢く利用すべき時が来たのだと多くの人が信じています。他のクリスタルの波動を最高度に高めることによって、その効果を強力に増大させることができます。

　高次の自己および地球外とのコミュニケーションをもたらします。アセンデ

ィッドマスター*および宇宙の使者との接触を可能にする、独自の宇宙のオーバーソウル*を持ちます。光に向かって石をかざして見つめると、あなたの意識を変化させます。この石はあなたを最高次の霊的次元へ導き、上昇プロセスを促進します。その際にはグラウンディングされている必要があり、さもなければ、現実感覚を失わせ、より所のない状態に陥る可能性があります。モルダバイトによる霊的な体験の後で1組のボジストーンを握ると徐々にグラウンディングが促されますが、クリアークォーツのエネルギーはその効果を安定させます。

　極めて高い波動を持ち、チャクラ*を開き、チャクラの閉塞を取り除き、調整を行います。神のブループリントを統合し、霊的成長を速めます。宝冠のチャクラと共鳴し、そのチャクラを開いて至高の霊的導きを受け入れさせます。喉の上に置くと、惑星間のメッセージを伝達し、特に地球の生態系の状態や癒しの必要性に関するメッセージが伝えられます。

　時空を超える石です。第三の目*の上に置くと、未来あるいは過去へと進むことが可能になります。必要に応じて他の世への旅も促します。霊的叡智を回復する以外、または目的にアクセスするために転生前の状態へ旅する以外は、過去世へ退行させて追体験させるよりも、未来の可能性を示します。モルダバイトの影響下では、現世でとった行動の結果を見たり、あるいは来世での破滅を防ぐために現世で何を必要としているのかを学ぶために来世へ進むことができます。

　地球上での転生および困難や深い感情への順応に困難を感じている敏感な人々に有用な石です。このような人の多くは、地球が新たな波動へ移行する際に地球を支援するためにやってきたスターチルドレン*です。彼らは地球の重いエネルギーに慣れておらず、霊体と肉体を統合させるのが困難で、そのためグラウンディングを必要とするのです。ヘマタイトやスモーキークォーツなどのグラウンディングの石と同時に用いると、このプロセスを助けます。心臓の上に置くと、このような地球外から来た人々の「ホームシック」を軽減します。モルダバイトは結晶構造を持たず、そのため限界や境界をはるかに超えたところまであなたを導きます。心理面では、金銭や未来への不安といった、世俗的

で地球的な安全上の問題からの離脱を助けます。転生の理由についての概観を示し、あなたの霊的目的とコンタクトし、その目的をあなたの地球での人生へ組み込ませます。共感や思いやりなどの特性を支援します。

精神面では、通常とは異なる働きや活気づける働きがあり、意外な解決法を提案してくれます。潜在的な記憶を呼び起こし、知性を経由した霊的情報へのアクセスが可能です。固定観念や古風な信念を解放し、催眠コマンド*の作用を無効化することができます。

肉体面では、手に持つと、強力な形而上学的効果を持つエネルギーを身体から大量に湧き出させるきっかけを作る可能性があります。アカシックレコード*とライトボディ*からの情報を「ダウンロード」しますが、この情報は次に処理を行い、意識させる必要があります。このプロセスには若干の時間がかかりますが、このプロセスが霊的成長と個人の波動の高揚を加速させます。

ヒーリング

個々の症状を癒すよりも、dis-ease*の原因や発生源を認識させ、それらの解放とヒーリングプロセスを助けます。また、疾患の中に含まれた恵みへの気づきを与えます。診断ツールとして使うことができます。その深緑色を嫌う人は感情への嫌悪感を持っていることが多く、無条件の愛や一体感の経験を必要としています。また、このような人は隠された情緒的トラウマを持っていることがあり、それらを表面化させて癒す必要があり、これには他のクリスタルが必要となります。

使い方

額、喉、または頭の天辺の上に置いてください。注意：モルダバイトはもろいため、塩による浄化を行ってはなりません。塩は表面を傷つけます。

ムーンストーン（MOONSTONE）

クリーム（天然の状態）　　　　ホワイト　　　　クリアー（研磨したもの）

色	白、クリーム、黄、青、緑。
外観	乳白色で半透明。大小様々な大きさ。
希少性	簡単に入手可能。
産地	インド、スリランカ、オーストラリア。

特性

　ムーンストーンは「新しい始まり」の石です。その名前が示すように、月と直観力に強い結びつきがあります。月のように反射し、月の満ち欠けのようにすべてのものは変化のサイクルの一部分であることに気づかせてくれます。その最も強力な効果は、感情を鎮めることです。

　無意識を意識化させ、直観と共感を高めます。明晰夢を促進し、特に満月の際に効果があります。

　心霊能力を高め、霊視能力＊を開発するために伝統的に用いられてきました。心霊能力の受容を促すために、ペンダントとして身につけることができます。

　心理面では、状況や情緒的な要因に対する過剰反応を鎮めます。受容的で

受動的な女性的なエネルギーに満ちています。男性性のエネルギーと女性性のエネルギーのバランスをとり、自分の女性性に接したいと願う男性を助けます。過度に男らしい男性、あるいは過度に積極的な女性に対し、その過剰性を打ち消すのに優れた働きをします。

精神面では、突然かつ説明のつかない衝撃や予期せぬ偶然の発見、同時性に対し心を開かせます。願望的な思考に対しては幻影を誘発しない点に注意する必要があります。

情緒面では、情緒不安定とストレスを和らげ、情緒を安定させます。また、感情的知性を改善します。太陽神経叢の上に置くと、過去の情緒パターンを引き離し、理解した上で解消させます。感情の深い癒しをもたらし、情緒的ストレスに関連している上部消化管障害を癒します。

肉体面では、女性の生殖サイクルに強力に作用し、月経に関連したdis-ease*と緊張を軽減します。松果体と関連しており、ホルモン系のバランスをとり、体液のアンバランスを安定化させ、体内時計を調整します。ショックの際に有用で、活動過剰の子供の鎮静化に使うことができます。

ヒーリング

消化器系と生殖器系の働きを助け、栄養素を吸収し、毒素や体液貯留を排出し、皮膚、毛髪、目、肝臓や膵臓のような肉厚の器官の変性症状を和らげます。PMS（月経前緊張症候群）、受胎、妊娠、出産、母乳授乳に非常に効果があります。エリキシルは伝統的に不眠に用いられており、夢遊病を予防することができます。

使い方

指輪として身につけるか、身体の適切な部位に置いてください。霊的経験には額、感情には太陽神経叢または心臓が適しています。女性は満月の際にムーンストーンをはずす必要があるかもしれません。

マスコバイト (MUSCOVITE)

別名：雲母 (MICA)

原石

色	ピンク、灰色、茶、緑、すみれ色、黄、赤、白。
外観	層状になった真珠様の雲母。大小様々な大きさ。
希少性	簡単に入手可能。
産地	スイス、ロシア、オーストリア、チェコ共和国、ブラジル、ニューメキシコ、アメリカ合衆国。

特性

マスコバイトは雲母に最も多い形態です。天使と強い関わりを持つ神秘的な石で、高次の自己の意識を刺激します。水晶占い*で用いると、この洞察力に優れた石は最高次の霊的領域と接続します。心臓のチャクラ*を刺激し、ア

ストラルトラベル*を促進し、直観と霊視の目を開きます。

　人間の欠点を認識させる力を持ち、同時に無条件の愛と受容を促します。反射する石でもあり、あなたからの投影を写し返して認識させます。ここで言う投影とは、あなた自身の一部で、自分では認識していないものの「あちら」では見えるもののことです。あなたが他者の中に見たくないものは、本当は、あなたが自分自身の中に認めたくない特徴である、ということを理解するのを助けます。さらに、マスコバイトはこれらの特性の統合と変換を助けます。

　地球内部の緊張を徐々に安全に軽減することから、地震発生地域をグリッド*するのに使うことができます。また、肉体内部の緊張も解放し、精妙体*と経絡*を身体に協調させ、バランスをもたらします。

　心理面では、不安定性、自信喪失、不器用さを解消します。結合運動障害*と左右の混乱に苦しむ人々に有用です。怒りや神経性ストレスを解消し、存在のあらゆるレベルに柔軟性をもたらします。未来を楽しく見つめ、学んできたすべての教訓を正しく理解するために過去を振り返るのを助けます。他者があなたを見るように、自分自身を見るようしむけ、外の世界に示されたイメージを変えるのを助けます。苦しい感情を掘り下げている間に支援します。

　精神面では、問題解決を助け、頭の回転を刺激します。思考と感情の明確な表現を促進します。肉体面では、外見を改善します。髪に艶を、目にはきらめきを与えます。適正体重の達成を助けます。

ヒーリング

　血糖をコントロールし、膵臓の分泌のバランスをとり、脱水症状を軽減し、絶食時の空腹感を予防します。腎臓を調整します。不眠とアレルギーを軽減し、dis-ease*またはストレスから生じるあらゆる症状を癒します。

使い方

　持ち歩くか、手に持ってください。皮膚の上を撫でてください。

特殊な色

　一般的な特性に加えて、以下のような色のものは追加的な特性を持ちます：

ピンクマスコバイトは、天使とのコンタクトを持つには最も有効な色の石です。

バイオレットマスコバイトは、高次の宝冠のチャクラ*を開き、意識が非常に繊細な波動へ高まるのを助けます。

（p132のフックサイト[グリーンマスコバイト]の項も参照。）

ネブラストーン（NEBULA STONE）

研磨したもの

色	緑の斑点を伴った黒。
外観	はっきりと違いのわかる斑点を伴った緻密な石。通常は小さくタンブル状。
希少性	最近市場に出るようになった新しい石。
産地	アメリカ合衆国南西部、メキシコ。

特性

4つのミネラルから構成されており、独自の形而上学的特性を持つと言われていますが、これらはまだ調査途中です。クォーツの構成成分中の光の波動を身体に溶け込ませ、細胞を刺激し、その意識を活性化させることが知られています。これによって全体の意識の認識を高め、魂の霊的なルーツの記憶をもたらします。

ネブラストーンをじっと見つめると、外側に向かっては無限の世界へ、内側に向かっては存在の最小粒子へとあなたを導きます。最終的にはこれら二つは一つになります。非二元性と全体性の石です。

ヒーリング

人間の細胞レベルでの深い癒しをもたらすことができます。

使い方

手に持つか、第三の目*の上に置いてください。

オブシディアン(OBSIDIAN)

原石

色	茶、黒、青、緑、虹色、赤味がかった黒、銀、金色がかった光沢。
外観	光沢があり、不透明、ガラス様。大小様々な大きさ。タンブル状の場合もある。
希少性	簡単に入手可能な色もあるが、希少なものもある。青緑色のものは人造ガラスの場合がある。
産地	メキシコ、世界各地。

特性

オブシディアンは溶融溶岩で、非常に急速に冷却したため結晶化する時間がなかったものです。境界や限界を持たない石です。その結果、非常に急速に、しかも非常に強力に作用します。真実を強調し、反射的な特性は、欠点や弱点、閉塞を容赦なく明らかにします。オブシディアンには何も隠すことができません。あらゆる破壊的で無力化させるような状況を改善する方法を示しながら、私たちの成長を促し、さらに私たちが成長する間は強力に支援してくれます。表面化を急いでいるネガティブな感情や不快な真実をもたらすことがあ

るため、慎重に取り扱う必要があり、資格を持ったクリスタル療法家の監督下での使用が最善の策です。熟練者の指導の下では、そのカタルシス効果は極めて有益です。深い魂の癒しをもたらします。過去世への退行を促して、現世に繰り越された不快な感情またはトラウマを癒すことができます。

　強力な保護作用を持ち、ネガティブな要素に対して保護シールドを形成します。基底のチャクラ*から地球の中心へのグラウンディングコード*を提供し、環境からネガティブなエネルギーを吸収し、必要に応じて強化します。神経過敏の人々に有用です。サイキックアタック*を遮断し、ネガティブな霊的影響を取り除きます。

　大型のオブシディアンは、ジオパシックストレス*の遮断、または環境汚染物質の吸収に極めて有効な可能性がありますが、この石が持つ、真実を暴露しようとする傾向については考慮する必要があります。多くの人々がこの石の効果はあまりにも強力であると感じており、このような目的にはより作用の穏やかな石を選んでいます。しかし、問題の核心への到達を容易にするだけでなく、その結果生じた放出されたエネルギーを一掃してくれることから、療法家やカウンセラーにとっては非常に有用です。ブラックオブシディアンまたはマホガニーオブシディアンは、このような目的に最も適した種類で、マホガニーオブシディアンの方が弱めに作用します。

　同様に、オブシディアンをベッドのそばか枕の下に置くと、精神的ストレスと緊張を取り除くことができ、鎮静効果を持つ場合もありますが、このようなストレスの原因をもたらす可能性も持っています。したがって、平穏を回復する前に、このような原因に立ち向かう必要があります。なぜなら、そうすることで、問題を一時的に対処するのではなく、永久的に解決できるからです。アパッチティアーやスノーフレークのようなオブシディアンの中でも作用の穏やかな石は、この目的に最適でしょう。オブシディアンはネガティブなエネルギーの吸収に非常に効果があるため、このような目的で使用した場合は、その都度流水の下で石を浄化することが不可欠です。

　霊性面では、魂の目的を視覚化します。エネルギーの閉塞を取り除き、緊張を解放し、心理的な影を一つに統合して、霊的な完全性をもたらします。ま

た、魂を肉体に固定します。あらゆるレベルにおける成長を刺激します。未知のものの探究を促し、新たな視野を広げます。

　精神面では、心に明快さをもたらし、混乱や圧迫している信念を取り除きます。しかし、これはおそらく、精神的苦痛またはdis-ease*の根底にあるものを完全に取り除くことによるものと考えられます。一旦これらが取り除かれると、オブシディアンは意識を拡張させ、自信を持って楽に未知の領域へと入って行くのです。

　心理面では、本当の自分を知ることを助けます。あなたの影の側面に直面させ、それらを統合する方法を教えます。また、古くなって意味の無くなった行動パターンの特定にも役立ちます。情緒的な閉塞や大昔のトラウマを解消し、情緒に深みと明快さをもたらします。思いやりの性質を促進し、力を増進させます。

ヒーリング

　最大の効果はdis-easeの原因への洞察が得られることです。あらゆる受け入れがたいものごとの「消化」を助け、肉体的な消化を促進します。解毒作用を持ち、肉体と精妙体*の閉塞や緊張を解消しますが、これらには動脈硬化を含みます。関節炎、関節の問題、痙攣、外傷の痛みを軽減します。エリキシルはショックに有効です。痛みを鎮め、出血を止め、血行をよくします。四肢を温める効果もあります。肥大した前立腺の縮小に用いることができます。

使い方

　必要に応じて置いてください。水晶占い*には球状または鏡状のものを用います。

特殊な色

　一般的な特性に加えて、以下のような色のものは追加的な特性を持ちます：

ブラックオブシディアンは、非常に強力で、創造的な特性を持つ石です。魂と霊的な力を肉体へグラウンディングし、意識的な力の導きの下へと移動させ、

霊的なエネルギーを地球上に示します。この石を使うと自制心が増強されます。

　本来の自己へと向き合わせ、その過程であなたを深い無意識へ導きます。アンバランスや影の性質を表面化させて解放し、隠された因子を浮かび上がらせます。あらゆるネガティブなエネルギーを増幅させ、それらのエネルギーと完全に直面させた後で解放させます。このヒーリング効果は過去世にもおよび、アンセストラルラインとファミリーライン*にも実施することができます。ブラックオブシディアンは、魂の成長をもたらすエネルギーを得るために過去を肥料として用います。以前に起こった力の不適切な使用を無効にし、すべてのレベルにおける力に関する問題に対処し、力を与えられるということは、個人の力を振りかざすことではなく、むしろすべての善のために力の流れを導くことであると教えてくれます。

　防御の特性もあります。ネガティブな要素や愛情のない思考を追い払います。過去の愛を手放しやすくさせ、変化の過程を支えます。

　肉体的な障害を取り除くためにシャーマンの儀式で用いられます。また、予言の力もあります。ブラックオブシディアンのボールは、瞑想と占いを強力に支援しますが、現れた内容を意識的に処理し、すべてのものの最善のために用いることができる人のみが用いるべきです。クリアークォーツはグラウンディングを助け、現れた内容を明確に表現するのを助けます。

　ヒーリングでは、臍の上に置くと霊的なエネルギーを肉体にグラウンディングします。第三の目の上で短時間持つことで、精神的なバリアを打ち破り、精神的な条件づけを解消させます。慎重に用いれば、分散したエネルギーを寄せ集めて感情の解放を促すことができます。

ブルーオブシディアンは、アストラルトラベルを助け、予言を促し、テレパシー能力を高めます。喉のチャクラ*を活性化し、コミュニケーション能力を支援します。ヒーリングでは、オーラ*を開いてヒーリングエネルギーを受け入れさせます。言語障害、目の疾患、アルツハイマー病、統合失調症、多重人格

ブラックオブシディアン（原石）

障害に対処します。痛みのある部位に置けば軽減します。

ブルーグリーン・オブシディアンは、心臓と喉のチャクラを開き、真実を語ることや心からの理解を促進します。レイキ（霊気）＊ヒーリングを助け、心、肉体、精神のバランスをとります。ビタミンAとEの吸収を改善し、夜間視力を向上させます。

エレクトリック-ブルー（鋼青色）・オブシディアンは直観の石です。予言やトランス状態、シャーマンの旅（訳注：シャーマンが変性意識状態に入り精霊と対話すること）、霊的コミュニケーション、過去世への退行を促します。第三の目を開き、内なる旅を助けます。他のどのオブシディアンとも同様に、困難の根本原因にアクセスし、エネルギーの場のバランスをとります。ラジオニック＊治療を促進し、ダウジングの際の振り子として効果があります。患者の受容性を高めます。脊椎のアンバランスやヘルニア、循環器疾患、増殖、痙攣性の症状に対処します。エリキシルとして用いると目を癒します。

ゴールドシーン・オブシディアンは占いに特に有効です。未来や過去、そして問題の核心へと導きます。ヒーリングに何が必要かを示しますが、実際にヒーリングを達成するには他のクリスタルが必要となります。心理面では、あらゆる無益感や自我の葛藤を取り除きます。自我の関与を取り払い、霊的導きの知識を伝えます。ヒーリングに用いると、エネルギーの場のバランスをとります。

ゴールドシーン・オブシディアン

グリーンオブシディアンは、心臓と喉のチャクラを開き、浄化します。他者とのしがらみを取り除き、繰り返しを防ぎます。ヒーリングでは、胆嚢と心臓の問題に対処します。あなたのクリスタルがガラスではなく本物のオブシディアンであることを確認してください。

マホガニーオブシディアンはブラックオブシディアンよりも穏やかなエネルギーを持ちます。大地と共鳴することによって、グラウンディングと保護を行い、必要とする時には力を与え、目的を視覚化し、エネルギーの閉塞を取り除き、あらゆるレベルの成長を刺激します。安定化させる力を持つ石で、弱ったオーラを強化し、仙骨と太陽神経叢のチャクラの正しい回転を回復します。身につけると痛みを軽減し、血液循環を改善します。

マホガニー
オブシディアン

レインボーオブシディアンは穏やかなエネルギーを持つオブシディアンの一つですが、強力な保護作用があります。あなたの霊的性質を教えます。過去の恋のしがらみを断ち切り、心に刺さったままの棘をそっと抜き、心のエネルギーを補充します。ペンダントとして身につけると、オーラからネガティブなエネルギーを吸収し、身体からストレスを取り除きます。

レッド-ブラック・オブシディアンはクンダリーニ*のエネルギーを高揚させます。生命力、男性性、兄弟愛を促進します。ヒーリングでは発熱と悪寒に対処します。

レインボー
オブシディアン

シルバーシーン・オブシディアンは、瞑想を助け、水晶占いに最適なクリスタルです。すべてのオブシディアンと同様に、内的自己の鏡の働きをします。一生を通じて効果をもたらし、必要に応じて忍耐と根気を与えます。アストラル体と肉体を結びつけ、魂を肉体へ戻す働きがあることから、肉体を離れて魂の旅をする際に有用な石です。

レッド-ブラック・
オブシディアン

オブシディアン：アパッチティアー（APACHE TEAR）

天然の形態

色	黒。
外観	小さい。滑らかで水によって研磨されたものであることが多い。光にかざすと半透明に見える。
希少性	よく見かける。
産地	アメリカ合衆国。

追加的な特性

ブラックオブシディアンの一種ですが、その効果はより穏やかです。ネガティブな要素をもたらしはしますが、変換が行えるように徐々に作用します。ネガティブなエネルギーを吸収し、オーラ*を保護するのに優れた働きをします。大地のチャクラ*をグラウンディングさせ、浄化します。アパッチティアーは、悲しい時に涙を流すと信じられていることからそのように名づけられました。深い悲しみを慰め、苦痛の原因への洞察をもたらし、長期間続いてきた苦痛を軽減します。分析能力を刺激し、寛容さを促します。自己規制を取り除き、自発性を促進します。

ヒーリング

ビタミンCとDの吸収を促進し、身体から毒素を取り除き、筋肉の痙攣を鎮めます。

使い方

男性は腹部、女性は乳房の上に置きます。

クリスタル図鑑

オブシディアン：スノーフレーク・オブシディアン（SNOWFLAKE OBSIDIAN）

タンブル

色	黒と白。
外観	雪の結晶が表面についているような黒と白の斑状。小さくタンブル状であることが多い。
希少性	簡単に入手可能。
産地	世界各地。

追加的な特性

　仙骨のチャクラの上に置くと、落ち着かせたり和らげる作用があり、深くしみ込んだ行動パターンを意識させる前に、受容に対して適切な心の状態へと導きます。成功だけでなく失敗についても高く評価することを教えます。

　純粋性を象徴する石で、肉体、精神、霊性のバランスをもたらします。誤った考えやストレスの多い精神活動パターンの認識と、それを解放することを助けます。冷静さと内面の精神集中を促します。スノーフレーク・オブシディアンを用いれば、孤立や孤独は力を与える源となり、瞑想への没入を助けます。

ヒーリング

　血管と骨格の治療に役立ち、血行を改善します。エリキシルは皮膚と目に有効です。

使い方

　必要に応じて置くか、エリキシルとして使います。

オケナイト（OKENITE）

母岩上の
オケナイトの
ボール

色	白。
外観	長く繊維状。小さくふわりとした雪の玉のように見える。
希少性	専門店で簡単に入手可能。
産地	インド。

特性

オケナイトは、柔らかいふわふわしたエネルギーを持ち、ニューエイジのための石の一つです。たいていの人が撫でたがるのですが、撫でると繊維の艶が消えたり、繊維が壊れることになります。高次の自己へ接続し、そのエネルギーの地球界での意識的な顕現を助けます。あなたの行く手から障害物を取り除き、人生の課題を完遂するための活力を増進させます。

転生を受け入れるのを助け、現在の経験の原因にあなたの注意を向けさせます。カルマ*の負債とあなたの成長を助ける機会を正確に指摘します。過去

のカルマがどのように現在を作り出したか、および現在がいかに未来を作り出すかについての理解を助け、あらゆるレベルにおけるカルマの深い癒しを促します。

チャネリング*の準備に用いることができます。チャクラ*と肉体および精妙体*を浄化し、それらのエネルギーを統合します。

オケナイトには二重作用性があります。真実の石として、あなたと他者に誠実さをもたらし、他者がそれぞれの真実を語る際に生じる可能性がある厳しさから守ります。他者からの言葉による愚弄を愛と共に受け入れるのを助け、そこになんらかの真実があるならそれを受け入れるべきであることを示します。

心理面では、自分に対する深い許しをもたらします。カルマのサイクルの完成を促し、あなたが犯した過ちを許し、カルマの罪を和らげるために過去世への退行を促します。カルマの恵みの石です。あらゆるものが魂の教えを学ぶサイクルの一部であること、そしてその魂の教えの知識から成長していること、さらに永遠に耐えなければならないものはないことを教えます。出来る限りのことをし終わった時には、さらなるカルマの負債を負うことなく状況から抜け出すことができるのです。

精神面では、思考様式を変えることを促進します。古いパターンを解放し、新しく、より適切な信念をもたらします。性に対する過度な潔癖症に苦しむ人に有用で、特に過去世での貞節の誓いに関連している場合に効果があります。

ヒーリング

血液と母乳の流れを促進して授乳中の女性に役立ち、上半身の血行を刺激します。熱を下げ、神経障害を軽減します。エリキシルは皮膚発疹に対処します。

使い方

必要に応じて置いてください。

オニキス（ONYX）

研磨したもの

色	黒、灰色、白、青、茶、黄、赤。
外観	縞模様。大理石様。研磨されていることが多い。大小様々な大きさ。
希少性	簡単に入手可能。
産地	イタリア、メキシコ、アメリカ合衆国、ロシア、ブラジル、南アフリカ。

特性

　力を与える石です。困難な状況や混乱した状況、非常に大きな精神的または肉体的ストレスがかかった時に支援を行います。オニキスはすべてのものとつながりがあることから、エネルギーの集中、高次の力への協調、高次の導きへのアクセスを促します。個人の力をもたらす能力があり、未来を見るためにあなたを導き、自分の運命を自分が握るように促します。活力、不動性、スタミナを高めます。教えの学びを助け、自信をもたらし、あなたが自分の環境の

中で安心していられるように助けます。

　自分の考えを胸に秘めておくのを助ける「秘密の石」です。しかし、身につけた人に起きたことを記憶するとも言われています。オニキスの持つ波動に感受性のある人に物語を話すことによって、精神測定に用いることができます。

　身体的な記憶を保持する特性により、過去世に働きかけて、現世に影響を及ぼしている過去の怪我や外傷を癒すのに有用です。手に持つと、オニキスが過去に怪我をした部位に注意を向けさせますが、この傷はボディワークやリフレーミング*、クリスタル療法を通して解消することが可能となります。また、過去の悲嘆や後悔の癒しにも用いることができます。

　心理面では、自分の中にある二元性を認識し、統合します。ふらふらした人をより安定した生き方へ固定します。また、一般に自制心をもたらします。精神的な強壮剤の働きをし、押しつぶされそうな恐れや不安を軽減します。賢明な決断という貴重な能力を伝えます。

　肉体面では、癒しまたは他の目的に必要な普遍のエネルギーからの吸収を助けます。身体内の陽と陰のエネルギーのバランスをとります。

ヒーリング
　歯、骨髄、血液疾患、足に効果があります。

使い方
　身体の左側に身につけてください。必要に応じて置くか、手に持ちます。伝統的に、首のまわりに身につけたオニキスは、欲望を鎮めて貞節を守らせると言われています。

オパール（OPAL）

研磨したもの

原石

通常のオパール

ダークオパール

色	白、ピンク、黒、ベージュ、青、黄、茶、オレンジ、赤、緑、紫。
外観	透明または乳白色。虹色に変化して輝く、または輝きのないガラス状。小さく研磨されていることが多い。
希少性	簡単に入手可能であるが、宝石グレードのオパールは高価。
産地	オーストラリア、メキシコ、ペルー、南アメリカ、英国、カナダ、アメリカ合衆国、ホンジュラス、スロバキア。

特性

　高い波動を持った繊細な石です。宇宙意識を高め、霊視や神秘的なビジョンをもたらします。独創性やダイナミックな創造力を刺激し、本当の自己へのアクセスと表現を助けます。オパールには吸収性と反射性があります。思考と感情をとらえて増幅し、その発生源へ返します。カルマ*の石で、因果応報を教えます。保護作用があり、適切にプログラミングを行えば、あなたの存在を目立たなくしたり、あるいは見えなくする力があります。危険な場所に立ち入る際や、人目を避けて行う必要があるシャーマンのワークで用いることができます。

　情緒面では、特性を増幅し、特徴を表面化させて変化させます。自尊心を促進し、自己の可能性を完全に理解することを助けます。精神面では、快活性と自発性をもたらします。芸術への興味を促します。

　情緒面では、常に愛と情熱、性欲と関連づけられてきました。魅惑的な石で、心の状態をあおり、抑圧を解放します。感情を安定させる働きがありますが、エネルギーを分散してしまうことがあるため、オパールを感情を調べたり感情を誘発するために用いる前に、使用者は十分にセンタリングを行っておく必要があります。あるいは、他の石をそばに置いて、エネルギーの統合を助けます。オパールはあなたの過去、特に過去世における心の状態がどうであったかを示し、あなたの心にけじめをつける方法を教えます。ポジティブな感情を生み出すことを促します。オパールを身につけると、忠誠心、忠実性、自発性をもたらすと言われていますが、元来移り気な性向である場合には、それを増幅させてしまう可能性があります。癒しの力を地球のエネルギーの場に送るのに使うことが可能で、枯渇を補い、グリッドの活性化と安定化を図ることができます。

ヒーリング

　生きる意欲を強化します。パーキンソン病、感染症、発熱に効果があり、記憶力を強化します。血液と腎臓を浄化し、インスリン分泌を調整し、出産を楽にし、PMS（月経前緊張症候群）（濃色を使用）を軽減します。特にエリキシルを用いると目に効果があります。

使い方

必要に応じて置いてください。特に心臓と太陽神経叢の上が有効です。小指につけます。

特殊な色と種類

一般的な特性に加えて、以下のような色のものは追加的な特性を持ちます：

ブラック-ブラウン-グレー・オパールは、仙骨のチャクラ*、生殖器と共鳴します。感情的な原因で生じる性的な緊張を解放し、新たに生まれた感情を処理して統合させるのに特に有用です。

ブルーオパールは、感情を和らげる石で、霊的な目的のために再調整を行います。喉のチャクラと共鳴し、コミュニケーションを円滑にすることができ、特に自信が欠如しているために抑圧されていたコミュニケーションに対して効果があります。エーテルブループリント*を介して癒すことができるため、過去世の経験や傷が現世に影響している場合に有用です。

チェリーオパールは、基底と仙骨のチャクラの浄化と活性化を助けます。センタリングの感覚を促進します。霊的レベルでは、霊視*や霊感*を活性化します。特に、第三の目の遮断されていたり開いていないことによる頭痛を癒すのに有用です。組織の再生を促し、血管疾患、筋肉の緊張、脊椎疾患を癒し、更年期症状を緩和します。

チェリーオパール

クリソパル（ブルー-グリーン）は新しい印象を受け入れ、他者を積極的に受け入れるように促します。世界を新たな目で観察するのを助けます。雰囲気を高める働きがあり、多くの場合、泣くことによって感情的な負担を和らげ、感情を解放します。解毒作用があり、肝臓を再生し、心臓と胸からくる圧迫感を和らげます。

ファイアーオパール（オレンジ-レッド）は、個人の能力を高め、内なる火を目覚めさせ、危険から守る働きがあります。希望の象徴であり、事業に最適です。また、エネルギー増幅の働きもあります。変化と進歩を促します。不正や虐待の状況で使うと、結果として起こる情緒不安の面から支援します。思考と感覚を増幅させ、3倍にすると言われていますが、心の深い部分にある悲嘆の感情が他の世から生じたものであったとしても、これらを解放することができます。過去を解き放つには素晴らしい効果を持った石ですが、貯め込まれた感情が突然解放された場合、その作用は爆発的となることがあります。

ファイアーオパール

腹部、下背部、三焦の経絡と共鳴します。腸と腎臓を癒し、副腎のバランスをとって、燃え尽きを防ぎ、生殖器を刺激します。再活性化と加温の効果に優れた石です。

グリーンオパールは浄化と若返りの働きを持つ石で、情緒の回復を促し、人間関係を助けます。情報をフィルタリングし、心を新しい方向に向ける能力によって、日々の生活に意義を与え、霊的視点をもたらします。ヒーリングでは、免疫系を強化し、風邪とインフルエンザを軽減します。

ハイアライト（ウォーターオパール）は水晶占いに素晴らしい効果を持つ石です。水の様な奥深さは霊の領域とのつながりを刺激します。気分を安定化させる働きがあり、基底のチャクラを宝冠のチャクラに接続し、瞑想経験を高めます。肉体から離れて移行しようとしている人々を助けます。肉体は魂にとって一時的な乗り物であるということを教えます。

グリーンハイアライト

クリスタル図鑑

ペリドット（PERIDOT）

別名：クリソライト（CHRYSOLITE）、オリビン（OLIVINE）

ファセット
加工したもの

原石

研磨したもの

色	オリーブグリーン、黄緑、蜂蜜色、赤、茶色がかった色。
外観	不透明、ファセット加工して研磨すると透明の結晶質。通常は非常に小さい。
希少性	簡単に入手可能であるが、良質の結晶は希少。
産地	アメリカ合衆国、ブラジル、エジプト、アイルランド、ロシア、スリランカ、カナリア諸島。

特性

　古代には悪魔を寄せつけないと信じられていましたが、現在でもオーラ*を保護する力があります。

　強力な浄化作用を持ちます。あらゆるレベルの毒素を解放して中和し、精妙体、肉体、精神体の浄化を行います。心臓と太陽神経叢のチャクラ*を開き、浄化し、活性化します。また、「古い荷物」、つまり昔から引きずっている負担を解放します。重荷や罪悪感、強迫観念を取り除きます。人や過去に執着することは非生産的であることを教えます。外部の影響から自由になる方法を教え、導きを求めるため自分自身の高次のエネルギーに目を向けることを教え

ます。

　ネガティブなパターンや古い波動を解放し、新たな波動にアクセスできるようにします。あなたが心理学的なワークを終えている場合は、急速な前進をペリドットが支援します。洞察力のあるこのクリスタルは、自分の運命と霊的目的を理解するのを助けます。特に療法家にとって有用な石です。

　心理面では、嫉妬や恨み、悪意、怒りを和らげ、ストレスを軽減します。自信を高め、攻撃的でない自己主張を促進します。成長への動機づけを行い、必要な変化を起こす手助けをします。あなたの経験の中にある恵みを見つけるために過去を振り返るのを助け、自分自身を許す方法を教えます。心理的な明快さと健康を促します。霊的真実の達成に同調しており、生命のサイクルを調整します。

　精神面では、心を鋭敏にさせ、意識の新しいレベルへと向けさせます。無気力を解消し、あなたが意識的または無意識的に無視してきたすべてのものへ意識を向けさせます。自分の過ちを認めて前進することを助けます。自分の人生に対して責任を負うことを助け、特にあなたが、すべては「他の誰かの責任」であると信じている場合に効果があります。ペリドットの影響力は困難な関係を大いに改善させることができます。

ヒーリング

　強壮効果があります。組織を癒し、再生させます。代謝を強化し、皮膚に効果があります。心臓、胸腺、肺、胆嚢、脾臓、腸の働きを助け、潰瘍に効果があり、目を強化します。腹部の上に置くと、筋肉の収縮を強化しながらも痛みを軽減して出産を助けます。ペリドットのエネルギーは双極性障害のバランスをとり、憂鬱症を克服します。

使い方

　喉の部分に身につけてください。必要に応じて置きます。特に肝臓の上に皮膚に接触させて置くと効果的です。

ペタライト（PETALITE）

原石

色	透明、白、ピンク、灰色、赤味がかった白、緑がかった白。
外観	水晶状で、筋があり、わずかに虹色。通常は小さい。
希少性	希少かつ高価。
産地	ブラジル、マダガスカル。

特性

ペタライトもニューエイジのための石の一つです。天使とのつながりを促すことから、「天使の石」として知られていることもあります。高く純粋な波動を持ち、宇宙意識を受け入れる用意があります。霊的な浄化を助けます。保護作用のある石で、瞑想と同調を促進します。非常に穏やかで清らかな霊的次元へあなたを導きます。霊的次元では、原因を突き止めて変化させることが可能です。機能不全が生じる前の時間に戻ることができるため、先祖や家族のヒーリングに特に有用です。

ペタライトはシャーマンの石です。霊的探究あるいはビジョンクエスト*に適した安全な環境を提供します。プロセスを活性化させ、エネルギーを与え、同時に霊的活動の間のグラウンディングを確保します。

オーラ*を鎮め、喉と高次の宝冠のチャクラ*を開き、高い霊的波動へ接続します。あなたの現在の形而上学的能力を超えて、あなたを移動させ、最高次の霊的知識へ接続し、霊視中にあなたが見るものを言葉にするのを助けます。

小さい石一つであっても、エリキシルとして用いると非常に強い効力があります。ネガティブなカルマを解放し、オーラまたは精神体から心霊体を取り除くために使うことができます。各人の高次の自己をプロセスに参加させ、あらゆるレベルの操作を無効にすることから、関係を断ち切る際に非常に有用です。

身につけていると、身体のあらゆるレベルのエネルギーセンターに絶え間なくエネルギーを与え、活性化します。ペタライトが見つかる環境自体を改善し、活性化します。

ヒーリング

内分泌系の調和を図り、三焦の経絡を活性化します。AIDSと癌の治療に有用です。細胞、目、肺、筋肉の痙攣、腸に効果があります。

使い方

ペンダントまたはイアリングとして身につけるか、必要に応じて置きます。特に第三の目の上が効果的です。

特殊な色

一般的な特性に加えて、以下のような色のものは追加的な特性を持ちます：

ピンクペタライトは心臓の経絡の流れを良くし、精神的な重荷を取り除きます。情緒体を強化し、恐れと心配を解放します。思いやりの石であり、穏やかな力を維持しつつ柔軟性を促進します。

クリアーペタライトはネガティブなエネルギーを無力化します。あらゆるレベルにおける、インプラント、ミアスム*、ネガティブなカルマを取り除きます。

フェナサイト（PHENACITE）

原石

色	無色。黄色、黄色がかった赤、赤、ピンク、茶色の色がついている場合もある。
外観	ガラス様。水晶様。小さな結晶を伴う。
希少性	かなり希少で、通常は高価。
産地	マダガスカル、ロシア、ジンバブエ、コロラド、ブラジル。

特性

　これまで発見された中で最も高いクリスタルの波動を持つものの一つです。個人の意識を高次の波動へと接続し、その次元からの情報を地球へ伝えることを可能にします。天使の領域*とアセンディッドマスター*へ接続します。

　霊的波動を浄化し、統合し、地球へともたらします。エーテル体と共鳴し、ライトボディ*を活性化し、上昇プロセスを助けます。魂を癒し、魂のための適切な乗り物を提供するために、精妙体*と肉体*を浄化します。フェナサイトのエネルギーは、個人の波動を高次の波動へ変換することにより準備した人のみが利用可能なものです。

　すべてのチャクラ*と強い関係があり、あらゆるものを癒し、活性化する方法についての知識をもたらします。第三の目*を刺激し、高次の宝冠のチャクラを活性化し、内なる気づきを促進します。

　このクリスタルは、産地によって特性が異なるようです。マダガスカル産の

ものは、他次元間のコンタクトを促す特性があり、銀河間の移動に熟練しています。ブラジル産のものは、多くの場合、独自の「クリスタル守護霊」を持っています。

ヒーリング

精妙エネルギーレベルで機能し、身体を浄化してエネルギーの経路の障害物を取り除きます。エーテル・ブループリント*を介してアカシックレコード*から情報を取り込み、あらゆる原因によるdis-ease*を特定して解放します。エーテル体*から肉体までの癒しを活性化し、肉体の癒しの必須条件として必要な場合はエーテル・ブループリントを癒します。他のヒーリングクリスタルのエネルギーを増幅する力があります。

使い方

ファセット加工された石を身につけるか、必要に応じて置いてください。特に頭の上が効果的です。

特殊な色

一般的な特性に加えて、以下のような色のものは追加的な特性を持ちます：

クリアーフェナサイトは異次元間の旅を助けます。通常は地球からアクセスされることのない波動性の霊的状態を介した移動を促進します。過去の霊的イニシエーションの記憶を活性化し、「類は友を呼ぶ」ということを教え、波動を高め、思考を浄化し、ポジティブなエネルギーのみを生み出すように促します。

イエローフェナサイトは特に地球外とのコンタクトに関する能力を持ちます。顕現の石で、望みの内容がすべてにとって至高の善であるならば、それを物理的世界で現実化させます。

ピーターサイト（PIETERSITE）

別名：テンペストストーン（TEMPEST STONE）

タンブル

色	金茶から灰色がかった青。
外観	斑状、虹色に輝く。小さくタンブル状のことが多い。
希少性	簡単に入手可能。
産地	ナミビア。

特性

　嵐の要素と関係があることから、テンペストストーン（訳注：テンペストは「暴風雨」の意）とも呼ばれるピーターサイトは、ごく最近発見された石です。「天国の王国への鍵」を持つと言われています。日常の意識を霊的な意識へ結びつけ、あなたは人間の世界を旅する霊的存在であることを思い出させてくれます。霊的存在にセンタリングし、あなたを地球ではなくエーテル体*へグラウンディングさせる力を持っています。これによって霊的な旅が促進され、特にアカシックレコード*の解読と、そこに見出されるはずの、あなたの転生についての洞察の解読を促進します。

　ビジョンの石であり、ビジョンクエスト*またはシャーマンの旅（訳注：シャーマンが変性意識状態に入り精霊と対話すること）に使うことができます。動く

瞑想中の身体に強力に作用し、非常に高次の変性意識へ急速にアクセスさせます。第三の目＊と松果体を刺激し、直観にアクセスして深遠な霊的ビジョンと予知を促します。非常に愛情深いレベルの導きへと接続します。

分離の錯覚を払いのけ、他者から押しつけられた信念と条件づけを取り除くと言われています。あなた自身の内なる導きの源へと接続し、他者の言葉の中にある真実または偽りの認識を助けます。頑固な閉塞を解消し、混乱を取り除きます。過去世のヒーリングに用いると、あなたが自らの真実に従わないことで生じたdis-ease＊を取り除きます。精神的および言語的な条件づけ、すなわち、両親や支配者などの権威者によって過去に押しつけられた信念を解放し、霊的な錯覚を追い払います。現世まで繰り越されている、他の世で行われた誓約や約束からあなたを解放することができ、あなた自身の意志力を支援します。

心理面では、あなたが自分の真実に従って歩むことを促進します。支持作用と強化作用に非常に優れた石で、あなたの真実へのアクセスを妨害しているものがなんであれ、それをはっきりと口に出させ、探究を助けます。古代の対立や抑圧された感情の処理を助けます。

ヒーリング
下垂体を刺激し、内分泌系と、代謝、血圧、成長、性、体温を司っているホルモン産生のバランスをとります。肺、肝臓、腸、足、脚の働きを助け、食物からの栄養吸収を促進します。精妙エネルギーレベルでは、身体の経絡＊の障害物を取り除いて喀差異化します。休息時間がない人に疲労から生じたdis-ease＊を解消します。

使い方
必要に応じて置くか、手に持ってください。

プレナイト（PREHNITE）

原石

色	緑、黄、白、茶。
外観	母岩の上に泡状に結晶。小型から中型の石片。
希少性	専門店で簡単に入手可能。
産地	南アフリカ。

特性

　穏やかな性質を持つプレナイトは、無条件の愛の石で、施術者を癒すためのクリスタルです。視覚化プロセスを促進し、高次の自己とのコンタクトが可能な深い瞑想へ導きます。このクリスタルと一緒に瞑想する際には、あなたは

宇宙のエネルギーグリッドと接触することになります。この石は、大天使ラファエルならびにその他の霊体および地球外生物とつながっていると言われています。予知と内なる気づきを促進します。どんなことでもすぐに用意が整った状態にさせる力を持った石です。神のエネルギーに同調し、予言力を高め、あなたの霊的成長のための道を示します。

オーラの場を神のエネルギーの保護シールドの中に封じ込めます。環境を鎮め、静けさと保護をもたらすことから、グリッディング*に有用です。庭に置くのに最適な石で、自分の力で家を癒しのための神性な場にするのを助けます。自然やその力と調和する方法を教え、あなたの環境を活性化し、一新する方法を教えます。

風水に適した石で、必要としない持ち物を手放したり、保管しておくものを適切な状態に整理することを助け、「散らかりを片づける」のに有用です。内面的な欠乏が原因で持ち物や愛をため込む人を助けます。このようなため込み癖は、過去世での剥奪や貧困、または愛の欠如におそらく原因があると考えられます。プレナイトの助けによって、宇宙への信頼を回復し、魂が再び神の顕現を信じるようになります。

心理面では、悪夢、恐怖症、深い恐れを軽減し、それらを生み出しているdis-ease*を明らかにして癒します。過度に活動的な子供や、その状態の根底にあるカルマ*の原因への対処に有用です。

ヒーリング

診断に有用で、根本原因を示します。腎臓、膀胱、胸腺、肩、胸部、肺を癒します。痛風と血管疾患に対処し、身体の結合組織を修復し、悪性症状を安定化させることができます。

使い方

必要に応じて置くか、手に持ってください。天啓や視覚化、導きを得るには、第三の目*の上に置きます。

パイロリューサイト（PYROLUSITE）

天然の形態

色	銀色、黒、青、濃灰色。
外観	大型で輝きがあり、茶色の母岩または粒状の塊の上に扇状に結晶。
希少性	専門店で簡単に入手可能。
産地	アメリカ合衆国、英国、ブラジル、インド。

特性

　エネルギーを変換し、再構成する力があります。最善の状態で、意識的に方向付けをすれば、人生を再構成することができます。肉体、情緒体、精神体のエネルギーの乱れを癒し、dis-ease*状態を変化させます。

身近な場所や瞑想用の空間に置くと非常に有用な石です。ネガティブなエネルギーを追い払い、あらゆるところに源を発する心霊からの妨害を払いのけ、その過程でオーラ*を強化します。強い心を持った誰かからの不当な精神的影響を防ぎ、心理操作を解消し、低次のアストラル界に住む者たちからの注目に対するバリアを提供します。

　特定の案件について権威ある人物と同席しなければならず、しかもあなたはその案件について反対である場合、パイロリューサイトを一つ身近に持っておいてください。そうすれば、あなたの信念を守ることができるでしょう。繊細な構造を持っているため、身につけたり身体の上に置いておくのにはふさわしくありませんが、保護エネルギーを必要とする時にはいつでも、手に持つことができます。

　心理面では、自信や楽観、決意を促します。粘り強い性質を持ったこの石は、問題の真相を解明して、変換のための手段を提供します。情緒的なdis-ease*や情緒体の閉塞を解放するための過去世のワークやボディワークなど、深いレベルでの情緒的な癒しを行う際に役立つことができます。

　情緒面では、人間関係を変化させ安定化する力を持っています。ネガティブな予想をポジティブなものに変換するのを助けることができます。

ヒーリング
　気管支炎に対処し、代謝を調整し、血管を強化し、性衝動を刺激します。視力の強化にも有用です。

使い方
　必要に応じて置くか、手に持ってください。非常に繊細な石で、身体の上に置くには重いため、間接法によってエリキシルを作成し、外用または内用することができます。

クリスタル図鑑

クォーツ（QUARTZ）

ポイントを伴ったクラスター　　　　　　　ピラー（成形したもの）

色	透明。
外観	長くポイントのある結晶。透明、乳白色または筋が入っている。クラスターのことが多い。大小様々な大きさ。
希少性	クォーツのほとんどの種類は簡単に入手可能。
産地	世界各地。

特性

　クォーツは、独特のらせん状結晶構造により、地球上で最も強力なヒーリング作用とエネルギー増幅作用を持っています。世界中で見られるクリスタルで、エネルギーを吸収、保存、放出、調整し、また、エネルギーの閉塞の除去にも優れています。鍼治療にクォーツでコーティングした鍼を使うと、その効果は10%増加します。キルリアンカメラ*で示されているように、クォーツを手に持つと、生体磁場が2倍になります。筋力テストの数値を向上させ、放射能から保護します。クォーツは電磁エネルギーを生成し、静電気を追い払います。

　クォーツは、癒しを必要としている人や霊的ワークに取り組む人の特定のエネルギーの必要に同調して、波動レベルで作用します。エネルギーを可能な限り完璧な状態にし、dis-easeが生じる前の状態に戻します。内臓や精妙体を浄化して、機能を高め、魂を深く浄化する働きを持ち、肉体を精神に結びつけます。

　霊性面では、エネルギーを可能な限り最高次のレベルまで高めます。クリアークオーツはあらゆる色を含んでおり、存在のすべてのレベルに作用します。天然のコンピュータのように情報を保存しており、アクセスを待っている霊性の図書館のようなクリスタルです。カルマの種*を解消する力があります。心霊能力を高め、あなたの霊的な目的へと同調させます。瞑想に用いると、気を散らすものを除外してくれます。プログラミングを行うには、最も効率的に情報を受け入れるクリスタルです。

　精神面では、集中を助け、封印された記憶を解除します。

　また、エネルギーの節約にも優れています。クォーツポイントを自動車の燃料パイプに装着すれば、燃料消費を削減します。

　クォーツポイントは、その形成速度によって面の形が異なりますが、これらの形に非常に重要な意味があります。(p324から始まる「クリスタルの形状」のセクションを参照。)

ヒーリング

　マスターヒーラーとも言うべきもので、あらゆる症状に用いることができま

す。免疫系を刺激し、身体のバランスをもたらします。火傷を和らげるのに特に有効です。すべてのチャクラ*を調和させ、精妙体*を調整します。

使い方

必要に応じて置いてください。

特殊な色と種類

一般的な特性に加えて、以下のような色のものは追加的な特性を持ちます：

ブルークォーツは、他者に働きかけて恐れを鎮めます。心を静め、自分の霊性への理解を助け、希望をもたせます。ヒーリングでは、上半身の器官に効果があります。血流を浄化し、免疫系を強化します。

ブルークォーツ

ゴールデンヒーラー（自然にコーティングされており、透明な黄色）は、世界間を含む遠距離間の霊的コミュニケーションを促進し、あらゆるレベルでの癒しに力を与えます。

グリーンクォーツは心臓のチャクラを開いて安定させます。ネガティブなエネルギーを変え、創造力をかきたて、内分泌系のバランスをとります。

ハーレクインクォーツは赤い点が筋状になったものを内部に含みます。基底と心臓のチャクラを宝冠のチャクラに結びつけ、肉体的および霊的な活力を身体に引き込みます。身体の極性と経絡のバランスをとり、それらをエーテル体に固定し、精妙体と肉体の神経系を調和させます。普遍の愛の表現を助け、霊界と物理界の架け橋として働きます。ヒーリングでは、血管、記憶、甲状腺を強化し、甲状腺ホルモン欠乏を克服します。疾患やdis-ease*から回復しようとする意志を活性化し、落胆を和らげるのに役立ちます。

ゴールデン
ヒーラー
（ダブル
ターミネーティド）

クリスタル図鑑

リチウムクォーツ（自然にコーティングされており、薄紫と赤味を帯びた紫の斑点がある）は、天然の抗うつ薬の働きをします。強力なヒーリングエネルギーが抑うつの根底にある症状を穏やかに表面化させ、はるか過去の怒りや哀しみを中和します。現世に広がっている情緒的dis-easeの根源を消滅させるために、過去世まで遡ることができます。チャクラの浄化作用に優れ、水を浄化します。植物と動物の癒しに極めて有用です。

天然チタンはクォーツクリスタルの表面に「点状」に存在しており、レインボーオーラ・クォーツ（p230参照）と同じ力を持ち、ルチルクォーツ（p237参照）のようにクォーツに内包されていることがよくあります。

ナチュラルレインボーは多くのクォーツクリスタルの内部に認められ、普遍の愛への認識を刺激し、ネガティブな要素を引き離し、ヒーリングエネルギーを身体と環境へ分散させます。

タンジェリンクォーツ（自然にコーティングされており、透明なオレンジ色）は、ショックやトラウマの後に用いると非常に効果があり、特に魂レベルにおいて効果があります。魂の奪還*と統合や、サイキックアタックの後の癒しに用いることができます。過去世の癒しに用いることができ、過ちを犯し、それに対し償わなければならないと魂が感じている部分に有用です。

リチウムクォーツ

チタンクォーツ

クォーツポイント中のナチュラルレインボー

クリスタル図鑑

魂は経験の中に込められた恵みに気づくことを学びます。仙骨のチャクラ*を活性化して調和し、創造的なエネルギーの流れを刺激します。あなたの限られた思考体系を超えて、よりポジティブな波動の領域へと導くことができます。「類は友を呼ぶ」を示しています。

チベットクォーツはシングルおよびダブルのターミネーションを持つクォーツとして生じ、「黒い斑点」を内部に含んでいることがあります。チベットとそこに長く存在している密教の知識と共鳴しています。チベットクォーツと一緒に瞑想すると、この知識に同調することができます。この知識は、ヒーリングや霊的な行為の中で直観的に用いることができます。アカシックレコード*にアクセスします。この深遠かつグラウンディングされたクォーツは、強力に集中されたエネルギーを持ち、このエネルギーを身体や自己の中に送り込み、深い癒しをもたらし、精妙体*を活性化します。肉体の上に用いると、すべての経絡を浄化して活性化させます。

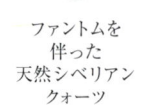

(他の種類のクォーツについてはp229-243、独特の形状を持つカテドラルクォーツについてはp336-337を参照。)

黒い点状の
オクルージョン
を伴った
チベットクォーツ

ファントムを
伴った
天然シベリアン
クォーツ

クォーツ：アクアオーラおよび実験室で人為的に作成した特殊なクォーツ

アクアオーラ

色	青（シベリアン）、赤（ローズまたはルビーオーラ）、黄（サンシャイン・オーラ）、虹色。
外観	水晶に金を人工的に蒸着したもの。鮮やかな色彩を放つ。小さいポイントまたはクラスター。
希少性	簡単に入手可能。
産地	水晶に人為的に被覆加工。

追加的な特性

アクアオーラは人工的に作られたものですが、金を純粋なクォーツに蒸着させる錬金術のようなプロセスを反映して、非常に強力なエネルギーを持っています。限界を取り除き、何か新しいもののための空間を作り出します。オーラ*のストレスを解き放ち、「オーラの穴」を修復して、オーラを癒し、浄化し、鎮める働きがあります。次に、チャクラを活性化しますが、心からのコミュニケーションを促進する喉のチャクラの活性化に効果があります。精妙体*、および霊性体と普遍のエネルギーとの接続部分からネガティブな要素を取り除きます。これによって魂のエネルギーの表現が活性化され、あなたの最大の可能性を満たします。

チャネリング*と自己表現を刺激し、霊的成長とコミュニケーションを深めます。サイキックアタック*や心理的な攻撃からの保護作用を持った石です。瞑想中に深い平穏をもたらします。他のクリスタルと一緒に用いると、それらのヒーリング特性を強化します。

ヒーリング

胸腺と免疫系を強化します。

使い方

必要に応じて、手に持つか、身につけるか、または置いてください。

特定のオーラを持つクォーツ

それぞれが色に応じた独自の特性を持っていますが、表面に金を蒸着させていることから共通した特性も多く持っています。

レインボーオーラは、純粋なクォーツの上に金とチタンを蒸着させて作ったものです。身体のすべてのエネルギーセンターを活性化させ、生命力が様々な体を介して顕現するように道を開き、波動性のエネルギーと生きる力を呼び込みます。投影を示し、過去世からの恨みや哀しみのようなネガティブな感情を解放するのを助け、すべてのレベルにおける関係に深い洞察をもたらすことから、機能不全に陥った人間関係に有益です。現世での関係を妨害しているカルマ*の縛りを解放するのにも役立ちます。変化後の関係は活気があり調和がとれたものとなります。

オパール・アクアオーラは、プラチナを用いて作られたもので、より淡い虹色をしています。空の虹と同じように、希望と楽観を促進します。喜びのクリスタルでもあります。すべてのチャクラを浄化してバランスをとり、精妙体を肉体へ統合します。瞑想意識の深い状態へと導き、受け取った情報を肉体へとグラウンディングします。宇宙意識を介して神との完全な統合状態をもたらします。

ローズオーラはクォーツにプラチナを蒸着させて作られたもので、松果体と心臓のチャクラに働く動的なエネルギーをもたらし、深く根ざした疑いを自己信頼へと変化させます。自己に対する無条件の愛や普遍の愛の恵みをもたらします。全身に愛を吹き込み、細胞の完全なバランスを回復させます。

ルビーオーラもクォーツとプラチナから作られたものですが、他のものよりも濃い色をしています。基底のチャクラ*から過去の生存問題や侵害の痕跡を浄化し、情熱と活気をもたらし、心の智恵を活性化します。霊的に高揚させ、キリスト意識*へ導きます。攻撃や暴力から守る石です。ヒーリングでは、内分泌系に効果があり、真菌感染と寄生虫に対する天然の抗生物質の働きをします。

ルビーオーラ

サンシャインオーラは、金とプラチナを用いて作成した派手な黄色のクリスタルです。そのエネルギーは強力で、非常に活気があります。太陽神経叢を活性化して、浄化し、過去の情緒的トラウマや傷を開放します。霊的レベルでは、拡張性と保護作用があります。あらゆるレベルの便秘を解消し、毒素を排出します。

シベリアンブルー・オーラは、クォーツとコバルトを用いて実験室で再結晶させた青く輝くクリスタルです。強力な抗うつ作用があり、気分を高揚させ、深い静けさをもたらします。喉と第三の目のチャクラ*を活性化し、霊視やテレパシーの能力を刺激し、コミュニケーションを促進します。強烈な幻想体験をもたらし、宇宙意識へと導きます。あなたが真実を語るのを手助けし、あなたの話を聞いてもらえるように促します。エリキシルとして用いると、炎症、日焼け、首や筋肉の凝りを軽減します。

クォーツ：ファントムクォーツ（PHANTOM QUARTZ）

アメジスト　　　　　　　　　クロライト

色	無機質の種類によって様々な色がある。
外観	メインのクリスタルの内部にゴースト（像）様のクリスタルが存在。
希少性	簡単に入手可能。
産地	世界各地。

外見

メインのクリアークォーツに内包された、白または色のついた小さなゴースト（像）様のクリスタルです。

特性

普遍的な認識を象徴するクリスタルです。地球の癒しを刺激し、個々の治癒力の活性化を目的としています。その目的のために、スピリットガイド*と結びつき、瞑想を促進します。状況を過去と関連づけて理解するために、アカシックレコード*へアクセスし、過去世の情報を読み、抑圧された記憶を取り

戻すことを促します。また、あなたを生と生の間の状態*に導くこともできます。ヒーリングでは、聴覚障害に対処し、霊聴*能力を開きます。

アメジストファントムは生まれる前の状態*と現世における計画にアクセスします。現世で霊的な教えよってもたらされた進歩を評価する際に役に立ちます。

クロライトファントム（グリーン）は自己実現を助け、インプラントされたエネルギーを取り除くのを助けますが、この目的には、資格のあるクリスタル療法家の指導の下で用いるべきです。(p108のクロライトの項も参照。)

スモーキーファントムは、あなたが自分のソウルグループ*と別れる前の時点まで遡らせ、あなたをグループの転生の目的へ結びつけます。また、あなたのソウルグループのメンバーを特定し、引き寄せることを助けます。ネガティブなエネルギーがグループの目的に介入した場合、このクリスタルはそれらを取り除き、グループを元の純粋性へ連れ戻してくれます。

クリスタル図鑑

クォーツ：ローズクォーツ（ROSE QUARTZ）

原石

研磨したもの

色	ピンク。
外観	通常は半透明であるが、透明の場合もある。大小様々な大きさ。タンブル状の場合もある。
希少性	簡単に入手可能。
産地	南アフリカ、アメリカ合衆国、ブラジル、日本、インド、マダガスカル。

追加的な特性

　無条件の愛と無限の平和を象徴する石です。心臓および心臓のチャクラ*にとって最も重要なクリスタルで、愛の本質を教えます。あらゆるレベルの心を浄化し、開き、深い内面的な癒しと自己愛をもたらします。なだめ、安心させる働きがあり、トラウマや危機の際に使うと優れた効果があります。

　愛を引き寄せたい場合には、ロマンチックなローズクォーツ以外のものを探す必要はありません。ベッドのそば、または家の中の人間関係を象徴するコー

ナーに置くと、愛や人間関係を引き寄せるのに非常に効果的で、そのあまりに強力な効果を鎮めるためにアメジストを必要とすることも多いほどです。既に存在している関係では、信頼と調和を回復させ、無条件の愛を促進するでしょう。

　ネガティブなエネルギーを徐々に取り去って、愛に満ちた雰囲気に置き換えます。共感と感受性を強化して、必要な変化の受容を助けます。中年期の危機に優れた効果のある石です。ローズクォーツを手に持つと、ポジティブな自己肯定を促します。そして次に、あなたの意図を思い出させることができます。この美しい石はあらゆる種類の美に対する感受性を促進します。

　情緒面では、優れた癒し効果があります。予期せぬ感情や心痛を解放し、意味のなくなった情緒的な条件づけを変え、内面化された痛みを和らげ、剥奪を癒します。愛を受け入れたことのない人には、心を開いて愛を受け入れられるようにします。愛したけれど、失った場合には、その深い悲しみを慰めます。ローズクォーツは自分自身を愛する方法を教えますが、このことは、あなたがもし自分を愛を受け入れることのできない人間だと考えている場合には特に重要です。自分自身を愛さない限り、他者からの愛を受け入れたり、他者を愛することはできないのです。自己への許しと受容を促進し、自信や自尊心を呼び起こします。

ヒーリング

　身体の心臓と循環器系を強化し、体液から不純物を取り除きます。胸腺の上に置くと胸部と肺の問題に対処します。腎臓と副腎を癒し、めまいを軽減します。受胎力を高めると言われています。石またはエリキシルの状態で、火傷と水疱を鎮め、顔の皮膚をなめらかにします。アルツハイマー病、パーキンソン病、老人性痴呆症に有用です。

使い方

　身につけます。特に心臓の上に身につけると効果的です。心臓または胸腺の上に置くか、部屋の中の人間関係を象徴するコーナーに置いてください。

クォーツ：ルチルクォーツ（RUTILATED QUARTZ）

別名：エンジェルヘアー（ANGEL HAIR）

タンブル

色	金茶、赤味がかった、あるいは黒い針状の含有物を伴った無色または半透明。
外観	クリアークリスタルの内部に細長い針状の含有物。大小様々な大きさ。
希少性	簡単に入手可能。
産地	世界各地。

追加的な特性

　あらゆるレベルにおいてエネルギーを効果的に統合します。クォーツのエネルギーの勢いを強化し、波動を用いて非常に効果的に癒します。

　霊性面では、宇宙の光を完璧なバランスで有しており、魂のために光を照らし、霊的成長を促進すると言われています。オーラ*を浄化し、活性化します。アストラルトラベル*、水晶占い*、チャネリング*を助けます。最高次の霊的導きとの接触を促します。ネガティブなエネルギーを取り去り、霊的成長への障害を打破し、過去を手放すように促します。

　療法家やカウンセラーに有用な石ですが、これは、クライアントからのネガ

ティブなエネルギーを取り除き、同時に、感情を解放する間や心霊の負の側面と直面する間に自分自身のエネルギーの場を支援する働きがあるためです。サイキックアタック＊から保護します。

　過去世からのdis-ease＊を取り除き、過去世における出来事で現世に影響を与えているものに対する洞察を促すために、過去世のヒーリングに用いることができます。原因へアクセスし、以前の行動の結果を理解するために、中心となる世への移行を助けるのです。また、魂の学びと現世の計画につながっています。

　心理面では、問題の根本原因に到達し、移行と方向転換を促します。情緒面では、暗い雰囲気を和らげ、抗うつ薬のような働きをします。恐れ、恐怖症、不安を軽減し、圧迫を開放し、自己嫌悪に対応します。あらゆるレベルでの許しを促します。

　また、オーラに癒しを受け入れさせます。肉体面では、神経、筋肉、血液、腸管から水銀を吸収します。

ヒーリング

　生命力があり、慢性症状やインポテンツ、不妊に有用です。消耗やエネルギー欠乏に大変効果があります。気道や気管支炎に対処し、甲状腺のバランスをとり、寄生虫を除去します。成長と細胞の再生を刺激し、損傷を受けた組織を修復します。直立姿勢を促すと言われています。

使い方

　甲状腺には首、胸腺には心臓、エネルギーには太陽神経叢、バランスと調整には耳が適しています。オーラの上を掃くように動かしてネガティブな要素を取り去ってください。

クリスタル図鑑

クォーツ：スモーキークォーツ（SMOKY QUARTZ）

タンブル

天然のポイント

色	茶色がかった色から黒味を帯びた色。黄色みがかった色の場合もある。
外観	半透明で長い。端の方が色が濃いポイントクリスタル。大小様々な大きさ。（注：非常に色の濃いクォーツは人工的に放射線照射されている場合があり、透明ではない。）
希少性	簡単に入手可能であるが、入手時には天然スモーキークォーツであることを確認すること。
産地	世界各地。

追加的な特性

　グラウンディングと固定を最も効果的に行う石の一つで、瞑想中に波動を高める働きもあります。保護作用のある石で、大地および基底のチャクラ*とつながる糸を持ち、環境や環境上の問題解決への関心を促進します。ストレス解消に素晴らしい効果があります。困難に落ち着いて耐え、決意を固めるのを助けます。

　霊的なエネルギーをグラウンディングし、ネガティブな波動を徐々に無効化します。ジオパシックストレス*を遮断し、電磁スモッグを吸収し、あらゆるレベルの排出と解毒を助けます。ポジティブな波動で空間を満たします。もはや役に立たなくなったものを手放す方法を教えます。地球のエネルギーが乱れた区域にいる時に、足の下にある大地のチャクラとそのグラウンディングコード*を保護するために使うことができます。

　心理面では、恐れを和らげ、抑うつ気分を高揚させ、心の平静さをもたらします。自殺傾向と、転生した存在であることに対する葛藤を軽減します。肉体と性的性質の受容を助け、男性性を高め、基底のチャクラを浄化して情熱が自然に流れるようにします。悪夢を和らげ、あなたの夢を示します。ネガティブな感情と接触することになった時には、徐々にその感情を解消します。

　精神面では、ポジティブで実用的な思考を促進します。また、水晶占いに用いると、明快な洞察を与え、失敗への不安を中和することができます。矛盾やコミュニケーションの困難を解消します。心がアルファ状態とベータ状態を行き来するのを促し、瞑想のために心から雑念を払うのを助けます。

　肉体面では、自然に放射線を浴びていることが多いため、放射線関連の疾患または化学療法への対処に優れた効果があります。しかし、人工的な放射線照射によって処理されたものではなく、微量の放射線によって自然に形成されたものを選ぶように注意すべきです（人工的に処理されたものは、通常非常に黒く不透明です）。リラックス作用があるスモーキークォーツの助けによって、ストレスへの耐性が大いに改善されます。また、この石には鎮痛作用もあります。ヒーリングでは、ゆっくりとエネルギーを放出する性質のあるスモーキークォーツを、ポイント部分が身体から外に向くように置くと、ヒーリングクラ

イシスが起こるのを防ぐことができます。

ヒーリング

腹部、腰部、脚によくみられる不調に特に有効です。頭痛を含む痛みを和らげ、生殖器系、筋肉組織、神経組織、心臓に効果をもたらします。痙攣を解消し、背部を強化し、神経を補強します。ミネラルの吸収を助け、体液を調整します。

使い方

どこにでも使えますが、特に基底のチャクラに効果があります。枕の下、電話のそば、またはジオパシックストレスの線上に置いてください。ペンダントとして長時間身につけてください。ストレスを一掃するには、両手に1個ずつ石を置き、しばらくの間静かに座ってください。痛みを解消するには、痛む部位の上に置きます。ネガティブなエネルギーを取り去るにはポイントを身体から外側に向けて、エネルギーを呼び込むには内側に向けて置いてください。

スモーキークォーツ：
左のものは人工的に光を当てたもの

クォーツ：スノークォーツ（SNOW QUARTZ）

別名：ミルククォーツ（MILK QUARTZ）、クォーザイト（QUARTZITE）

タンブル

色	白。
外観	固く目が詰まり、乳白色。水によって浸食されたペブル状のことが多いが、大きなボルダー（玉石）のこともある。
希少性	簡単に入手可能。
産地	世界各地。

追加的な特性

　教訓を学ぶことを支援し、圧倒的なまでの責任や限界を手放すのを助けます。実際には自分が必要とされていると感じたいがために自分で状況を作り出しているにもかかわらず、不当に扱われているように感じる人々に最適な石です。犠牲的精神や被害者意識を克服出来ます。

　精神面では、機転と協力を促進します。よく考えてから発言するのを助けます。瞑想で用いると、かつてあなた自身と社会が否定した深い内なる叡智へ結びつきます。

ヒーリング

　クリアークォーツを使う部分すべてに適しています。クリアークォーツよりは、ゆっくりかつ穏やかに作用しますが、効果はあります。

使い方　必要に応じてどこにでも使えます。

クォーツ:トルマリンクォーツ(TOURMALINATED QUARTZ)

タンブル

色	透明な石に濃色の針状含有物を伴う。
外観	クリアークリスタルの内部に長く太く濃色の針状含有物。大小様々な大きさ。
希少性	簡単に入手可能。
産地	世界各地。

追加的な特性

クォーツとトルマリンの特性を合わせ持っています。グラウンディングに効果的な石で、身体のエネルギーの場を外的な侵害に備えて強化し、有害な環境影響をそらします。結晶パターンを分解し、あらゆるレベルの緊張を解放します。共通点がない反対の要素や正反対のものを調和させ、ネガティブな思考やエネルギーをポジティブなものに変えます。心理面では、影のエネルギーの統合と癒しを助け、自己破壊性を軽減します。問題を効果的に解決します。

ヒーリング

経絡*、精妙体*、チャクラ*を調和させます。

使い方

必要に応じて置いてください。

ロードクロサイト（RHODOCHROSITE）

研磨したもの　　　　　原石　　　　　タンブル

色	ピンクからオレンジ。
外観	縞模様がある。大小様々な大きさ。研磨されていたりタンブル状のことが多い。
希少性	簡単に入手可能。
産地	アメリカ合衆国、南アフリカ、ロシア、アルゼンチン、ウルグアイ。

特性

　無私の愛と思いやりを象徴する石です。意識を拡張し、霊的なエネルギーと物質的なエネルギーを統合します。ダイナミックで積極的な姿勢をもたらします。

　心と人間関係に優れた石で、愛されていないと感じる人々に特に効です。性的虐待の癒しに極めて優れた効果を持ちます。ソウルメートを引きつけますが、これはあなたが望んでいるような至福の経験ではないかもしれません。ソウルメートは、人生において私たちが教訓を学ぶのを助け、常に快適ではないものの、それは私たちのより良い善のためになります。苦しい感情を止めることなく吸収することを心に教え、拒絶を取り除きます。

　この石は太陽神経叢と基底のチャクラ*を浄化します。苦しい感情や抑圧さ

れた感情を徐々に表面化し、それを認識させた上で、感情の解放を通して分散させます。次に、進行中のパターンの特定を助け、経験の裏にある目的を示します。真実やあなた自身、他者との直面を、弁解したり回避することなく、しかし愛に満ちた認識と共に、実行することを強く促します。

　心理面での診断に有用です。この石に嫌悪感を抱いている人々は、自己の中に認めたくない何かを抑えているのです。この石は、不合理な恐れや妄想への直面を促し、信じるように教えられてきた感情が受け入れがたいということは自然であると示します。それによって、彼らがものごとを否定的に見る度合いが減ります。心理面では、自尊心を向上し、情緒的ストレスを和らげます。

　精神面では活気づける効果があります。積極的な態度を促進し、夢見状態や創造力を高めます。あなたを高次の心へ結びつけ、新たな情報を統合するのを助けます。

　情緒面では、情熱や性的な衝動も含めた感情の自発的な表現を促します。沈滞した雰囲気を高揚させ、人生に明るさをもたらします。

ヒーリング

　刺激物のフィルタとして作用し、喘息や呼吸器の問題を軽減します。循環器系や腎臓を浄化し、低下した視力を回復し、血圧を正常化させ、心拍を安定させ、生殖器を活性化させます。血管を拡張させることから片頭痛を和らげます。エリキシルは、感染症を和らげ、皮膚を改善し、甲状腺のバランスをとります。

使い方

　手首の上に身につけるか、または心臓もしくは太陽神経叢の上に置いてください。片頭痛には背骨の最上部に置きます。

ロードナイト (RHODONITE)

タンブル　　　　　　　　　原石

色	ピンクまたは赤。
外観	斑紋入り。黒い斑点があることが多い。小さくタンブル状のことが多い。
希少性	簡単に入手可能。
産地	スペイン、ロシア、スウェーデン、ドイツ、メキシコ、ブラジル。

特性

　情緒のバランスをとる働きがあり、愛を育み、人類の兄弟愛を促進します。問題の両面を示す力を持っています。心臓と心臓のチャクラ*を刺激し、浄化し、活性化します。エネルギーをグラウンディングし、陰陽のバランスをとり、最高の可能性の達成を助けます。魂をより波動と密接に協調させることによって、マントラを唱える瞑想を促進すると言われています。

　「応急手当の石」として有用で、情緒的なショックやパニックを癒し、それら

のプロセスの間、魂に対して支持的なエネルギーを与えます。情緒的な自己破壊や共依存性がある場合に非常に有用です。発生時点を問わず、過去の心の傷や傷跡がある場合に非常に有用で、うずくような恨みや怒りのような苦しい感情を持ち出して変化させます。許しと強く共鳴し、長期的な痛みや虐待の後での和解を助けます。また、裏切りや放棄に対応するために、過去世の癒しにも使うことができます。利己的ではない自己愛と許しを促す力があり、本当は自分自身の内部にあるものをパートナーのせいにする考えを撤回するのを助けます。

侮辱を追い返し、報復を防ぐために有用な石です。復讐は自己破壊的であることを認識し、危険や混乱した状態にあっても冷静さを保つことを促します。

身体のエネルギーと精神のエネルギーのバランスをとり、統合します。信頼を高め、混乱を軽減します。

ヒーリング

傷の治癒効果に優れており、虫刺されも和らげます。瘢痕化を和らげることができます。骨の成長と聴覚器官の振動の微調整に良い影響を与え、受胎力を刺激します。気腫、関節の炎症、関節炎、自己免疫疾患、胃潰瘍、多発性硬化症に効果があります。ショックやトラウマの緊急治療にはエリキシルを用いてください。

使い方

必要に応じて置いてください。心の傷には心臓の上に、外傷もしくは体内の傷には皮膚の上に置きます。

ジェムロードナイトは松果体を活性化し、直観の導きをもたらします。チャクラを調整し、閉塞を取り除いてチャクラのエネルギーの流れを浄化します。柔らかなピンク色の光は情緒的なヒーリングの支援に特に適しています。

ライオライト(RHYOLITE)

原石

研磨し成形したもの

色	白、緑、薄い灰色、赤。
外観	結晶のインクルージョンによる縞模様または斑点。大小様々な大きさ。タンブル状であることが多い。
希少性	専門店で入手可能。成形され研磨されていることが多い。
産地	オーストラリア、メキシコ、アメリカ合衆国。

特性

　魂の可能性と創造力に点火します。強制することなく変化を促し、探究の遂行を助け、魂のレベルでの理解を促進します。カルマ*の叡智へアクセスすることができます。魂、肉体、心を強化し、自己を完全に探究しようとする際に非常に有用です。

　深い瞑想を促進し、それによって内なる旅と外なる旅を可能にします。

　過去世の癒しに有用な石で、過去を処理して現在に統合します。困難の発

生源があるあったかもしれない場所であっても、ものごとを解決策に導き、積極的に前進を促します。過去を振り返るのではなく、今現在にあなたを結びつけておくのに優れた石です。

　心理面では、自尊心と自負心を促進します。自己尊重感と本当の自己の受容をもたらします。

　精神面では、人生における挑戦に対し落ち着いて対処できる力を与え、自己の力に対する認識をもたらします。

　情緒面では、バランスをとる効果があり、必要に応じて感情を解放することを徐々に促します。

ヒーリング

　身体に自然に備わった抵抗力を強化します。血管、発疹、皮膚疾患、感染症に有効で、ビタミンBの吸収を改善します。腎臓結石や硬化した皮膚を分解することができます。エリキシルとして用いると、筋肉の正常な緊張を強化し改善します。

使い方

　必要に応じて身につけるか、置いてください。過去世への退行には額の上（熟練した療法家の指導の下で行うこと）、感情を解放するには太陽神経叢の上に置きます。

ルビー（RUBY）

原石　　　　　　　　　研磨したもの

色	赤。
外観	研磨されると輝きがあり透明、未研磨では不透明。小さいファセット加工された結晶、または大きな半透明な石片。
希少性	未加工のルビーは簡単に入手可能。 研磨された宝石は高価。
産地	インド、マダガスカル、ロシア、スリランカ、カンボジア、ケニア、メキシコ。

特性

　エネルギーに対して優れた働きを持つ石です。人生に活力を与え、活気とバランスをもたらしますが、繊細な人や敏感な人にはその刺激が強すぎる場合もあります。一生にわたる情熱を促進しますが、決して自己破壊的な方法をとることはありません。動機づけと現実的な目標の設定を改善します。

　心臓のチャクラ*を刺激し、心のバランスをとります。「至福に身を委ねる」

ように促します。サイキックアタック*や心臓のエネルギーのバンピリズム（訳注：エネルギーを吸収されること）に対し強力な保護作用を持ちます。ポジティブな夢と明確な視覚化を促進し、松果体を刺激します。豊かさを象徴する石の一つで、富と情熱の維持を助けます。

　心理面では、怒りまたはネガティブなエネルギーを表面化させて変化させ、あなたの進む道からあらゆるネガティブな要素を取り除くよう促します。ダイナミックな指導力を促進します。

　精神面では、積極的で勇気のある精神状態をもたらします。ルビーの影響下では、高揚した意識と優れた集中力によって精神は鋭敏になります。保護作用があることから、論争や議論の際にあなたを強気にさせます。

　情緒面では、ダイナミックに働きます。情熱を充電し、熱意を燃え上がらせます。社交性に作用する石で、性的活動を引き寄せます。

　肉体面では、極度の疲労や無気力を克服し、精力と活力をもたらします。一方で、活動過剰を鎮める働きもあります。

ヒーリング

　身体、血液、リンパを解毒し、発熱、感染性疾患、制限された血流を改善します。心臓と循環器系に非常に有益です。副腎、腎臓、生殖器、脾臓を刺激します。

使い方

　心臓、指、くるぶしにあてます。

コンビネーションクリスタル

ルビー・イン・ゾイサイト（アニョライト） は宝冠のチャクラを活性化し、変性意識状態をもたらし、魂の記憶と霊的な学びへのアクセスを促します。魂の癒しと過去世のワークに非常に有用な場合があります。個性を促進すると同時に他者との相互関係を維持するという独特の性質を持っています。身体のまわりの生体磁場を強力に増幅します。

ルビー・イン・ゾイサイト

サファイア（SAPPHIRE）

ブラック
（研磨したもの）

ブラック（原石）

色	青、黄、緑、黒、紫。
外観	研磨されると輝きがあり透明、未研磨では不透明。小さいか、または大きな半透明の石片であることが多い。
希少性	ある種の色のサファイアは希少であるが、たいていは未加工石として簡単に入手可能。
産地	ミャンマー、チェコ共和国、ブラジル、ケニア、インド、オーストラリア、スリランカ。

特性

叡智の石として知られており、それぞれの色が独自の叡智を持っています。精神を集中して心を落ち着かせ、好ましからざる思考と精神的緊張を解放します。心の平穏と静けさをもたらし、肉体、精神、霊性を協調させて身体のバランスを回復します。

抑うつと霊的な混乱を解放し、集中力を刺激します。繁栄をもたらし、あらゆる種類の恵みを引き寄せます。喉の上に置くと、欲求不満を解放し、自己表現を促します。

ヒーリング

身体の器官系の機能亢進を鎮め、腺の働きを調整します。目を癒し、不純物やストレスを取り除きます。血管疾患に対処し、過剰な出血を鎮め、血管を強化し、血管の弾力性を改善します。

使い方

身体に触れるように置きます。指につけるか、必要に応じて置いてください。

特殊な色

一般的な特性に加えて、以下のような色のものは追加的な特性を持ちます：

ブラックサファイアは、保護作用があり、センタリングを促します。自分の直観に自信を持たせます。就職の見込みを高め、職を維持するのに役立ちます。

ブルーサファイアは、霊的な真実を求める石で、伝統的に愛と純粋性に結びつけられています。地球とチャクラ*のヒーリングに非常に効果があります。この穏やかな石は、あなたが霊的な道に留まるのを助け、シャーマンの儀式ではネガティブなエネルギーの変換に用いられます。喉のチャクラを開いて癒し、甲状腺を癒し、自己表現を促進し、真実を語ることを促します。

ブルーサファイア

クリスタル図鑑

グリーン
サファイア

グリーンサファイアは、内なる目と外なる目の両方の視力を改善し、夢を思い出しやすくします。心臓のチャクラを刺激し、誠実さ、忠実さ、高潔さをもたらします。思いやりの心を高め、他者の弱さと特性への理解を深めます。他者の信念への信頼と尊敬を重んじます。

ピンクサファイアは、あなたの発展のために必要なすべてのものを、生活に引きつける磁石の働きをします。即効性のある石で、感情を克服することを教え、塞いだ気持ちを取り払い、変換されたエネルギーを統合します。

パープルサファイアは目覚めさせる石です。瞑想に有用で、クンダリーニ*の上昇と宝冠のチャクラを刺激し、霊性を目覚めさせます。霊的能力と関連している松果体を活性化させ、幻想に関する特性を刺激します。情緒不安定に対し非常に強い鎮静作用があります。

ロイヤルサファイアは、チャクラからネガティブなエネルギーを取り除き、成長のための情報にアクセスするために第三の目*を刺激します。この石は自分の思考と感覚への責任を教えてくれます。難読症を含む脳障害に対処します。

スターサファイアは、その奥に五芒星の形を持っています。この希少な石は、あなたをその奥へと引き込み、直観を目覚めさせます。思考のセンタリングをもたらし、他者の意図の予測を助けます。地球外生物とコンタクトすると言われています。

ホワイトサファイアは、非常に純粋なエネルギーを持っています。宝冠のチャクラを開き、霊的な気づきを非常に高次の空間へと導き、宇宙意識*を目覚めさせます。保護作用が極めて強く、霊的な道への障害物を取り除きます。自分の可能性と人生の目的にアクセスする際に有用です。

イエローサファイアは、家に富を引き寄せるため、現金箱の中に入れてさらなる繁栄を手に入れ、収入を増やすことができます。身につける場合は、身体と接するようにしてください。知性を刺激し、全体的な焦点合わせを改善し、より大局的な展望が描けるようにします。エリキシルとして用いると、身体から毒素を取り除きます。

イエロー
サファイア

サードオニキス（SARDONYX）

ブラック（タンブル）

ブラックと赤味がかった
ブラウン（タンブル）

色	黒、赤、茶、透明。
外観	縞模様があり不透明。大きいものも小さいものもあり、タンブル状のことが多い。
希少性	専門店で簡単に入手可能。
産地	ブラジル、インド、ロシア、小アジア（トルコの一部）。

特性

　力と保護の石です。意義のある生活への探究を促し、高潔さと徳行を高めます。

　結婚生活やパートナーシップに永続的な幸福と安定性をもたらし、友情と幸運を引き寄せます。犯罪を防止するために家や庭のまわりにグリッディングすることができます。（各コーナー、扉や窓に一つずつ置くこともできますが、ダウジングによって適した場所を正確に知るとより効果的です（p374参照）。）

心理面では、意志力を補い、性格を強化します。スタミナや活力、自制力を強化します。抑うつを軽減し、ためらいを克服します。精神面では、認識力を改善し、浸透のプロセスと情報の処理を助けます。

ヒーリング

肺と骨を癒し、感覚器官の感度を回復します。体液と細胞の代謝を調整し、免疫系を強化し、栄養素の吸収と老廃物の排泄を助けます。

使い方

どこにでも使えますが、特に胃の上に置くと効果的です。

特殊な色

一般的な特性に加えて、以下のような色のものは追加的な特性を持ちます：

ブラック・サードオニキスはネガティブな要素を吸収します。

ブラウン・サードオニキスは
エネルギーをグラウンディングします。

クリアー・サードオニキスは
浄化します。

レッド・サードオニキスは
刺激します。

レッド・サードオニキス

クリスタル図鑑

セレナイト(SELENITE)

別名：サテンスパー(SATIN SPAR)、デザートローズ(DESERT ROSE)

エッグ

ゲートウェイのあるピラー

ホワイト・サテンスパー

オレンジ-ブラウン

色	純白、オレンジ、青、茶、緑。
外観	半透明で、細かい筋（サテンスパー）もしくは粗い筋、またはフィッシュテールを伴う、あるいは花弁様（デザートローズ）の結晶。
希少性	簡単に入手可能。
産地	アメリカ合衆国、メキシコ、ロシア、オーストリア、ギリシャ、ポーランド、ドイツ、フランス、英国。

特性

半透明で、非常に高い波動を持ち、精神を明晰にし、宝冠と高次の宝冠のチャクラ*を開き、天使の意識と高次の導きへアクセスします。純粋なセレナイトはライトボディ*に接続しており、ライトボディを地球の波動に結びつけるのを助けます。

平穏さを持った石で、深い静けさをもたらし、瞑想や霊的ワークに優れた効果があります。各人が純粋な波動を持つセレナイトを一つずつ持っていると、テレパシーが促進されます。最も純粋な半透明の白いセレナイトはエーテル界の特性を持っており、光と物質の間に存在すると言われています。古代の石であるにも関わらず、地球の新たな波動に対し最も強力に働きかけるクリスタルの一つです。

家のまわりに保護用のグリッド*を形成するために使うことができ、外的な影響の侵入を許さない、安全で静かな空間を作り出します。家の中のコーナーに置いてください。家の中に大型のセレナイトを置くと、必ず穏やかな雰囲気が生まれます。セレナイトのワンドは、オーラ*から心霊体を取り除いたり、外的なものが心に影響を及ぼすのを防ぐために使うことができます。

世界中で起こったすべてのことを刻みつけて他の世へ到達し、生と生の間の状態*からの進歩の確認と、現世の設計図へのアクセスに非常に有用です。まだ取り組みが続いている教訓や問題を正確に指摘し、最善の解決法を教えます。未来を見たり、過去に起こったことを確認するために、水晶占い*に用いることができます。

心理面では、判断と洞察を助けます。精神面では、混乱を解消し、状況のより深い理解を助けます。潜在意識レベルで起こっていたことに対する意識的理解をもたらします。不安定な感情の分散と安定に強力に作用します。

ヒーリング

脊柱を調整し、柔軟性を高めます。てんかん発作を防ぎます。歯科治療用のアマルガムによる水銀中毒を解毒し、フリーラジカルの影響を元に戻します。授乳や子育てに優れた効果があります。最も優れたヒーリングはエネル

ギーレベルで生じます。

使い方

手に持つか、家の中もしくはまわりに置きます。（注意：セレナイトは濡れると溶けます。）

特殊な色

一般的な特性に加えて、以下のような色のものは追加的な特性を持ちます：

オレンジ-ブラウン・セレナイトは天使のエネルギーを大地に流し、地球のヒーリングを助けます。

ブルーセレナイトを第三の目の上に置くと、知性の働きを静めて、瞑想中に心のざわめきを止めるのを助け、問題の核心を急速に明らかにさせます。

グリーンセレナイトは至高の善のための行動を支援します。自分自身に満足させ、加齢が皮膚や骨格に与える影響を克服するのを助けます。

ブルーセレナイト

グリーンセレナイト

クリスタル図鑑

フィッシュテール・セレナイト

フィッシュテール・セレナイトは神経に対して深い癒しをもたらします。感情に対する鎮静作用と安定作用が非常に強く、緊張を緩和します。天使とのコンタクトを促進することから、この形のセレナイトは「天使の羽のセレナイト」とよく呼ばれます。

デザートローズ・セレナイト

デザートローズ・セレナイトは、あまりにも長い間続いている、自ら課したプログラムを解消させるのを助けます。そのプログラムを放棄させて、適切な代替プログラムを見つけるのを助けます。目的の確認を強化するのに使うことができます。

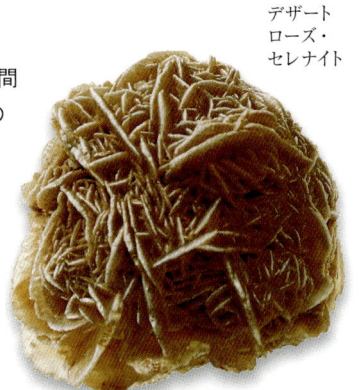

セラフィナイト（SERAPHINITE）

別名：セラフィナ（SERAFINE）

研磨したスライス

色	緑。
外観	濃色の石の中に銀色の羽様の結晶。小さく研磨されていることが多い。
希少性	専門店で入手可能。
産地	シベリア。

特性

　第三の目*の上に置くか、または一緒に瞑想を行うと、霊的な悟りが得られ、セルフヒーリングを行うのに優れた働きがあります。天使との接触や、宝冠と

高次の宝冠のチャクラ*を開くためのクリスタルの一つです。心を込めて生活することを促し、心臓のチャクラを徐々に浄化して愛を開く効果があります。

セラフィナイトのふわふわした翼状の模様は、あなたを高い霊的波動へと導き、幽体離脱の旅に非常に効果的で、あなたの魂が旅している間の肉体を守ります。人生の進歩を評価したり、平穏と満足を求める過程の中であなたに必要とされる変化を特定する際に助けとなります。

ヒーリング

精妙エネルギーレベルに最もよく作用します。脊髄とそのエーテル体*とのつながりを活性化し、特に心臓の裏側に効果があり、首にかけての筋肉の緊張を解消することができます。冷えを克服し、体重減少の促進に有益です。

使い方

第三の目もしくは心臓の上、または枕の下に置くか、首のまわりに身につけます。

(p108のクロライトの項も参照。)

サーペンティン（SERPENTINE）

原石

色	赤、緑、茶色がかった赤、茶色がかった黄、黒味がかった緑、白。
外観	2色からなる斑紋入り。水によって浸食されていることがあり、多くは研磨されている。大小様々な大きさ。
希少性	専門店で簡単に入手可能。
産地	英国（コーンウォール）、ノルウェー、ロシア、ジンバブエ、イタリア、アメリカ合衆国。

特性

地球に接続させる石で、瞑想や霊的探究を助けます。チャクラ*を浄化し、宝冠のチャクラを刺激し、霊的能力を開いて人生における霊的基盤への理解を助けます。クンダリーニ*のエネルギーの上昇への新たな道を開きます。叡智の回復を助け、過去世の記憶を取り戻します。

　心理面では、自分の人生をコントロールしている実感を強める助けをします。精神と感情のアンバランスを是正し、ヒーリングエネルギーを問題のある領域へ意識的に向けるのを助けます。

　肉体面では、身体と血液に対して非常に強い浄化作用と解毒作用があります。長寿を保証すると言われています。

ヒーリング

寄生虫を駆除し、カルシウムとマグネシウムの吸収を助け、低血糖と糖尿病に対処します。

使い方

手に持つか、適切な場所に置きます。

インフィニットストーン（ライトグリーン・サーペンティン） は、穏やかで優しい性質の石で、あなたが天使の導きとコンタクトできるようにしてくれます。過去、現在、未来にアクセスして統合させる働きを持ちます。また、自分自身と自分が通り過ぎてきたことに対する思いやりと許しを促すことから、過去世の探検にも最適な石です。石を手に持つと、生と生の間の状態*に存在する癒しの領域へとあなたを導き、前世が終わった後に行われることのなかった癒しを完了させることができます。

　この石は過去世からのアンバランスを癒し、以前の関係からの感情的な荷物を取り払います。喉の上に置くと、過去世について語り、現世にまで持ち越された問題の解決を助けます。出会いに穏やかな雰囲気をもたらすことができるため、過去に関係する誰かと向き合いたい場合にはこの石を使ってください。

　優れた鎮痛効果があり、特に月経痛や筋肉の様々な痛みに効果があります。

インフィニットストーン

シャッタカイト(SHATTUCKITE)

タンブル

色	濃色と淡色の青、明るい青緑。
外観	斑紋入り。小さくタンブル状のことが多い。
希少性	専門店で入手可能。
産地	アメリカ合衆国。

特性

　非常に霊的な特性の強い石で、波動を高めます。第三の目*と喉のチャクラ*を刺激し、これらを調和し、協調させます。明瞭な霊視能力をもたらし、見たものに対する理解と伝達を助けます。過去世での経験が形而上学的能力を閉ざしている場合に特に有用で、催眠コマンドや霊視能力の使用禁止命令を取り除きます。過去世の呪いや秘密保持の命令を取り除くことができます。

　非常に保護作用が強く、心霊体を肉体に乗り移らせないことから、チャネリング*の際に有用です。高い波動に到達し、最も純粋な源へのコンタクトを可能にします。自動書記*やテレパシーなどの心霊能力を開発し、地球外との明瞭なコミュニケーションを促すために使うことができます。

ヒーリング

あらゆる健康上の軽い不調に有効で、身体のバランスを穏やかに回復させます。エリキシルは全身強壮剤として有用で、特に春に効果があります。扁桃炎に対処し、血液の凝固特性を増強し、細胞間構造から閉塞を取り除きます。

使い方

必要に応じて置いてください。

スミソナイト（SMITHSONITE）

ブルー-グリーン

ピンク

色	ピンク、ラベンダー、緑、青緑、紫、茶、黄、白味がかった灰色、青。
外観	真珠様の光沢、滑らかなブドウの房状の結晶が重なっているように見える。大小様々な大きさ。
希少性	簡単に入手可能。
産地	アメリカ合衆国、オーストラリア、ギリシャ、イタリア、メキシコ、ナミビア。

特性

　静寂や魅力、思いやり、好ましい結果をもたらす石です。非常に穏やかな外観をしており、人生の問題に対する緩衝装置の働きをします。ほとんど限界点に達したストレスを解消し、神経衰弱を軽減するのに完璧な効果があります。

　困難な幼少期を過ごした人や、愛されていないと感じたり、望まれていない

と感じた人に最適な石です。インナーチャイルド（内なる子供）＊を癒し、精神的虐待や乱用の影響を軽減します。穏やかに作用し、心の傷を微妙に解消します。その効果は、傷ついた心が解放されることでよりも、むしろ気分が良くなることによって気づくことができます。意識的な認識をもたらすには、他のクリスタルの助けを必要とする可能性があります。誕生と再生に素晴らしい効果のあるクリスタルで、不妊に対処することができます。

　チャクラ＊を調整し、心霊能力を強化します。霊的コミュニケーションの際にスミソナイトを手に持っていると、その石が有効であるか無効であるかを直観的に気づかせてくれます。宝冠のチャクラの上に置くと、天使の領域＊へ接続します。

　心理面では、指導者としての資質を助け、特に如才なさが必要とされる場合に効果があります。情緒面では、困難な関係を助けます。安定したバランスのとれた人生のために優れた効果を持ち、調和と外交力をもたらし、不快な状況を改善します。肉体面では、免疫系に優れた効果を持ち、ベッドの四隅へグリッディングし、一つは枕の下かサイドテーブルの上に置くことができます。ブラッドストーンまたはグリーントルマリンと一緒に胸腺の上にテープで貼付すると特に効果的です。

ヒーリング

　免疫系の機能障害、副鼻腔や消化器疾患、骨粗鬆症、アルコール依存症を癒します。血管と筋肉の弾力性を回復します。

使い方

　必要に応じて置くか、常に持ち歩いてください。チャクラを調整するには頭の天辺におきます。ピンクのスミソナイトを心臓または胸腺の上に置いてください。ベッドまたは身体のまわりにグリッド＊します。

特殊な色

一般的な特性に加えて、以下のような色のものは追加的な特性を持ちます:

ブルー-グリーン・スミソナイトは、宇宙の普遍の愛をもたらすことによって心の傷やその他の傷を癒します。怒り、恐れ、痛みをそっと解き放ち、エーテル体と情緒体の間のエネルギーの場のバランスをとり、パニック発作を和らげ、心の欲求の達成を助け、友情を促進します。また、助産術や育児にとって幸運な石です。

ラベンダー-バイオレット・スミソナイトは、非常に穏やかな波動を持ちます。ネガティブなエネルギーを取り払い、喜びに満ちた霊的奉仕と高次の意識状態を促し、導きと守りをもたらします。瞑想と魂の奪還*に最適な石で、過去世における死から移行しなかった、魂のエネルギーを取り戻すために、過去世への退行を促します。この点において、この石は過去世の死のトラウマを癒し、魂が癒される方法を示すことができるのです。肉体面では、神経痛と炎症を鎮めます。

ラベンダー-ピンク・スミソナイトは、非常に愛にあふれた波動を持ちます。心臓を癒し、放棄や虐待の経験を癒し、信頼感と安心感を取り戻します。宇宙によって愛され、支えられているという感覚を助け、回復と鎮痛に効果があります。薬物やアルコールの問題とそれらの根底にある感情を和らげる助けをします。

イエロースミソナイトは、太陽神経叢のチャクラ*と精神体のバランスをとります。過去の傷と必要でなくなった感情パターンを開放します。ヒーリングでは、消化と栄養素の吸収を助け、皮膚の問題を軽減します。

ソーダライト（SODALITE）

原石

タンブル

色	青。
外観	濃色と淡色の青および白が斑紋状になっている。タンブル状のことが多い。大小様々な大きさ。
希少性	簡単に入手可能。
産地	アメリカ合衆国、フランス、ブラジル、グリーンランド、ロシア、ミャンマー、ルーマニア。

特性

　論理と直観を結びつけ、霊的な認識力を開き、高次の意識からの情報を肉体レベルまで導きます。松果体と第三の目を刺激し、瞑想を深めます。ソーダライトによって強化された瞑想では、自分で気づいた状況を理解するために心を使います。真実や理想を求める意欲をもたらし、自己に対して忠実でいることや自分の信念を守ることを可能にします。

　電磁波汚染を取り除くことから、コンピュータの上に置くと電磁波の放出を

遮断することができます。「シックビル症候群」*や電磁スモッグ*に敏感な人々に有用です。

　調和と目的の一致をもたらすことから、グループでの作業に特に有用です。グループのメンバー間の信頼と仲間意識を刺激し、相互依存関係を促進します。

　心に優れた作用を持ち、精神的な混乱と知的束縛を解消します。合理的思考、客観性、真実、直観的理解を高めると共に、言葉による感情表現を促進します。心を鎮めることによって、新たな情報の受け取りを可能にします。過去の精神的条件づけや厳格な固定観念の解放を刺激し、新たな洞察を実践するための空間を作り出します。

　心理面では、情緒のバランスをもたらし、パニック発作を和らげます。防衛的または神経過敏な性格を変化させ、心の底にある恐れ、恐怖症、罪悪感、さらに本当の自分でいることを阻んでいるコントロール機構を解放させます。自尊心、自己受容、自己信頼を高めます。影の性質を表面化させて判断することなく受け入れさせる作用を持つ石の一つです。

ヒーリング

　代謝バランスを整え、カルシウム不足を克服し、リンパ系と器官を浄化し、免疫系を活性化します。放射線障害と不眠を克服します。喉、声帯、喉頭の治療に役立ち、嗄声と消化器疾患に有効です。熱を下げ、血圧を下げ、身体への水分吸収を刺激します。

使い方

　必要に応じて置くか、長時間身につけてください。

スピネル (SPINEL)

母岩上のレッドスピネル

色	無色、白、赤、青、すみれ色、黒、緑、黄、オレンジ、茶。
外観	小さく、ターミネーションを持った結晶、またはタンブル状のペブル。
希少性	簡単に入手可能。
産地	インド、カナダ、スリランカ、ミャンマー。

特性

　美しいクリスタルで、エネルギーの更新や、困難な状況における励まし、若返りに関連しています。チャクラ*を開き、クンダリーニ*のエネルギーが脊椎を上昇するのを促します。様々な色のスピネルはすべてのチャクラの領域に関連しています。

　心理面では、性格のポジティブな側面を強調します。成功を助け、さらにそれを謙虚に受け入れることを助けます。

使い方

　必要に応じて、チャクラの上に置くか、身につけることができます。

特殊な色

　一般的な特性に加えて、以下のような色のものは追加的な特性を持ちます：

ブラックスピネルは、物質的な問題に洞察をもたらし、継続するスタミナを与えてくれます。この色は保護作用があり、エネルギーを流してクンダリーニの上昇のバランスをとります。

ブルースピネルは、コミュニケーションとチャネリングを刺激します。性欲を静め、喉のチャクラ*を開き、調整します。

ブラウンスピネルは、オーラ*を浄化し、肉体とのつながりをもたせます。大地のチャクラを開いてグラウンディングさせます。

無色スピネルは、神秘性と高次のコミュニケーションを刺激します。肉体のチャクラをエーテル体の宝冠のチャクラに結びつけ、洞察と悟りを促します。

グリーンスピネルは、愛、思いやり、親切心を刺激します。心臓のチャクラを開き、調整します。

オレンジスピネルは、想像力と洞察を刺激し、情緒のバランスをとり、不妊に対処します。臍のチャクラを開き、調整します。

レッドスピネルは、身体の活力を刺激して強化します。クンダリーニ*を高揚させ、基底のチャクラを開き、調整します。

バイオレットスピネルは、霊的な開発とアストラルトラベルを刺激します。宝冠のチャクラを開き、調整します。

イエロースピネルは、知性と個人の力を刺激します。太陽神経叢のチャクラを開き、調整します。

スタウロライト(STAUROLITE)

母岩から取り出された
天然のクロス

色	茶、黄色がかった茶、赤味がかった茶。
外観	キャストライトに類似。 十字形に結晶するか、十字形に見える。
希少性	専門店で入手可能。
産地	アメリカ合衆国、ロシア、中東。

特性

「妖精の十字架」として知られています。キリストの死を知った妖精が流した涙から作られたと信じられていました。保護作用を持つことから、伝統的に幸運のためのお守りとされています。

儀式の内容を高め、強化する働きがあり、白魔術の儀式で使われます。古代の中東の叡智にアクセスすると言われています。肉体界、エーテル界、霊性界と接続し、それらの世界の間のコミュニケーションを促します。

心理面では、ストレス軽減に並外れた効果があります。抑うつや依存を和らげ、働きすぎや能力以上のエネルギー注入傾向を打ち消します。

　肉体面では、禁煙を望み、禁煙の影響を弱め、癒したいと望む人に優れた効果があります。ニコチン依存の裏に隠された原因への理解を助け、ニコチンを使って気持ちが軽くなっている人を大地へグラウンディングするエネルギーを供給します。

ヒーリング
　細胞障害と増殖に対処し、炭水化物の吸収を増加し、抑うつを軽減します。伝統的に発熱に用いられていました。

使い方
　手に持つか、適切な場所に置いてください。

スティルバイト (STILLBITE)

プレート

色	白、黄、ピンク、オレンジ、赤、茶。
外観	小さい結晶状のプレート、またはピラミッド型のクラスター。
希少性	専門店で簡単に入手可能。
産地	アメリカ合衆国。

特性

非常に創造性の高い石で、直観を開き、愛にあふれた支持的な波動をあらゆる努力へもたらします。あらゆるレベルの形而上学的作業に非常に有用です。霊的なエネルギーをグラウンディングし、直観的思考を物理界において行動に表すのを助けます。

霊的な旅を助け、旅の間を保護し、肉体的接触を維持します。目的地がどこであろうと、旅の間中ずっと導きや方向づけを与えます。最高次の波動で用いると、高次の霊的領域への旅を助け、その領域での自己の経験の意識的記憶を呼び戻

します。ラクスター状のクリスタルは水晶占い*の道具として用いることができます。

ヒーリング

脳障害に対処し、靭帯を強化し、喉頭炎や味覚喪失に効果があります。皮膚の色素沈着を強める可能性があります。非常に強力な解毒作用があることから、伝統的に中毒を弱めるために用いられていました。

使い方

手に持つか、適切な場所に置いてください。異次元への旅または直観を促進するには、第三の目*の上に置きます。

ピラミッド

スギライト(SUGILITE)

別名:ラブライト(LUVULITE)

研磨したもの　　　タンブル

色	紫、すみれ色がかったピンク。
外観	不透明でわずかに縞が入っている。または稀に半透明。大小様々な大きさ。タンブル状のことが多い。
希少性	専門店で入手可能。
産地	日本、南アフリカ。

特性

　代表的な「愛の石」の一つで、紫色の光線エネルギーを大地へもたらします。霊的な愛と叡智を象徴し、その愛が流れるようにすべてのチャクラ*を開き、チャクラの協調をもたらします。霊的認識を刺激し、チャネリング*の能力を促進します。

　自分の真実に従って生きることを教え、魂が転生する理由を魂に思い出させます。dis-ease*の原因を探すための過去世または生と生の間の状態*への移行に同行します。「なぜ私はここにいるのか?」、「私はどこから来たのか?」、「私は誰なのか?」、「他に理解すべきことは何か?」といった人生における重要な質問のすべてに対する答えを見つけます。あらゆる種類の霊的探究の際に持っていると有用な石です。この愛情にあふれた石は、ショックやトラウマ、落胆から魂を守り、霊的緊張を軽減します。感受性の強い人々やライトワーカー

(light worker)(訳注：霊的な世界と人間の世界を結ぶチャネラー)が、窮地に陥ることなく、あるいは気落ちすることなく、地球の波動に順応するのを手助けします。最悪の状態に明るい光と愛をもたらすのを助けることができます。

寛容さを促し、敵意を排除する性質を持つスギライトは、グループの困難を解決して愛にあふれたコミュニケーションを促進することから、グループワークに有用な石です。

心理面では、地球が自分の家であると感じられない人々や、妄想や統合失調症に苦しむ人々など、あらゆる種類の不適合に有益です。自閉症に優れた効果があり、魂を現在の現実へより強力に結びつけることを助け、学習障害を克服します。身体に対する心の影響およびdis-ease*状態における心の役割への理解を促します。情緒面では、不快な問題に立ち向かう力をもたらします。悲哀や悲嘆、恐れを軽減し、自分に対する許しを促します。

精神面では、ポジティブな思考を促進し、難読症のような学習障害の根底にある脳の機能パターンを再編成します。妥協することなく葛藤を克服するのを助けます。

肉体面では、情緒的な混乱を穏やかに解消し、絶望を軽減することができることから、癌患者に有益です。ネガティブなエネルギーを取り払い、愛にあふれた支援を差しのべ、ヒーリングエネルギーを肉体、精神、霊性へとチャネリングします。

ヒーリング

鎮痛作用に非常に優れており、スギライトに含まれるマンガンは頭痛やあらゆるレベルの不快を取り除きます。てんかんと運動障害に対処し、神経と脳を調整します。薄い色のスギライトはリンパと血液を浄化します。

使い方

必要に応じて置いてください。特に心臓とリンパ腺の上に置くと効果的です。頭痛には額の上に固定してください。絶望を和らげるには第三の目*の上に置きます。

サルファ（SULPHUR）

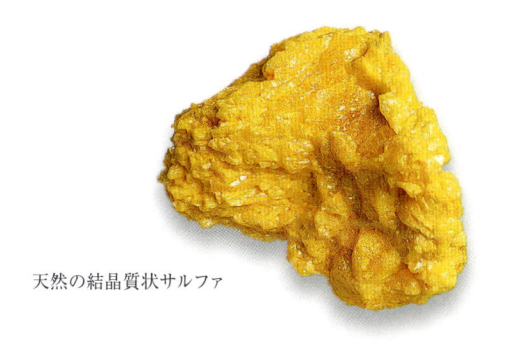

天然の結晶質状サルファ

色	黄。
外観	母岩上の粉状または小さめの半透明な結晶。
希少性	専門店で入手可能。
産地	イタリア、ギリシャ、南アメリカ、火山地帯。

特性

　マイナスの電荷を持っており、ネガティブなエネルギーや放射、感情を吸収するのに非常に有用です。環境中に置くと、あらゆる種類のネガティブな要素を吸収し、進歩を阻むものを取り除きます。

　火山活動によって生成されたこの石は、噴出するすべてのもの、すなわち、感情や暴力、皮膚症状や発熱に優れた効果があります。また、潜在的な心霊能力を表面化させるのにも役立てることができます。

　心理面では、頑固さを和らげ、性格の中のネガティブな特徴を特定するのを助けます。性格の中の反抗的な要素、頑固さ、または手に負えないような側面を突き止めますが、これらの側面によって、意図的に指示に反したり、反射的

に言われたことと反対のことをする傾向を示し、特に「あなたのために」と言われた場合にその傾向は強くなります。サルファはこのような状態を和らげ、このような性格の影響に対する認識を助け、意識的に自分を変える方法を導きます。

精神面では、反復的で気を散らすような思考パターンを遮断します。創造力を刺激して、論理的思考を助け、思考プロセスを今現在という現実的な時点へと結びつけます。

肉体面では、極度の疲労や重い病気の後で元気づけるのに有用で、創造性を促進することができます。

サルファには毒性があるため、内用すべきではありません。ジェムエリキシルは、結晶を用いて間接法によって調整するのが最善で、外用のみに使用すべきです。

ヒーリング

感染や発熱のような突然起こる症状に極めて有用です。腫れのある部分の上に置くと線維性の増殖や組織の増殖を軽減します。入浴のお湯に入れたり、エッセンスとして使うと、痛みのある腫脹や関節の問題を和らげます。粉状のサルファは天然の殺虫用燻蒸剤として使うことができますが、これは人間には有害ですから、マスクを着用して煙の吸引を防ぐべきです。使用後は区域全体を換気してください。

使い方

必要に応じて、手に持つか、置いてください（この目的には、粉状のものは扱いにくく、入浴用や環境中での使用にとっておくべきなので、結晶状のものの方が良いでしょう）。伝統的に、成長の間に置かれていたサルファは後で埋めることになっています。そうしない場合には、再使用の前に完全に浄化してください。燻蒸には、粉状のサルファを燃やします（マスクを着用のこと）。間接法（p371参照）でエリキシルを作成し、外用のみに使用してください。

サンストーン（SUNSTONE）

原石　　　　　　　　　　研磨したもの

色	黄、オレンジ、赤味がかった茶。
外観	澄んだ透明または不透明の結晶で虹色の反射を伴う。小さくタンブル状のことが多い。
希少性	専門店で簡単に入手可能。
産地	カナダ、アメリカ合衆国、ノルウェー、ギリシャ、インド。

特性

　喜びに満ちた、光をイメージさせる石です。生きる喜びと善良な性質をもたらし、直観力を高めます。人生の甘美さが失われたなら、サンストーンがそれを回復させ、またあなた自身がそれを育むことを助けるでしょう。すべてのチャクラ*を浄化し、光とエネルギーをもたらすことにより、本当の自分が楽しく輝けるようにします。伝統的に、この石は慈悲深い神々、そしてめぐり合わせや幸運につながっています。瞑想中や日常生活の中において、太陽の光と再生力に深いつながりをもたらす、錬金術のような力を持つ石です。

　他者からのしがらみを取り除くのに非常に有用で、そのしがらみに取りつか

れた場所がチャクラでもオーラ*でも効果があります。このようなしがらみは、精神または情緒レベルのことがあり、所有欲の強い親、子供、または恋人からのものである場合が考えられます。これらはあなたのエネルギーを枯渇させる影響を持ちます。愛情を込めて他者との接続を元に戻すことから、縁を切るのに非常に効果があります。嫌と言うことが困難で、他者の犠牲になり続けているような場合には、サンストーンを常に携帯してください。共依存を取り除き、自分に力を与えさせ、独立を促し、活力を高めます。何かの実行を先延ばしにしてためらっているような場合には、サンストーンがそれを克服するでしょう。

情緒面では、抗うつ薬の働きをして、暗いムードを高揚させます。季節性情動障害には特に有効で、冬の暗い気分を明るくさせます。被差別感や不遇感、見捨てられた感覚を切り離します。抑圧とコンプレックスを取り除き、失敗感をくつがえし、自尊心と自信を強めます。楽観的な見方と熱意を促し、出来事に対してポジティブな見方をするように切り替えます。極めて救いがたい悲観論者であってもサンストーンに反応します。太陽神経叢の上に置くと、重く抑圧された感情を取り出して、違う感情に変化させます。

ヒーリング

自己治癒力を刺激し、自律神経系を調整し、すべての器官を調和させます。慢性の喉の痛みに対処し、胃潰瘍を軽減します。季節性情動障害に特に有用で、あらゆる抑うつ状態を解消します。身体のまわりにグリッディングを行い、軟骨組織の問題、リウマチ、全身の様々な痛みを和らげることができます。

使い方

必要に応じて、置くか、身につけるか、手に持ってください。太陽の下で使うと特に効果があります。

（p171のイエローラブラドライトの項も参照。）

テクタイト（TEKTITE）

原石

色	黒または濃茶、緑（モルダバイト）。
外観	小さくガラス状、緻密で半透明。
希少性	テクタイトは隕石の一種であるため非常に希少であるが、専門店で入手可能。
産地	中東および極東、フィリピン、ポリネシア、世界各地で見られる。

特性

　地球外が起源であることから、他の世界とのコミュニケーションを促進し、高次の知識の吸収と保有を通して霊的成長を促すと信じられています。創造的なエネルギーと物質の間のつながりを形成します。好ましからざる経験を公表し、学んだ教訓を思い出し、霊的な成長を助けることへの集中を助けます。問題の核心にあなたを導き、本当の原因と必要な行動への洞察を促します。

　チャクラ*の上に置くと、エネルギーの流れのバランスをとり、誤った方向に回転しているチャクラの回転を逆にできる可能性があります。テレパシーと霊視*に有用なことから、第三の目*の上に置くと、他次元とのコミュニケーションの扉を開きます。身体のまわりの生体磁気シース*を強化します。

　伝統的に、あらゆるレベルにおける多産のお守りとして身につけられていま

した。性格の中の男性性と女性性のエネルギーのバランスをとります。

ヒーリング
熱を下げ、毛細血管と血管に効果があります。病気の伝染を予防します。ある種のテクタイトは心霊手術に用いられてきました。

使い方
必要に応じて、置くか、手に持ってください。

(p187のモルダバイトの項も参照。)

チューライト(THULITE)

別名:ピンクチューライト(PINK THULITE)

原石

色	ピンク、ローズ、白、赤、灰色。
外観	粒状の塊。大きいものが多い。
希少性	専門店で入手可能。
産地	ノルウェー。

特性

生命力に強力なつながりを持つドラマチックな石で、癒しと再生を刺激し、克服すべき抵抗があるところはどこにでも効果があります。雄弁さと演出手腕を促進して、外交性を発揮するのを助けます。精神面では、問題解決における好奇心と創作力を促進し、愛と論理を組み合わせることによって人間の状態における二面性を探究します。

情緒面では、熱情と性的な感情の表現を促します。熱情や官能、性欲は人生の正常な一部分であることを教え、それらを建設的かつポジティブに表現するように働きかけます。

ヒーリング

カルシウム不足と胃の不調に対処します。受胎力を高め、生殖器の疾患に効果があります。強化作用や再生作用があり、極度の虚弱や神経衰弱がある場合に有用です。

使い方

必要に応じて、皮膚の上または恥骨の上に置いてください。

タイガーアイ(TIGER'S EYE)

原石

研磨したもの

色	茶色がかった黄、ピンク、青、赤。
外観	縞入り。かすかに光る。小さくタンブル状のことが多い。
希少性	簡単に入手可能。
産地	アメリカ合衆国、メキシコ、インド、オーストラリア、南アフリカ。

特性

　地球のエネルギーと太陽のエネルギーを組み合わせて高い波動状態を作り出しますが、この状態はグラウンディングすることが可能で、霊的エネルギーを大地へ引き込みます。第三の目*の上に置くと、現実的な人々の心霊能力を高め、下部のチャクラ*のバランスをとり、クンダリーニ*のエネルギーの高揚

を刺激します。

　保護作用のある石で、伝統的に、悪意や呪いに対するお守りとして携帯されました。力の正しい使用法を示し、完全性を引き出します。内的資源を認識し、意図の明確さを促し、目標の完遂を助けます。臍のチャクラの上に置くと、白昼夢を見ている人や浮ついた人に優れた効果があります。グラウンディングをし、意志表明を促します。変化を身体に定着させます。

　自分が必要としているものと他者が必要としているものの両方を認識するのに役立ちます。あなたが欲しいと思っているものについての願望的思考と、本当に必要としているものを区別します。

　精神面では、脳の左右の半球を統合し、実際的な認識力を高めます。整合性のある全体を作るために分散した情報の収集を助けます。ジレンマや内的対立の解決に有用で、特にプライドや強情さに原因がある場合に効果があります。精神的なdis-ease*や人格障害の癒しに特に有用です。

　心理面では、自尊心、自己批判、創造力の行き詰まりといった問題を癒します。自分の才能の認識を助けますが、逆に、克服する必要のある欠点の認識も促します。依存性の性格の人が変化を起こす際に助けとなります。

　情緒面では、陰陽のバランスをとり、情緒体にエネルギーを与えます。抑うつを軽減し、気分を高揚させます。

ヒーリング

　目を癒し、夜間視力に効果があり、喉と生殖器の問題に対処し、狭窄を解消します。骨折の修復に有用です。

使い方

　短期間右腕の上に身につけるか、ペンダントとして身につけてください。ヒーリングには必要に応じて身体の上に置きます。霊とのグラウンディングには、臍のチャクラの上に置きます。

特殊な色

一般的な特性に加えて、以下のような色のものは追加的な特性を持ちます：

ブルー・タイガーアイは、鎮静作用があり、ストレスを解放します。過剰な不安感、短気、恐怖症に対処します。代謝を遅らせ、過剰な性衝動を静め、性的な欲求不満を解消します。

ブルー・タイガーアイ

ゴールド・タイガーアイは、細部に注意を払うことを助け、無頓着にならないように警告します。感情ではなく理性に基づいた行動を支援します。試験や重要な会議に携帯すると優れた効果があります。

レッド・タイガーアイは、刺激を与える石で、無気力を克服し、やる気を与えます。遅くなった代謝スピードを速め、低下した性欲を高めます。

特殊な形態

一般的な特性に加えて、タイガーアイの一種には次のような特性があります：

レッド・タイガーアイ

ホークアイ

ホークアイ
追加的な特性

タイガーアイの一種で、鷹の目状に縞が入った外観をしており、地球のエネルギーのヒーリングとエネルギーのグラウンディングに優れた石です。肉体を刺激し、活性化します。現世を超越し、眼力と洞察力を助け、霊視*のような心霊能力を強化します。基底のチャクラ*を浄化し、活性化します。

部屋の富を象徴するコーナーに置くと豊かさを引き寄せます。

抑制されたり否定的な思考パターンと根深い行動パターンを解消するのに特に有効です。問題の全体像を示し、悲観的な気持ちや自分が起こした問題を他人に責任転嫁したいと思う気持ちを和らげます。さらに、現世または過去世からの封印された感情とdis-easeを表面化させます。第三の目*の上に置くと、その発生時期を問わず、感情的な閉塞の原因まで遡って旅することを助けます。

ヒーリング

循環器系、腸、脚の働きを改善します。肩のこわばりや首の凝りの背景にある心因性の原因を表面化させることができます。

使い方

手に持つか、適切な部位に置いてください。

トパーズ（TOPAZ）

ブルートパーズ
（研磨したもの）

ゴールデンイエロー・トパーズ
（原石）

色	明るい黄色、茶、青、透明、赤味がかったピンク、緑。
外観	半透明、ポイントクリスタル。小さく、ファセット加工されたもの、または大型の石片のことが多い。
希少性	専門店で簡単に入手可能。 赤味がかったピンクのものは希少。
産地	アメリカ合衆国、メキシコ、インド、オーストラリア、南アフリカ、スリランカ、パキスタン。

特性

　円熟味があり共感的な特性を持った石で、最も必要としているところへエネルギーを導きます。鎮静化させ、癒し、刺激し、再充電し、意欲を回復させ、身体の経絡を調整します。真実と寛容さを促します。行く手に光を照らすのを助け、目標を強調し、内的な資源へアクセスします。宇宙への信頼をもたらし、

それによって、あなたは「行動」するというよりもむしろ「存在」することが可能となります。疑いや不確実性を切り抜けて進みます。

トパーズの波動性のエネルギーは、喜びや寛容、豊かさ、健康をもたらします。伝統的に、目標達成の成功をもたらす愛と幸運の石として知られていました。断定や表明、視覚化を非常に効果的に支援します。トパーズの面と端部には、ポジティブとネガティブの両方のエネルギーがあり、これらを経由して宇宙への要請が集中され、地球界で現されると言われています。

オーラ*の浄化とリラクセーションの誘導に優れた効果があり、あらゆるレベルの緊張を解放し、難航している霊的成長を加速することができます。

心理面では、自分の内面の豊かさへの気づきを助けます。自信と博愛精神をもたせ、あなたの幸運を共有して、あらゆるところに太陽の光を広げようとしています。喜びに満ちたトパーズのまわりにはネガティブな要素は存在できないのです。開放性と誠実性、自己実現、自己統制、内なる叡智を開発したいという熱望を促進します。

精神面では、問題解決を助け、芸術に関係している人々に特に有用です。自分の持つ影響力や、困難な仕事や人生経験を通して得た知識への気づきを助けます。ものごとを全体と細部の両方から見る能力を持ち、それらが互いにどのように関係しあっているかを認識します。考えを表現することを助け、抜け目のなさを与えます。

優れた情緒面での支援作用があり、情緒を安定させて、あらゆる源からの愛を受け入れられるようにします。

ヒーリング

健康状態を示すのに使うことができます。消化を助け、食欲不振に対処し、味覚を回復し、神経を強化し、代謝を刺激します。聖女ヒルデガルド・フォン・ビンゲン（訳注：ドイツの修道女）は、かすみ目の治療にトパーズのエリキシルを推奨しました。

使い方

薬指、太陽神経叢、眉間のチャクラ*にあててください。ヒーリングには適切な部位に置きます。エリキシルは皮膚に使用することができます。

特殊な色

一般的な特性に加えて、以下のような色のものは追加的な特性を持ちます：

ブルートパーズは、喉のチャクラまたは第三の目*の上に置くと、これらのチャクラの働きと言語表現を助けます。瞑想をしたり、高次の自己と同調させるのに最適な色で、あなたの願望や考え方にしたがった生き方を支援します。この色は、真実と智恵の天使に同調させてくれます。あなたの人生の筋書きを理解し、自分自身の真実からそれてしまった地点を認識するのを助けます。

クリアートパーズは、思考と行動や、これらの中にあるカルマ*の影響を認識するのを助けます。感情と行動の浄化を助け、宇宙意識を活性化します。エネルギーの停滞やよどみを取り除きます。

クリアートパーズ

ゴールデントパーズ（インペリアルトパーズ） は、電池のような働きをし、霊的および肉体的な再充電を行い、信頼と楽観的思考を強化します。宇宙の高次の力への意識の同調に最適な石で、同調によって受け取った情報の保存に使うことができます。あなたが神から授けられた存在であることに気づかせてくれます。

ゴールデントパーズ

自分の能力の認識を助け、認知されたいという衝動をもたらし、役立つ人々を引きつけます。寛大さと率直さを維持しながら、自分の能力への誇りと共にカリスマ性と自信を与えることから、名声を求める人々に有益です。制約を克服し、大きな計画を進行させるのを助けます。ヒーリングでは、細胞構造を再生し、太陽神経叢を強化し、また、神経衰弱と栄養素の燃焼不足に効果があります。肝臓、胆嚢、内分泌腺の働きに対処します。

ピンクトパーズは希望の石です。過去のdis-ease*のパターンを徐々に取り去り、抵抗を解消し、輝くような健康への道を開きます。この石は神の顔を映し出します。

イエロートパーズ

コンビネーションクリスタル
ルチルトパーズは希少な石で、視覚化と顕現に非常に有益です。水晶占い*に最適な石の一つで、適切にプログラミングが行われた場合は深い洞察をもたらし、人生に愛と光を引き寄せます。

トルマリン（TOURMALINE）

ブルートルマリン

ライトブルー・トルマリン

ブルートルマリンのワンド

色	黒、茶、緑、ピンク、赤、黄、青、西瓜様、青緑。
外観	艶があり、不透明または透明。長い筋のある、または六方晶の構造。大小様々な大きさ。
希少性	専門店で簡単に入手可能。
産地	スリランカ、ブラジル、アフリカ、アメリカ合衆国、西オーストラリア、アフガニスタン、イタリア。

特性

浄化と純化を行い、濃密なエネルギーをより軽い波動へ変化させます。霊的エネルギーをグラウンディングし、すべてのチャクラ＊を浄化してバランスをとり、身体のまわりに防御シールドを形成します。

シャーマンが用いる石で、儀式の間に保護作用をもたらします。水晶占い＊に用いることができ、伝統的に、問題が起こった際に犯人や原因を示したり、進むべき良い方角を示すために使われました。

天然のトルマリンワンドはヒーリングツールとして有用です。オーラを浄め、閉塞を取り除き、ネガティブなエネルギーを分散させ、特定の問題への解決策を示します。チャクラのバランスをとり、接続するのに優れた効果があります。肉体面では、経絡＊のバランスを回復させます。

デーヴァ＊のエネルギーとの親和性が強力で、庭や植物に極めて有益です。天然の殺虫剤として作用することが可能で、害虫を寄せつけません。また、土壌中に埋めると、あらゆる農作物の成長と健康を促進します。

心理面では、自分自身と他者への理解を助け、自己の内面深くに導いて、自信を促し、恐れを取り除きます。被害者意識を払いのけ、インスピレーションや思いやり、忍耐、繁栄を引き寄せます。

精神を強力に癒す働きがあり、右脳と左脳のバランスをとり、ネガティブな思考パターンをポジティブなものに変化させます。精神作用、チャクラ＊、生体磁気シース＊を協調させます。手と目の協調運動や、コード化された情報の吸収と解読を改善することから、妄想への対処や難読症の克服に有用です。

情緒面では、レッド、イエロー、ブラウントルマリンは、セクシュアリティや性衝動の喪失を引き起こしている可能性がある情緒的な機能不全に有益です。肉体面では、緊張を解き放ち、それによって脊椎の調整にも有用となります。身体内部の男性性と女性性のエネルギーのバランスをとります。

ヒーリング

トルマリンの側面にある筋はエネルギーの流れを促進し、ヒーリングやエネルギーの増強、閉塞の解消に優れた効果を持ちます。色の異なるトルマリンには、それぞれ独自のヒーリング力があります。

使い方

必要に応じて、置くか、身につけてください。経絡*を刺激するには、先端を経絡の流れと同じ方向に向けて置きます。急速に効果的に作用するジェムエッセンスの作成に最適です。

特殊な色

一般的な特性に加えて、以下のような色のものは追加的な特性を持ちます：

ブラックトルマリン（ショール） は、携帯電話、電磁スモッグ*、放射線、サイキックアタック*、魔術や他者から悪意を向けられた場合、あらゆる種類のネガティブなエネルギーに対して防御作用があります。基底のチャクラ*と結びついてエネルギーをグラウンディングし、肉体的な活力を増強し、緊張とストレスを分散します。ネガティブな思考を解消し、リラックスした姿勢と、明確で合理的な思考プロセスを伴った客観的な中立性を促します。状況を問わずポジティブな姿勢を促進し、利他主義と実用的な創造力を刺激します。ヒーリングでは、ポイントを身体の外に向けておくとネガティブなエネルギーを引き離します。消耗性

疾患に対処し、免疫系を強化し、難読症と関節痛に対処し、痛みを鎮め、脊柱を再調整します。首のまわりに身につけるか、または自分と電磁波との間に置いてください。

ブルートルマリン（インディコライト） は、喉と第三の目のチャクラ*を活性化し、霊的自由への熱望と自己表現の明確性を刺激します。霊的気づきを助け、視力を高め、他者への奉仕の道を開き、受胎力、倫理、寛容、真の愛を促します。平和の光を伝え、悲しみや塞いだ気持ちを徐々に表面化させて癒し、分散させることで解消し、内なる責任感を育むのを助けます。環境と調和した生活を促進します。ネガティブな要素が付着するのを防ぐことから、ヒーラーにとって最適な石です。

　ヒーリングでは、診断ツールとして有用で、dis-ease*の根本原因の特定を助けます。肺、免疫系、脳に有用で、体液のバランスの乱れを是正し、腎臓と膀胱、胸腺、甲状腺、慢性の喉の痛みといった問題に対処します。不眠、寝汗、副鼻腔炎、細菌感染に有用です。伝統的に、喉、喉頭、肺、食道、目への対処に用いられます。火傷を和らげ、瘢痕を防ぎます。ダークブルーのものは目と脳に特に有用で、エリキシルを作ることができます。ブルートルマリンはdis-easeまたはうっ血があるすべての部分に置くことができます。言語障害の克服を助けます。

クリスタル図鑑

ブラウントルマリン

ブラウントルマリン（ドラバイト） は、グラウンディングに優れた石で、大地のチャクラと肉体を支えているグラウンディングコード*を癒し、開きます。オーラを浄化し、エーテル体の調整と保護を行います。共同体意識と社会参加を促進し、大きな集団の中での居心地を良くします。機能不全に陥った家族関係を癒し、共感を強めます。実用的な特性があり、創造性を促進します。ヒーリングでは、腸の障害と皮膚病に対処し、全身の再生を刺激します。

無色のトルマリン（アクロアイト） は他のすべての色を合成し、宝冠のチャクラ*を開きます。ヒーリングでは、肉体*とエーテル体*の経絡*を調整します。

グリーントルマリン（ベルデライト） は、優れた癒しの力を持ち、視覚化に有用です。心臓のチャクラを開き、思いやり、優しさ、忍耐、一体感を促します。育む性質を持ち、バランスと生きる喜びをもたらします。ネガティブなエネルギーをポジティブなものに変性させ、恐れを払いのけて、開放的な姿勢と忍耐を促します。元気を回復させ、創造性を吹き込みます。この石を使うと、可能性のあるすべての解決策を見ることができ、その中で最も建設的なものを選ぶことができます。身につける人に繁栄と豊かさを引き寄せます。父性に関わる問題を克服します。ハーブの研究を促し、療法の使用を推進します。また、植物を癒す力もあります。

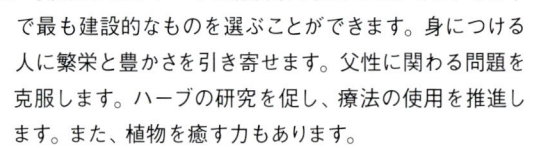

無色トルマリン

　ヒーリングでは、他のすべての緑色の石と同様に、睡眠と心の静寂を助けます。神経系を強化し、波動の変化に備えます。目、心臓、胸腺、脳、免疫系に対処し、体重減少を促し、CFSや極度の疲労を軽減します。脊椎の再調整を助

グリーントルマリン

け、肉離れを手当します。解毒剤として有用で、便秘と下痢を癒します。閉所恐怖症とパニック発作を軽減することができます。活動過剰の子供に有用です。

マルチカラー・ジェム・トルマリン（エルバイト） は、すべての色を含んでおり、そのため、精神、肉体、霊性、魂を一つにまとめます。イメージング、夢の促進、創造性の刺激、想像力の強化に優れた石です。内なる自己と高次の霊的領域への入口を提供します。

　ヒーリングでは、免疫系と代謝を刺激します。

ピンクトルマリンは、物質界と霊界において愛を引き寄せる催淫性があります。愛しても大丈夫という安心感を与え、愛への信頼を抱かせます。また、誰かに愛されたいと願うようになる前に、自分自身を愛することが必要であることを確認します。この石は肉体的な快楽を分かち合うのを促します。心の痛みや長年抱いてきた破壊的な感情を、心臓のチャクラを経由して解消しますが、この石はチャクラを浄化し、愛と霊性を統合します。安らぎとリラクセーションを促進します。あなたを智恵と思いやりの心へ結びつけ、癒しのエネルギーに対する受容性を刺激します。

　ヒーリングでは、機能障害に陥った内分泌系のバランスをとり、心臓、肺、皮膚に対処します。心臓の上に置いてください。

パープル-バイオレット・トルマリンは、心臓の癒しを促し、愛にあふれた意識をもたらします。基底のチャクラと心臓のチャクラ*を結びつけ、献身と愛情に満ちた熱望を強めます。創造性と直観を刺激します。第三の目*のチャクラの閉塞を取り除き、下垂体を刺激し、幻想を取り去ります。過去世の癒しに有用で、問題の核心へとあなたを導き、その核心を分散させます。

　ヒーリングでは、抑うつを軽減し、強迫観念を解放します。汚染物質への過敏性、アルツハイマー病、てんかん、CFS*に対処します。

パープルトルマリン

レッドトルマリン(ルベライト) は、愛を理解する能力を強化し、如才なさと柔軟性、社交性と外交性を促進し、過剰な攻撃性または極端な消極性のバランスをとります。仙骨のチャクラを癒して活性化し、あらゆるレベルの創造性を高めます。この色はスタミナと耐久性をもたらします。

　ヒーリングでは、肉体に活力を与え、解毒します。心臓を癒し、消化器系、血管、生殖器系に対処し、血液循環ならびに脾臓および肝臓の機能を刺激し、血管を修復します。筋肉の痙攣や冷えに有用です。

母岩中の
レッドトルマリン

クリスタル図鑑

ウォーターメロン・トルマリン（グリーンの中にピンクが包み込まれている） は、心臓のチャクラにとって「素晴らしい活性剤」であり、高次の自己に結びつけて、愛、優しさ、友情を育みます。忍耐力を与え、如才なさや駆引きを教えます。抑うつと恐れを和らげ、内面の安心感を促します。状況の理解と意図の明確な表現を助けます。情緒面の機能不全に対処し、古い痛みを解放します。人間関係に有益で、状況の中に喜びを見出すのを助けます。

ヒーリングでは、再び一つになろうとすることへのあらゆる抵抗を解消します。神経の再生を促し、特に麻痺や多発性硬化症の場合に有効です。また、ストレスに対処します。

ウォーターメロン・トルマリン

イエロートルマリン は、太陽神経叢を刺激し、個人の能力を強化します。霊的な道を開き、知的職業や事業に関わる事柄にメリットをもたらします。

ヒーリングでは、胃、肝臓、脾臓、腎臓、胆嚢に対処します。

イエロートルマリン

コンビネーションクリスタル
マイカを伴ったブラックトルマリン は、悪意をその発生源に返し、悪意を抱いた人にそれを気づかせます。この組み合わせは、電磁スモッグ*の無効化に特に有用です。

マイカを伴ったブラックトルマリン

クォーツの中のブラックトルマリンのロッド

太いブラックトルマリンのロッドを含んだクォーツは、トルマリンクォーツの筋とは対照的に、サイキックアタック*または実際の攻撃の無効化に優れており、攻撃を受ける側の人間を強化し、その人をより一層幸福にします。テロリストの攻撃に対する防御として、また、そのような攻撃の影響を癒すために用いることができます。二元性を超越する能力と影の部分を全人格に統合する能力を持ちます。

クォーツの中の
トルマリンの
ロッド

母岩上でレピドライトを伴ったトルマリンは、あらゆる種類の依存症の克服、依存の背景にある原因の理解、否定の存在を受け止めることに優れた効果があります。それによって、依存性のある物質や行動による偽りの支えをなくし、代わりに普遍のエネルギーと強力な自己治癒の潜在力による愛と保護と共に生活することを助けます。

レピドライトを
伴ったトルマリン

(p243のトルマリンクォーツの項も参照。)

トルコ石（TURQUOISE）

研磨したもの　　　　　　　　　タンブル

色	明るい青緑、緑または青。
外観	不透明。脈状の模様が入っていることが多い。大小様々な大きさ。研磨されたものが多い。
希少性	簡単に入手可能。
産地	アメリカ合衆国、エジプト、メキシコ、中国、イラン、ペルー、ポーランド、ロシア、フランス、チベット、アフガニスタン、アラビア。

特性

　非常に高い癒し効果を持ち、霊性と肉体の健康に慰めをもたらします。保護作用があり、太古の昔からお守りとして用いられてきました。不貞の恐れを警告するために色が変わると信じられています。霊的同調を促し、物理界と精神界のコミュニケーションを強化します。第三の目*の上に置くと、直観力を高

め、瞑想を促進します。喉のチャクラ*の上に置くと、過去の誓約や抑圧、禁止を解き放ち、魂に再び自己表現をさせます。過去世を探究し、あなたの「運命」がどのように作られているのかと、運命はそれぞれの瞬間にあなたが何を行動するかによって決まることを教えます。

　浄化作用を持つ石です。ネガティブなエネルギーを追い払い、電磁スモッグ*を取り去り、環境中の汚染物質に対する保護作用をもたらします。すべてのチャクラのバランスをとり、精妙体と協調させ、肉体を霊性に同調させます。伝統的な考えでは、トルコ石は地球と空を結びつけ、男性と女性のエネルギーを一つにまとめるとされています。また、共感的な性質とバランスをとる作用を持ちます。自己実現を推進し、創造的な問題解決を助け、人前で話す際に神経を鎮めます。

　心理面では、力を与える性質があります。犠牲的姿勢や自己妨害を解消します。精神面では、機敏さを保ちながらも内面の平静さをもたらし、創造的な表現を助けます。情緒面では、気分の変動を安定させ、内面の平静さをもたらします。情熱的な愛を促します。

　肉体面では、極度の疲労、抑うつ、パニック発作に優れた効果を持ちます。トルコ石の防御機能の一つとして、外的な影響または大気中の汚染物質に対する作用があります。

ヒーリング

　身体の経絡と精妙エネルギーの場を強化します。肉体と霊性の免疫系の機能を促進し、組織を再生し、栄養素の吸収を助け、汚染やウイルス感染を和らげ、全身を癒しますが、特に白内障を含む目の症状に効果があります。過剰な酸を減少させ、痛風、リウマチ、胃に効果があります。抗炎症作用や解毒作用があり、痙攣と痛みを和らげます。

使い方

　どこにでも用いることができますが、特に、喉、第三の目、太陽神経叢の上に置くと効果的です。素晴らしいエリキシルを作成することができます。

特殊な種類

　一般的な特性に加えて、以下のような色のものは追加的な特性を持ちます：

チベット・トルコ石は緑色で、より鮮やかな青のものとはわずかに異なる波動を持ちます。喉のチャクラの閉塞と抑圧された自己表現を、これらの原因を取り除くことができるまでアンセストラルラインを遡って癒すのに特に有用です。

チベット・トルコ石（原石）

ウレキサイト（ULEXITE）

別名：テレビ石（TV STONE）

成形したもの

色	透明。
外観	透明で滑らかな角ばった結晶。軽く筋が入っていることもある。石の下に置いた像が拡大して見える。
希少性	簡単に入手可能。
産地	アメリカ合衆国。

特性

　下に置いたものは何でも拡大して見えることがよく知られています。非常に透明度が高い石で、ものごとを内面と霊的レベルへ集中させ、大いに必要とされている客観性と明晰性を与えます。夢やビジョンの意味を理解するのに非常に役立ちます。霊的レベルで歩むべき道を示し、自己の内面深くへ導きます。

　より実際的なレベルでは、問題の核心へ導き、解決への道を示し、解決策を始動させます。物質界における啓示の石です。他者の心を見抜く力を与え、

彼らが考えていることや感じていることを知り、それによって、完全な知識に基づいた決定ができるようになるのです。

　ウレキサイトの穏やかなエネルギーは、瞑想やリラクセーションに効果があります。第三の目*の上に置くと、視覚化を促し、ネガティブな精神エネルギーを追い払います。陰と陽のエネルギーのバランスをとり、精妙体*を調整します。

　精神面では、想像力を高め、創造性を刺激し、特に仕事面で効果があります。バランスが崩れかけた状況に陥った場合に、ものごとをはっきりと見るのを助けます。

ヒーリング
　目に明瞭性を与えるために用います。しわを伸ばすには皮膚用のエリキシルが非常に優れていますが、溶けやすいため、あまり長時間水の中に入れたままにしないでください。

使い方
　必要に応じて、身につけるか、置いてください。特に、目と第三の目の上に置くと効果的です。石の奥を見つめると、素晴らしい瞑想用の石となります。

ユナカイト（UNAKITE）

タンブル

原石

色	緑とピンク。
外観	斑紋入り。小さくタンブル状のことが多い。
希少性	簡単に入手可能。
産地	アメリカ合衆国、南アフリカ。

特性

　ビジョンの石です。情緒と霊性のバランスをとります。第三の目*の上に置くと、その目を開き、視覚化や霊視を促します。必要に応じてグラウンディングも行うことから、瞑想や心霊ワークの後に役立つ可能性があります。

　水晶占い*でキャスティング（訳注：石を置くこと）に用いることができ、妥協や統合が必要な場所を示します。最良の使用法は、10個または12個の他の適当な石と一緒に使うことです（p375-376参照）。タンブル状の石は一つの袋にまとめて保管すべきです。ある質問への答として、石を一つ選ぶか、あるいは一握りの石を占い用の輪の上に並べます。

環境中に置くと、一つの大きな石の場合も、複数のタンブルを一つのボウルに入れた場合も、ユナカイトは静かで穏やかなエネルギーをもたらし、テレビの上か近くに置くと電磁波汚染の影響を打ち消すことができます。

ユナカイトには再生を促す作用があり、閉塞の原因についての過去からの洞察を解明して統合し、霊的および心理的成長を阻害している状況を徐々に解消します。過去世のヒーリングで、問題の根源にまで遡って再構成することにも有用です。この目的のためには、手に持つか、または第三の目の上に置くことができます。

dis-ease*が遠い過去または近い過去に生じたものかを問わず、ユナカイトはそれが生じたレベルにおいて根本原因に到達し、それを変化させるために表面化させます。

ヒーリング

回復期や大きな病気からの回復に支持的な働きをします。生殖器系の治療に役立ち必要に応じて体重増加を刺激し、健康な妊娠や皮膚組織と毛髪の成長を助けます。

使い方

必要に応じて置くか、エリキシルとして使用してください。

バナジナイト（VANADINITE）

母岩上の結晶

色	オレンジと茶、赤と茶、黄と茶、赤、オレンジ、黄。
外観	非常に小さい。母岩上の光沢のある透明な結晶。
希少性	専門店で入手可能。
産地	アメリカ合衆国。

特性

　自分の身体的特徴の受容に問題を抱えている人々に優れた効果がある石です。足の下にある大地のチャクラ*と強い結びつきがあります。魂を肉体にグラウンディングさせ、地球の環境の中で快適に過ごすことを助けます。また、エネ

ルギーの浪費を防ぎ、肉体レベルにエネルギーを保存する方法を教えます。

瞑想への手助けをします。心のざわめきを止め、心が「無」の状態となるよう促します。あるいは、意識を霊視や霊的な旅へ意図的に向けるために使うことができます。滝のように流れ出る宇宙の普遍のエネルギーを受け止めるために、身体内部のエネルギーの通路を開く力があります。このエネルギーはチャクラと協調し、高次の自己を肉体に結びつけ、深い内的静寂を促進します。

精神面では、思考と知性の間のギャップを埋めます。目標を定義し、遂行することを助け、心のざわめきを止め、内なる声の導きの中で洞察と合理的思考を一体化させます。

この石には浪費を抑えるという有用な性質があります。お金を失わないようにするには、家の中の富を象徴するコーナーに置くか、あるいは小さな石をハンドバッグに入れておいてください。

バナジナイトには毒性があるため、エリキシルは間接法で作成すべきです（p371参照）。

ヒーリング

喘息や肺のうっ血などの呼吸困難に有用です。循環呼吸を促進します。慢性疲労や膀胱の問題に対処します。エリキシルを用いる場合は、間接法で調製したもののみ内服できます。

使い方

必要に応じて置くか、エリキシルを胸部に塗り広げます。肉体的特徴の受容を助けるために使用する場合には、間接法によるエリキシルを数週間服用すべきです。

クリスタル図鑑

バリサイト（VARISCITE）

タンブル

色	緑、灰色、白。
外観	不透明。脈状の模様は入ってることもある。大型の塊の場合も、母岩上に小さな粒状の塊となる場合もある。
希少性	専門店で入手可能。
産地	アメリカ合衆国、ドイツ、オーストリア、チェコ共和国、ボリビア。

特性

　バリサイトは励ましの石です。希望と勇気をもたらし、病気や病弱な状態に非常に有用です。病人に対しては、病気がありながらも生き続けることを支援し、励まし、介護者に対しては、病気がもたらすdis-ease*への対処を助けます。心臓のチャクラを開いて無条件の愛をもたらします。

過去世の探究に非常に有用です。該当する人生における経験を視覚的にイメージすることを促進します。繰り越されてきたdis-easeまたはパターンの原因への洞察を深め、状況を再構成して癒しをもたらすのを助けます。

心理面では、深い絶望から抜け出すのを促し、宇宙の中で希望や信頼のある位置への移行を促します。この石は見せかけを止めさせ、ありのままの自分を世の中に示せるようにします。気分を落ち着かせ、穏やかな心をもたらします。節度を支持しつつも、活発なエネルギーを持ち、そのエネルギーによって真剣になりすぎるのを防ぎます。夜眠る時に枕の下に置くと、安らかな睡眠と静かな心をもたらします。

精神面では、明確な思考を助け、認識力を高めます。自己表現や意見のコミュニケーションを助けます。

肉体面では、枯渇した貯蔵エネルギーの回復を助けます。

ヒーリング

神経系を癒し、腹部膨満と圧迫された血行に対処し、血管と皮膚の弾力性を再生します。過酸状態を中和し、痛風、胃炎、潰瘍、リウマチ、その他関連症状に効果があります。男性のインポテンツに有用で、女性の月経痛も軽減します。

使い方

必要に応じて置き、長期間使用してください。過去世を思い出すには、第三の目*の上に置きます。ペンダントとして身につけるか、左手で持ってください。

ウルフェナイト（WULFENITE）

母岩上の結晶

色	黄、金、オレンジ、緑、灰色、黄と灰色、茶、白、無色。
外観	小さな結晶もしくは母岩上のブレード、または大型の透明な四角い結晶。
希少性	専門店で入手可能。
産地	アメリカ合衆国、メキシコ。

特性

　人生におけるあまりポジティブでない局面を受け入れることを助け、ネガティブな状況や感情に直面した際に落胆や惰性に陥ることを防ぐことから、非常に有用な石です。ポジティブなものにのみ集中し、ネガティブな性質や経験を抑圧するあまり「何でも言うことを聞く都合の良い人」になり、それが高じて信頼性を失い、不安定な状態になったことによるアンバランスを抱えた人々に

特に有用です。ウルフェナイトは、そのような人々が影のエネルギーを受け入れて統合するのを助け、ポジティブとネガティブの二元性を、互いに補完し合いバランスを取り合う力であると受け止め、これらを超越して進むことを助けます。

霊性面では、肉体レベルから心霊や直観、霊性レベルへの容易かつすばやい移行を促します。過去、現在、未来にアクセスし、これらの状態とのコミュニケーションを支援すると言われています。霊的世界とのコンタクトとコミュニケーションを促進し、霊的波動を大地にもたらすための経路を開きます。

もしあなたが他の魂と現世で出会う約束をしているなら、この石はその魂の認識と、なぜあなたが出会うことになっているのかという理由への同調を促します。目的や学びが実行されている間に魂を結びつけ、適切な時期が来たらその結びつきを解きます。

ウルフェナイトは白魔術に使うことができる石で、儀式の遂行や旅を支援し、促進します。また、他の世で保有していた魔術的知識を取り戻させます。この知識は現世でも実行することが可能です。このような知識は、古代エジプトまたはギリシャ、あるいはさらに昔の神殿に起源を発している可能性があります。もし白魔術と関係した信念のためにキリスト教会からの迫害に苦しんだ人がいる場合、ウルフェナイトはその経験を癒すのを助け、魔術を再開しても安全だと思えるようにします。

ヒーリング

若返りの力があり、エネルギーを蓄えますが、特にヒーリング作用はありません。

使い方

手に持つか、必要に応じて置いてください。ウルフェナイトの石片は、ソウルリンク*との接触をもたらすようにプログラミングすることができ、家の人間関係を象徴するコーナーに置くことができます。

クリスタル図鑑

ゼオライト（ZEOLITE）

スティルバイト、
アポフィライト、プレナイト、
オケナイトを含むクラスター

色	無色、白、青、桃色。
外観	多種多様。大小様々な大きさ。クラスターであることが多い。
希少性	専門店で入手可能。
産地	英国、オーストラリア、インド、ブラジル、チェコ共和国、イタリア、アメリカ合衆国。

特性

　ゼオライトはクリスタルの一群の総称で、多くの場合、一つの母岩の上に一緒に認められます。アポフィライト、オケナイト、ペクトライト、プレナイト、スティルバイトを含みます（p64、204、220、277を参照）。コンビネーションストーンは非常に美しく、環境を高めるために装飾品として使うことができます。毒素と臭気を吸収します。地中に埋めたり、農作物の近くに配置すると、農業と園芸に役立ちます。

　レイキ（霊気）*の石であり、エネルギーへの同調を助け、ヒーリングへの反応を高めます。

ヒーリング

　甲状腺腫の治療、鼓腸の消散、肉体の解毒に用います。依存症、特にアルコール依存に対する支持的効果があり、この目的にはエリキシルを調製することができます。ただし、保存料としてはブランディやウォッカではなくリンゴ酢を使用すべきです。

使い方

　必要に応じて置くか、エリキシルとして使います。

ジンカイト(ZINCITE)

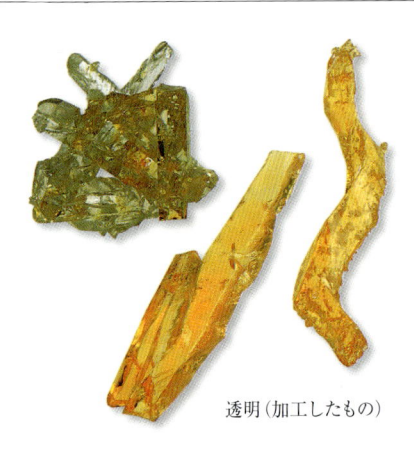

透明(加工したもの)

色	赤、オレンジと黄、緑、無色。
外観	粒状の塊。ポーランド産のもので顕著な透明度を持つ結晶があるが、これは鉱山での精錬工程の一部として形成されたもの。
希少性	専門店で入手可能。
産地	ポーランド、イタリア、アメリカ合衆国。

特性

物理的なエネルギーや個人の力を創造力と統合する、強力な作用を持った石です。この火のような石は、表現プロセスや、枯渇したエネルギー系へのエネルギーの補給を助けることができます。身体からエネルギーの閉塞を取り除き、生命力が妨害されることなく流れるようにします。物理および霊性レベルで豊かさを引き寄せます。また、ライトボディを物理界にしっかりと固定するために使うこともできます。

下部のチャクラ*と共鳴し、全身を活性化して創造力と受胎力を高めます。クンダリーニ*のエネルギーの高揚を助け、本能と直観を高めます。

　自信をもたらし、自分自身の力を見出す能力を与えます。心理面では、ショックとトラウマを癒し、トラウマをもたらすような状況に対処する勇気を与えます。抑うつを和らげ、苦しい記憶を葬り去るためにこれらの記憶を解放します。無気力や、やらなければならないことを先送りしてしまう癖に悩んでいる場合は、あなたが持てる能力をすべて出せるように後押しする力を持っています。また、必要な変化を受け入れることを助けます。

　ジンカイトは恐怖症に有用です。根本原因の究明を助け、徐々にそれを解除し、よりポジティブなモードへの心の再プログラミングを行います。また、催眠コマンドや精神的な刷り込みも解放することができます。

　更年期障害や「空の巣」症候群に苦しんでいる女性には、ジンカイトが徐々に症状を和らげ、人生の転機を受け入れることを助けます。

　ジンカイトはグループ活動を促進し、同じような考えを持った人々を引き寄せて一つにします。また、身体的な関係にも有益です。浄化を必要とする場合は、ヒーリングクライシスを促進することができ、それによってカタルシスをもたらし、その後でシステムを活性化します。

ヒーリング

　皮膚と毛髪の状態を改善します。前立腺や更年期症状に効果があり、免疫系と身体のエネルギーの経絡*を刺激します。CFS、AIDS、自己免疫疾患に対処し、カンジダ症、粘液症状、気管支炎を和らげ、てんかんの予防を助けます。排泄と吸収に関わる器官を刺激し、不妊に関する問題の治療に使われてきました。

使い方

　必要に応じて、置くか、手に持ちます。

ゾイサイト（ZOISITE）

原石

色	無色、白、黄、茶、青、緑、赤、ピンク（チューライト）、ラベンダーと青。
外観	硬い塊、多色*、大小様々な大きさ。
希少性	専門店で入手可能。ルビーと共に入手可能なことが多い。
産地	オーストリア、タンザニア、インド、マダガスカル、ロシア、スリランカ、カンボジア、ケニア。

特性

ネガティブなエネルギーをポジティブなものに変化させ、霊的領域へと結びつけます。

心理面では、他者に影響されたり、基準に合わせようとするのではなく、自己を表現することを助けます。自分自身の考えの実現を助け、破壊的な衝動を建設的なものへ変化させます。無気力を追い払い、抑圧された感覚や感情が表現できるように表面化させます。

精神面では、創造的な石で、中断の後で目的を思い出させます。肉体面では、重い病気やストレスからの回復を促進します。

ヒーリング

解毒作用があり、過酸状態を中和し、炎症を軽減します。免疫系を強化し、細胞を再生し、心臓、脾臓、膵臓、肺の問題に対処します。受胎力を刺激し、卵巣と精巣の疾患を癒します。ルビーと一緒になっている場合は性的能力を強化します。

使い方

必要に応じて、身体の上に皮膚と接触するように身につけるか、置いてください。ゆっくり作用するため、長期間身につけてください。

その他の色

一般的な特性に加えて、以下のような色のものは追加的な特性を持ちます：

タンザナイト（ラベンダー-ブルー・ゾイサイト）は高い波動を持つ熱変成岩で、変成意識状態と極めて深い瞑想状態を促します。見る角度によって色が変化します。このように色が変化する特性は意識の高揚を促進します。天使の領域*、スピリットガイド*、アセンディッドマスター*と結びついています。アカシックレコード*から情報を取り込み、内なる旅と外なる旅を容易にします。基底のチャクラ*から高次の宝冠のチャクラへのつながりを刺激し、高次の心を肉体の領域とコンタクトさせます。喉のチャクラを刺激し、高次のレベルから受け取った洞察のコミュニケーションを促します。ヒーリングでは、頭、喉、胸に作用します。優れたジェムエッセンスを作ることができ、アクアマリンやモルダバイトなどの石との組み合わせが可能です。アイオライトとダンブライトに加えて過去世のヒーリングに用いると、カルマ*によるdis-ease*からくる過去のパターンを解消し、新しいパターンを統合するための空間を作り出します。

タンザナイト

（p287のチューライトとp251のルビー・イン・ゾイサイトの項も参照。）

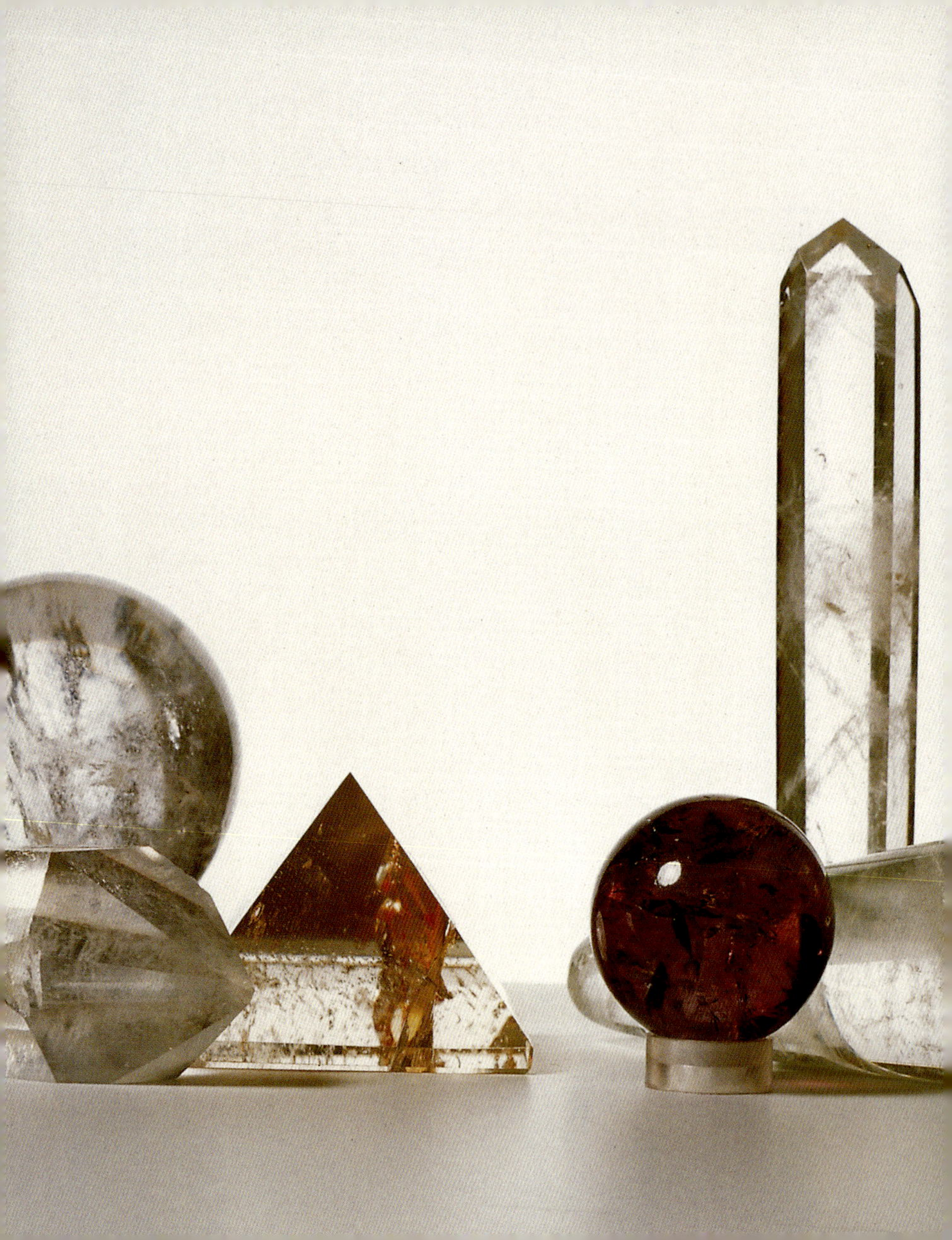

クリスタルの形状

　クリスタルには様々な形と大きさがあります。天然のファセット（小面）やポイント（尖った部分）のあるものもあれば、丸く滑らかなものもあります。クラスター（群晶）を形成するものもあれば、単体で存在しているものもあります。層状のものやブドウの房状のものもあります。天然産のものもあれば、精密な形状に加工されたものもあります。どの形状も、独自の特性と用途を持っています。これらの異なる形状のクリスタルの使い方を知ることは、クリスタルの持つ不思議な可能性を広げることになります。例えば、情報を保存するために、コンピュータが行うような方法でなく、クォーツの能力を使うことができます。ある種の形状は別世界──過去、現在、未来、または、地球もしくは地球外──への窓を開きます。他には、ソウルメイトや富を人生に呼び込むものもあります。

　中心部が洞窟様になったジオードはエネルギーを集めて保持し、ゆっくりと放出するのに対し、クラスターは全方向に急速にエネルギーを放射します。このような形状特有の性質は、あなたがクリスタルを選び、使う方法と関係しています。これらの特性によって、クリスタル使用の効果が素晴らしいものとなるか、あるいはまったくそうでないものになるかという違いをもたらすのです。シトリンのクラスターは富を引き寄せますが、再び流出させてしまう可能性もあります。しかし、シトリンのジオードには維持する特性があることから、お金を手放さないようにすることができ、一方、シトリンのシングルポイントは、ある特定の方向にお金を使うように仕向けます。

クリスタルの外観

ジオードやポイントなどのクリスタルの様々な形状の特性を知ること、また、特定のファセットが持つ可能性を知ることは、クリスタル、特にクォーツの無数の形状の独自の力を活かす上で役立ちます。ある種の形状は天然のものですが、加工されたものもあります。これらの人工的なものの中には、天然に存在する石を真似たものがあります。例えば、大型のクリアークォーツやスモーキークォーツは、背の高いピラークリスタルに加工して装飾品やヒーリングツールに用いることがあり、天然の条件では非常に稀な特殊なクォーツのファセットを再現して、流通量を増やそうとする場合もあります。クリスタルが完全な球状で生じることはほとんどありませんが、何世紀にもわたって、クォーツやオブシディアン、ベリルは水晶占い*の道具として手作業で丁寧に成形されてきました。シーアクリスタルは、その奥をのぞき込んで未来を確かめるために使われます。しかし、ボールクリスタルには別の機能があり、それはエネルギーを周囲のすべての方向へ等しく放射するというものです。

アポフィライトの
クラスター

　クリスタルの中でも特に、クォーツがベースとなっているクリスタルには先端部に自然に生じたファセットがあります。これらは通常は6面で、それぞれが基底から第三の目*までの六つのチャクラ*に相当しており、先端のポイントが宝冠のチャクラとその無限とのつながりを表しています。

　クリスタルの成長方法は、クリスタル活用の奥義の中では重要な意味を持ちます。ベース部分が曇ったクォーツクリスタルが、先端に達するにつれて透明になるのは、霊的な成長の可能性を示しています。クリスタルピラー（柱状クリスタル）ま

たは大きなポイントを持つクリスタルで、ひびやオクルージョン＊を持つものは、人生の中でトラウマを受けたり傷つく時期を指摘することがあります。意識を高めるためには、不純物を取り除く必要があります。完全に透明なクォーツクリスタルは、宇宙と調和した状態を象徴しています。このようなクリスタルを一つ持っておくと、あなたのエネルギーを霊の領域に合わせることができます。

　特定のファセット形状を持つものは大型クリスタルで最も顕著ですが、非常に小さなクォーツポイントでもファセットから形成されたウィンドーを持つことがあります。左を向いた平行四辺形のウィンドーのある形は、あなたを過去へと連れ戻します。これと反対の方向を向いた同型のクリスタルは、あなたを未来へと連れて行きます。異なる形のウィンドーは、チャネリングやヒーリングエネルギーを遠く離れた場所に送るのを助けます。過去の叡智が両側に刻み込まれたレコードキーパー・クリスタルというものもあります。このようないわれのあるクリスタルと共に瞑想することで宇宙の知識にアクセスすることができるのです。また、ソウルメート・クリスタルは本当の愛を引き寄せて離さないようにします。

　クリスタルの内部に虹がある場合は、喜びと幸福を表しています。虹は石の内部の薄いひび割れによって生じます。レインボークリスタルは抑うつの軽減に用いることができます。水入りクリスタルは、何百万年も前の液体の気泡を含んだクリスタルです。これらは、すべてのものの根本にあり、すべてを統合している普遍的無意識を象徴しています。

　それぞれの形状には、ヒーリングの上でも特定の使用法があります。ワンドはエネルギーを鋭く集束させ、ポイントが身体の上に接触している部分を刺激したり、ネガティブな要素を取り去ることができます。両側にターミネーションのあるクリスタルは、古いパターンを打ち破るのを助け、精神と物質を統合する働きをします。卵型クリスタルはエネルギーバランスの不均衡を検出して是正します。シングルポイントのクリスタルはエネルギーを集束して光線とし、スクエアクリスタルはエネルギーを統合し、球状クリスタルはエネルギーを全方位に放射します。次のページからは、様々なクリスタルを上手に使えば優れたヒーリングツールとなることをご紹介します。

クリスタルの外観

自然のポイント

ポイント

多くのクリスタルにポイントがありますが、大きいものもあれば、小さすぎてほとんど肉眼で見えないものもあります。ポイントは自然に生じたものや、人工的に成形されたものがあります。シングルポイントは、一方に明確なファセットを伴ったポイントがあり、クラスターのベース部分から分かれている反対側はごつごつした外見を持つ傾向があります。シングルポイントはよくヒーリングに用いられます。身体からポイント部分を引き離すようにすることでエネルギーを取り去ります。反対にポイント部分を身体の方に向けると、エネルギーの流れを身体に向けます。

自然のポイント

ダブルターミネーション

ダブルターミネーティド・クリスタルは両端に明確なポイントを持ちます。自然のものもあれば、人工的に成形されたものもあります。ダブルターミネーションは、両端から同時にエネルギーの放射や吸収を行い、一度に二方向にエネルギーの経路を作ります。これはバランスを象徴する形状で、精神と物質を統合し、二つのエネルギーポイントの間をつなぐ働きをします。

これらのクリスタルは、ネガティブなエネルギーを吸収して古いパターンを打ち破り、依存症の克服を助けることができるため、ヒーリングに用いると有用です。

また、自分の身体の中で以前閉塞していた部分を統合させるのにも使うことができます。第三の目*の上に置くとテレパシーの能力を高めることができます。

人工的に形成されたダブルターミネーション
(自然のダブルターミネーションについてはp350を参照)

クラスター

　クラスターは多くのポイントがベース部分に集まったものですが、それらは必ずしも固定されていません。小型のものも大型のものもあります。クラスターは周囲の環境にエネルギーを放射すると共に、有害なエネルギーの吸収もします。これらはプログラミングを行って、機能を発揮させるために適切な場所に置いておくことができます。部屋や他のクリスタルの浄化に特に有用です。他のクリスタルを浄化する場合は、浄化しようとする石をクラスターの上に置き、一晩そのままにしてください。

クラスター

ジオード

　ジオードは外部構造の内側に含まれたクリスタルです。中を開くと、たくさんの結晶が内側を向いて伸びている空洞があります。ジオードはクリスタル内部のエネルギーを維持し、増幅します。丸みを帯びた洞窟様の形状と無数のターミネーションにより、エネルギーを拡散し、増幅し、和らげますが、中和させることはなく、必要に応じてゆっくりと外に向けて放射します。これらの石は保護に有用で、霊的な成長を助けます。また、依存症を断ち切るのを助け、常習や耽溺傾向のある性格に有効です。

ジオード

クリスタルの外観

自然に生じたロングポイント

このクリスタルはエネルギーを直線的に集束します。特定の用途向けのクリスタルワンドは、この形状に似せて作られていることがよくあります。ヒーリングや儀式に広く使われます。ポイントを身体に向けると急速にエネルギーを送り、身体から外側に向けると急速にエネルギーを取り去ります。（p354-359のワンドの項を参照。）

ファントム

ファントムクリスタルは、大きめのクリスタルの内部に幻影のように見えます。その形成方法により、はるか昔からの知識を吸収しています。過去を大局的にとらえ、成長や発展への道を示し、停滞を克服するのを助けます。クリスタルの種類によってそれぞれ異なる意味を持ちます。（p233参照。）

ロングポイント

ファントム

ボール

ボールは通常は大型のクリスタルから成形され、たいていは内部に面やひびを持っています。エネルギーを全方向に均等に放射します。過去や未来への窓として用い、時間を越えてエネルギーを移動して、これから起こること、またはこれまでに起こったことを垣間見せてくれますが、これがすなわち水晶占い*と呼ばれるものです。

ボール

スクエア

スクエアクリスタルはその形の中にエネルギーを統合します。意志を固めたり、グラウンディングを行うのに有用です。フローライトのように自然に生じたスクエアクリスタルは、ネガティブなエネルギーを取り去ってポジティブなエネルギーに変換することもできます。

スクエア

ピラミッド

ピラミッド型クリスタルのベース部分には4つの面がありますが、クリスタルが人工的に成形されたものではなく自然に生じたものの場合は、ベース部分自体は四角状になっていることがあります。アポフィライトなど、自然に生じたピラミッド型クリスタルは、エネルギーを増幅させた後で頂点を通してエネルギーを高密度に集束させることから、何かを顕現させるためのプログラムでの使用に適しています。

ピラミッド

また、チャクラからネガティブなエネルギーや閉塞を取り去って、活気にあふれたエネルギーで満たすのにも使うことができます。人工的に成形されたピラミッドは多くの種類の素材から作られたものがあります。これらはクリスタル固有の特性を強調し、集中させます。

エッグ

卵型クリスタルはエネルギーを閉じ込めて形作ることから、身体の閉塞部分を検出してバランスを回復するのに使うことができます。細い方の先端部はリフレクソロジーや指圧に便利な道具となります。また、ストレスがある時には優れた「手を心地よくするツール」となります。

エッグ

アモルファス

オブシディアンのようなアモルファス（非晶質）は特定の形を持ちません。硬い内部組織がないために、エネルギーはアモルファスを急速に貫通します。これらの作用は強力で、しかも即効性です。

アモルファス

レイヤード

レピドライトのような層状または板状のクリスタルは、エネルギーを層状に放出することから、一度にいくつかのレベルで働きかけるのに有用です。このエネルギーはものごとの真相究明を手助けすることができます。

レイヤード・レピドライト

タビュラー

タビュラークリスタルは二つの広い面を持っており、平たいクリスタルとなりますが、その両端はダブルターミネーティドとなることがあります。多くのタビュラークリスタルは刻み目が入っており、これを擦ることでクリスタル内部に含まれた情報を活性化することができます。抵抗が少ないため、エネルギーは自由に流れます。混乱や誤解を取り除き、内面的にも外面的にも、あらゆるレベルでのコミュニケーションを助ける優れた働きをします。タビュラークリスタルは他の領域とのコミュニケーションにおける最良のツールであると言われています。

ヒーリングでは、二つのポイントをつないで完全なバランスをもたらし、テレパシー能力の向上に用いることができます。また、他のクリスタルを活性化させる働きがあります。

タビュラー

エレスチャル

エレスチャルは多くの天然のターミネーションがあり、一つの多層状のクリスタルの上に折り重なっています。エネルギーを徐々に放出し、それによって閉塞や恐れを取り除き、極性のバランスをとり、必要とされる変化への道を開きます。支持と安心を与えることから、感情的な負担を克服し、永遠の自己とつながる上で有用です。このクリスタルは、カルマを理解させるためにあなたを他の世に連れて行ったり、あるいは、進行中の霊的プロセスへの洞察を与えるために、あなたの内面の深い部分へ連れて行くことができます。

エレスチャル

オクルージョン*

オクルージョンは、通常はクォーツクリスタルの内部の他のミネラルの沈殿によって形成されます（p108クロライトの項を参照）。ミネラルの種類によって曇った点や斑点となって現れます。ミネラルは表面にも沈殿することもあり、反対側から見た時に透けて見えます。オクルージョンはミネラルのエネルギーを放射しますが、ミネラルのまわりのクォーツによってこのエネルギーの集束と増幅が行われます。

オクルージョンを伴ったチベットクォーツ

アバンダンス

アバンダンスクリスタルは、1本の長いクォーツクリスタルと、そのベース部分にクラスター状に付着したたくさんの小さなクリスタルからなります。その機能は、富と豊かさをあなたの人生に引き寄せることです。最も適した置き場所は、家または職場の富を象徴するコーナー——玄関から最も遠い左手奥——です。

アバンダンス

クリスタルの外観

ジェネレータ

シングルポイントのジェネレータクリスタルは、六つのファセットを持ち、それらが均等に一つの尖ったポイント部分に集まっています。大型のものも小型のものも、この強力なクリスタルは、エネルギーを発生させるのに最適な形状をしています。ジェネレータクリスタルはヒーリングエネルギーを最適化します。また、意図の焦点を絞ったり明確にするのを助けます。

ジェネレータクラスターは非常に大きく、長いポイントをいくつも伴っており、そのポイント毎に異なる目的に基づいてプログラミングを行うことができます。ジェネレータクリスタルはグループを穏やかに調和した状態にします——それぞれの人がその人専用にプログラミングされたポイントを持つことができるのです。ヒーリングエネルギーの生成に非常に効果があり、グループでヒーリングを行う際に中央に置かれることがよくあります。

大きなジェネレータポイント

ジェネレータクラスター

マニフェステーション

　マニフェステーションクリスタルは希少で貴重な石です。二つ以上の小さなクリスタルが大きなクリスタルよって完全に包み込まれています。自分が顕現させたいものが完全に明確になっている場合は、このクリスタルが力になります。特にその内容が慎重にプログラミングされている場合にはより効果があります。自分が望むものについてためらいや混乱があったり、あるいは純粋に利己的な理由から何かを望んでいるような場合には、クリスタルは機能できません。また、マニフェステーションクリスタルは、創造性や独創的な思考を刺激し、視覚化を促し、惑星レベルのヒーリングを発動させるのに用いることができます。このクリスタルはグループワークに非常に適したクリスタルで、全体の利益のためにプログラムされた場合には、その至高の目的のために機能します。

マニフェステーション

クリスタルの外観

大きなカテドラル
クォーツ

カテドラルクォーツ

　カテドラルクォーツは、宇宙のコンピュータのようなもので、古代の叡智を含んでいます。地球上で起こったすべての記憶を保管したライトライブラリー*なのです。カテドラルクォーツの多くは非常に大型で、例えば左ページの写真のものは前腕よりも長いものです。しかし、小さなものでもあなたが必要とする情報を与えてくれます。本書の一部分は、手のひらサイズのカテドラルクォーツの天然ジェネレータでブリッジ状クリスタルが点在したものの助けを得て書き上げました。

　カテドラルクォーツは、複数の複雑な石片または独立した石片で構成されているように見えるかもしれませんが、実際にはこれらは主たるクリスタルの一部で、複数のターミネーションを持ち、頂点部分で少なくとも一つ以上のポイントを持ったものなのです。

　ライトライブラリーはカテドラルクォーツと共に瞑想することでアクセスできます。ライトライブラリーは、宇宙の意志への同調を助け、集団の想念に対し受容体や送信体として機能します。集団の想念は、このクリスタルの純粋なエネルギーとのコンタクトを通してより高次の波動へと高められます。また、アカシックレコード*へのアクセスも提供します。

　カテドラルクォーツは、2千年毎に姿を現して、想念をより高次の波動へ高めることで意識の進化を支援すると信じられています。この石にはより良い世界にするためのプログラミングを行うことができます。

　痛みのある部位に置くと、著しい鎮痛効果があることが認められています。

クリスタルの外観

レコードキーパー

　レコードキーパー・クリスタルは一つまたは複数の側面に明確なピラミッド型の蝕像（エッチ）を持っています。これらの形は離れていることがあり、面が複数の三角形で覆われているものもあれば、三角形が一つしか見えないものや、各面のまわりに山形模様として刻まれているものもあります。これらのクリスタルは透明なクォーツであることが多いのですが、必ずしもそうとは限りません。精神、肉体、情緒、霊性の完全な調和および全能の目を象徴しています。

　レコードキーパーは、これまでのすべての出来事が刻まれている霊的な叡智への入り口です。レコードキーパーを使う場合は、眼識と誠実さが必要とされます。一つの三角形部分を第三の目＊に置いて瞑想すると、個人または集団の過去世にアクセスしたり、自分自身の叡智に再度波長を合わせたりして、進化のための洞察を促すことができます。このクリスタルを手に持ち、ピラミッド部分を1本の指でそっとこすって「本を開く」ことができます。

　レコードキーパーはあなたの内なる自己を探るのに優れたツールです。成長への触媒として働くことができ、前進を妨げているものを取り除く助けをします。あなたの存在全体を活性化し、燃え尽きてしまうのを防ぐことができます。（p98のセルサイトのレコードキーパーの項も参照。）

クォーツのレコードキーパー

エッチド（蝕像付き）

　エッチドクリスタルは、表面に刻まれた象形文字や楔形文字のように見えます。瞑想に使うと、あなたを古代文明にいざない、過去世の叡智や知識へアクセスさせてくれます。霊的な訓練やイニシエーションの際に波長を合わせるために使用すると、生来備わっているスキルやヒーリング能力を目覚めさせるのに非常に有用です。

　エッチドクリスタルは、個人的なクリスタルで、1人の人のみが使うべきであると言われていますが、使用前後に適切に洗浄と再プログラミングを行うことで、他の魂が意識的にその過去の知識へアクセスできるように上手く導くことが可能です。dis-ease*や破壊的な情緒パターンが定着する前に遡る過去世療法では特に有用で、退行状態に入る人は、原因となっている重荷がない状態を感じることができ、内的完全性の回復を促進することができます。

エッチドクォーツ

セプタークォーツ

　セプタークォーツは大型の円柱状で、一方の端の周りに別の結晶が形成されています。クォーツのロッドに明確な盛り上がりがあり、先端が幅広くなっている小型のものや、逆セプターとして、大型のベース部分の石に小さな結晶または不透明なポイントが現れているものもあります。

　大型のセプタークォーツは非常に特別な石です。瞑想のツールとして使うと、古代の叡智へと接続し、高い波動へのチャネリングを促進します。エネルギーの生成と増幅を行い、問題の中心または精妙体*の中心へとヒーリングパワーを導くことから、セプタークォーツは優れたヒーリングツールとなります。Dis-ease*が解消し、エネルギーが肉体、精神、情緒、または霊性レベルで必要に応じて再構築されます。特定の方向にエネルギーを送る必要がある場合に特に有用です。

　これらの石がアトランティスやレムリア*において霊的権威の象徴として用いられ、現代にクリスタルパワーをもたらすために再び現れたとする伝説があります。自然の男根として、受胎に関わる問題や男女のエネルギーのバランスをとるために使うことができます。

　逆セプターはヒーリングエネルギーを伝達、浄化し、ヒーラーへエネルギーを返します。これらは心を錯覚から解き放ち、静止状態へと導きます。

　他のクリスタルもセプターとして見つかることがあります。長く繊細な天然セレナイトのワンドが別のクリスタルに付着して、高い波動を放射し、深遠な叡智や古代の知識を伝える強力なヒーリングツールとなることがあります。セレナイトのセプターは、肉体または感情レベルで過去世の傷が刻み込まれ、現世の肉体に影響を及ぼしている、エーテルブループリント*のdis-ease状態または損傷を受けた部分を切り取るのに使うことができます。

クリスタルの外観

大きなセプター

逆セプター

クリスタルの外観

タイムリンク（アクティベータ）

タイムリンクまたはアクティベータと呼ばれるクリスタルには、右型と左型の二つの形態があります。クォーツの独自な螺旋状原子構造により、小さな平行四辺形が左右いずれかに傾いた窓を形成します。この形成は、時間は、私たちが地球上に存在する間の経験を体系づけるために用いる幻影ですが、実際には私たちが理解しているような時間は存在しないことを示唆しています。左旋回のタイムリンクは、あなたを他の世や霊的次元を探検させるために「過去」へ連れて行き、右旋回のタイムリンクは、あなたを明らかに未来とわかる次元に連れて行き、未来は我々が作り出すものであることを示すのです。クリスタルの中にはこれらの両方を示すものもあります。

アクティベータクリスタルの対になった組み合わせは、右脳と左脳を統合するのに優れたツールであり、身体の半身障害を癒すために使うことができます。特に、脳の損傷や機能障害に有効で、左旋回のアクティベータは右半身の問題を治療し、右旋回は左半身のdis-ease*を回復させます。アクティベータはチャクラ*の調整にも使うことができ、右旋回のものは身体の後ろから、左旋回のものは身体の前からチャクラに作用します。

タイムリンク（左型）　　　　　　タイムリンク（右型）

ダイヤモンドウィンドー

　クリスタルの最上部にある平らな面をウィンドーと呼びます。ウィンドーはダイヤモンド型の場合があり、また、大型のものも小型のものもあり、頭脳の明晰性や様々な存在レベルから受け取った情報の体系化を促します。ダイヤモンドウィンドーを見つめることにより、クリスタルはあなたを内面の奥深くへ連れて行ったり、誰か他の人のために情報を読み取ることを可能にします。

　真正なダイヤモンドウィンドーは大きく、頂点部分とベース部分につながっていますが、小さなダイヤモンドウィンドーであっても霊的世界と物質世界の間のバランスをとるのを助け、日常の現実の中で生活しながら、同時により素晴らしい現実とつながることを可能にします。ダイヤモンドウィンドーは、他の存在レベルへの入口と自己との深い結びつきをもたらします。存在の内面状態やdis-easeの原因を反映し、行方不明者の所在や環境を突き止めようとする場合には、その人の姿がダイヤモンドの中心に非常に強く投影されるなら、捜索を手助けすることができます。(p352-353も参照。)

ダイヤモンドウィンドー

クリスタルの外観

セルフヒールド

　セルフヒールドのクリスタルは沢山の小さなターミネーションを持ちますが、それらは、ベース部分の上で破損していた部分が、後に新しいクリスタルが形成することによって修復されたものです。傷を癒すクリスタルとして自己治癒の素晴らしい智恵を持っており、喜んでそれをわかち合おうとしています。このクリスタルは、その損傷や傷の程度に関わらず、治癒の方法と再び全体性を取り戻す方法を教えてくれます。

セルフヒールド

アンセストラル・タイムライン

　アンセストラル・タイムラインのクリスタルは、非常に透明で平らな出っ張りがベース部分から頂点に向かって伸びています。家族の悩みがある場所や、アンセストラルラインがどのくらい遡るかを示すようなフォールトラインがあることもよくあります。このクリスタルに波長を合わせると、家族のdis-ease*の原因を表面化させて、それを癒し、その癒しを世代を超えてdis-easeが現れる前の時点まで送り込むことを可能にします。家系全体を変化させて、クリスタルの恩恵を未来の世代へと伝えます。

タイムライン

ゲートウェイ（アパーチャ）

ゲートウェイまたはアパーチャとも呼ばれるクリスタルは、カップ型の窪みを持ちますが、その大きさは液体を入れることができるほどになります。液体を入れた中心部分を見つめると、異界への門が開いて過去、現在、未来を旅することができるようになります。霊視や心霊能力を促進するジェムエリキシルの調製に最良の石です。

キー（アパーチャ）

キークリスタルは、面の一つに窪みまたは開口部を持っており、その窪みはクリスタルの奥になるほど狭くなっています。この窪みは、通常は3面または6面ですが、必ずしもそうとは限りません。普段は隠されている自分自身の一部を解明するための、あるいはあらゆる種類の隠された情報へのアクセスのための入口を提供しています。このようなクリスタルの一つを使って瞑想することで、幻影が取り払われ、隠されているもの、特にあなたの潜在意識によって隠されているものが明らかとなります。魂を阻害しているものを解き放つためや、関係を断ち切るための優れたツールとなります。

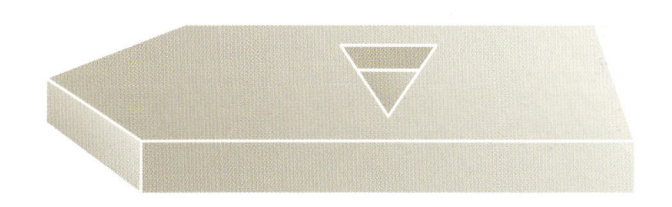

キー

ライフパス

ライフパス・クリスタルは、長く、薄く、透明なクォーツの結晶で、一つ以上の完全に滑らかな側面を持っています。このクリスタルはあなたの人生の目的にアクセスし、時代の流れに従い、至福の喜びを追求するのを助け、霊的な運命へと導きます。この石は、あなたに自分のエゴや欲望ではなく魂に従うことを教えてくれます。

スパイラルクォーツ

スパイラルクォーツは、軸に沿ってはっきりとしたねじれを持ち、すべてのレベルにおけるバランスの維持に有益です。瞑想中に普遍のエネルギーを体内に引き込んで、しっかりと固定します。クンダリーニ*のエネルギーの上昇を妨げるエネルギーの閉塞をすべて解消することにより、チャクラ*を介したクンダリーニの上昇を刺激することができます。

ライフパス

スパイラル

シートクォーツ

シートクォーツは、多くの場合二つのクリスタルの間に透明で平らな層として存在しています。他次元へのウィンドーを提供して交信を促進し、アカシックレコード*へアクセスします。関係する過去世へ接触し、自分自身の内面深くに到達することができます。第三の目*を刺激し、視覚化や霊視を促進することにより、心霊能力の完全利用を促します。瞑想で用いると、あなたを答のある場所へと導きます。

コンパニオン

コンパニオンクリスタルは、絡まりあった二つのクリスタルを持ち、部分的に互いに入り込むようにして成長しているものや、小さなクリスタルが主たるクリスタルから成長しているものもあります。時には一方のクリスタルが他方を完全に取り囲むこともあります。コンパニオンクリスタルは育む作用をもち、非常に大きな支えをもたらしますが、特に困難に直面した時に効果があります。関係をより良く理解し、パートナーの一方が他方に最良の支援を行うにはどうすれば良いかの認識を促します。

シートクォーツ

コンパニオン

クリスタルの外観

ソウルメート

タントリック
ツイン

ソウルメート（タントリックツイン）

　ソウルメート・クリスタルは、まさにその名が示す通り、ソウルメートをあなたのそばに引き寄せますが、これは性的なパートナーではないかもしれません。タントリックツインとも呼ばれ、ほぼ同じ大きさの二つのクリスタルが共通のベース部分から成長しているもので、一面で連結していますが、ターミネーション部分ははっきりと分かれています。タントリックとは「エネルギーの結合」を意味します。このクリスタルは、あらゆる種類の関係に効果があります。大きさが近いほど、その関係はより調和のとれたものとなるでしょう。

　これらの石は、2人の人間を緊密で親密な関係に結びつけることについての強力なメッセージを持っています。対等なパートナーシップを結びながらも、それぞれが独自性と独立性を保つ方法を教えます。素晴らしい関係を結ぶには、自分自身に満足している必要があります。もしそうでない場合は、あなた自身の

クリスタルの外観

未解決の問題をパートナーに投げかけてしまうでしょう。タントリックツインは、あなたが本当に自分自身を知り、受け入れる助けをします。その結果、他者との相互依存と深い親密さが可能となるのです。

　大きさの異なる部分からなるツインクリスタルは、母と娘、父と息子、雇用主と従業員のような関係にある場合に有用です。このような状況では、より強い無条件の愛が表れるのを助け、2人をより強力な調和へと導きます。

　幸運にも、交差部分を横切るように鮮やかな虹が入ったソウルメートまたはタントリックツインのクォーツを見つけたなら、2人の関係は特に調和のとれたものとなるでしょう。真のソウルメートを見つけるのです。ソウルメートクリスタルをあなたの家または寝室の人間関係を象徴するコーナー、すなわち入口の右手奥へ置いてください。

　真のタントリックツイン・クリスタルは二つの全く同じクリスタルが隣り合って並んだものです。霊的または物質的に関わらず、対等に一緒に働いている2人に最適な石です。また、これらは自分自身の中にある異なるレベルを調和させ、統合させるために使うことができます。ダブルターミネーティドのタントリックツインは、上昇、すなわち波動を高めるのに最適な石で、高次の自己を魂の目的にあわせて導きます。

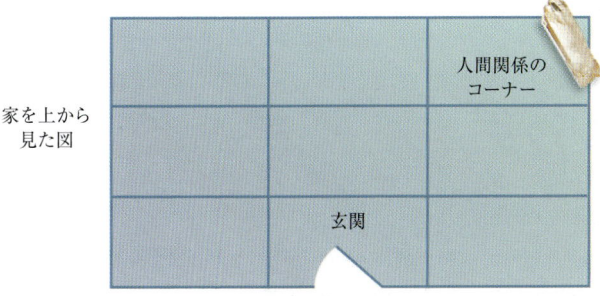

家を上から見た図

人間関係のコーナー

玄関

人間関係を象徴するコーナーは、玄関または各部屋の入口の右手奥。

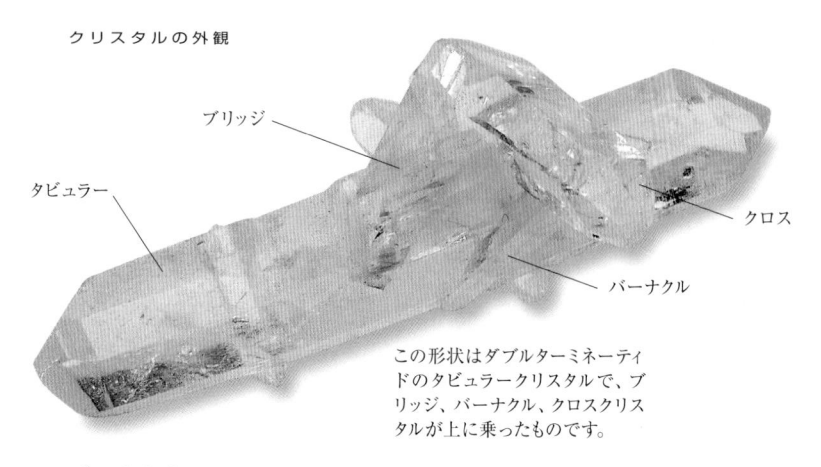

クリスタルの外観

ブリッジ

タビュラー

クロス

バーナクル

この形状はダブルターミネーティドのタビュラークリスタルで、ブリッジ、バーナクル、クロスクリスタルが上に乗ったものです。

バーナクル

　バーナクルクリスタルは、大きいクリスタルの表面全体または一部がたくさんの小さなクリスタルで覆われたものです。大きい方のクリスタルは「オールドソウル」と呼ばれ、その智恵が若いクリスタルを引きつけています。家族または共同体の問題に関する瞑想と、サービス業に従事する人々に有用です。共通の目的を強調し、協働を促進する凝集力のある集団エネルギーをもたらします。愛する人を失った後の心の痛みを大いに和らげると言われています。

ブリッジ

　ブリッジクリスタルは、別の大きなクリスタルから成長したものです。その名前が示す通り、ギャップを埋め、ものごとを一つにまとめます。内的世界と外的世界、高次の自己と自我、自分と他者を結びつけるのに使うことができます。演説や講演に有用で、特に新しい考えを伝えようとする場合に効果があります。

クロス

クロスの形状は、一つのクリスタルが別のクリスタルに対して直角についたもので、たいていの場合、付着される側の方が大きくなっています。あなたの内面を安定させ、世界の多様性へ導き、霊的学びを促進します。この形状はエネルギーインプラント*を取り払い、すべてのチャクラの障害物を取り除き、活性化します。

ブッダ (仏陀)

ブッダクリスタルは、その形状が、クリスタルの上側の象限に座した仏陀に非常に似ていることが特徴です。クォーツやダンブライトなどのクリアークリスタルに生じ、悟りや深い瞑想に最適なクリスタルで、特に高次の意識に到達しようとする集団による悟りや瞑想に有効です。ブッダクリスタルは、あなたが道を歩むのを助け、肉体、精神、霊的世界における道しるべの働きをします。東洋の古代の叡智が松果体へ転送されるのを助け、松果体からさらに意識への転送を促します。

ブッダ

クリスタルの外観

チャネリング

チャネリング＊クリスタルは、ターミネーションの前面に七角形一つと、反対側に三角形一つを持ちます。その名前が示す通り、ヒーリングエネルギーや高次の世界からの情報をチャネリングし、学びの内容を表現するのを助けます。チャネリングクリスタルは、トランスチャネリングを促すことができますが、このような技術に熟練した人のみが用いるべきです。

トランスミッタ

トランスミッタクリスタルは、二つの七角形と、その間に二つの正三角形を持ちます。遠隔ヒーリングや、エネルギーまたは思考の送信に用いることができます。可能な限り最も純度の高い波動と結びつき、直観を開き、高次の領域からの智恵とコミュニケーションを引き寄せます。

トランスチャネリング

トランスチャネリング・クリスタルは、チャネリングクリスタルとトランスミッタクリスタルが組み合わさったものです。三つの七角形と、それぞれの間に正三角形を一つずつ持つ珍しい形状をしています。高い創造力を持つクリスタルであると言われ、人類のため専用に用いられ、個人の叡智および集団の叡智の最高レベルにアクセスすることができ、どのような状況へも直観的な気づきをもたらします。

トランスミッタ

トランスチャネリング

クリスタルの外観

シーアストーン

シーアストーンは、水力で研磨された天然の石で、内的世界を明らかにするにはカットします。

過去、現在、未来を示し、あなたの自分の内的自己へと奥深く導くことができるため、水晶占い*の支援ツールとして優れています。また、特定の時間枠へと導き、その智恵へアクセスできるように、シーアストーンをプログラミングすることができると言われています。

シーアストーン

イシス(ゴッデス)

イシスクリスタルは、五角形の特徴的な面が一つあり、少し矢尻に似た長く尖ったポイントが一つあります。肉体、精神、情緒、霊性まで、あらゆる壊れたものを癒すのに非常に有用です。霊的エネルギーを情緒体に統合し、よりバランスのとれた楽しい気持ちをもたらし、他者の苦しみの過剰識別を和らげるのに用いることができます。自分の心の奥深くへ導いて、癒しや洞察、受容を得ることができます。自分本来の思いやりにあふれた本質をもっと知りたいと願う男性に有用で、他には、神経質な子供の性格の安定を助けることもできます。イシスクリスタルは、変化に直面したすべての人に有用で、特に次の世界へ移行しようとしている人に役立ちます。

イシス

クリスタルの外観

加工した
ワンド

ワンド

ワンドは、シャーマン、ヒーラー、形而上学者たちによってヒーリングツールとして伝統的に使われてきました。神話や伝説に登場する魔法のワンドは、アトランティス文明の高度な技術を習得したクリスタルヒーラーたちによって用いられたと信じられており、現代でも多くの施術者は、これらのはるか昔のワンドが、強力なプログラミングを伴って再び現れていると信じています。

ワンドは、その先端を通してエネルギーを狭い範囲内に集束する能力を持ちます。ほとんどのワンドは人工的に成形されていますが、石自体は自然に生成されたものです。強力なレーザークォーツのワンドのようにロングポイントのクリスタルは、ヒーリングツールとして優れています。

ワンドのヒーリング能力は、目的をもってプログラミングされると(p29参照)大いに増強されます。ワンドを使う際に重要なことは、意識的に宇宙のヒーリングエネルギーをあなたの宝冠のチャクラ*から入れ、腕を経由して、ワンドを持っている手からさらにワンドの中に流し入れることです。ワンドの中に入ったエネルギーはそこで増幅されて患者の中へと伝えられます。この目的のために自分自身のエネルギーを使うことは、近視眼的であり、非効率的です。なぜなら、そうしてしまうと、あなたの力は弱って消耗してしまい、あなた自身が癒しを必要とすることになってしまうからです。

クォーツワンド

長い透明なクォーツワンドは、天然のものであれ人工的に成形されたものであれ、ポジティブなエネルギーとネガティブなエネルギーの両方を発します。エネルギーを強力に増幅させて、必要なところに集束させたり、あるいは必要に応じてエネルギーを取り去ったり分散させたりします。クォーツは、dis-ease*の根底にある問題を突き止め、それを変化させるために使うことができます。肉体またはオーラ*の中で閉塞や弱点のある部分に向けて手当をします。

レーザークォーツ

　レーザークォーツは自然に形成された、細長いクォーツクリスタルで、先端に近づくにつれて細くなっており、先端には非常に小さい面があります。たいていの場合、側面は軽くカーブしています。非常に強力な道具であるため、慎重に用いるべきです。決して誰彼なしに無作為に先端を向けてはならず、明確な意図を持っている場合にのみ用いるべきです。このアドバイスを守るならば、このクォーツはヒーリングツールとして驚くべき効果を持ちます。

　レーザークォーツは、その中を通り抜けるエネルギーを集束、凝縮、加速させて、レーザーのような働きを持つ1本の細い光線を生み出します。心霊手術に適しており、指圧のツボを刺激し、松果体や下垂体のように身体の非常に小さな構造へ到達したり、あるいは肉体や精妙体への精密な作用をすることができます。このワンドは心霊体または付着物を引き離して他者へ結びつけ、あらゆる種類のネガティブな要素を取り払うことができます。オーラや肉体にとって強力な保護作用があります。精神または情緒レベルでは、不適切な姿勢や古い思考パターン、エネルギーの閉塞を取り除きます。

レーザークォーツ

クリスタルの外観

トルマリンクォーツ

トルマリンの筋が入ったクォーツは、ストレスまたはトラウマに関わらず「がんじがらめ」になった人に非常に有効です。ヒーリングエネルギーが体の中に流れ込むような入口を徐々に開き、経絡*と内蔵を調整して再活性化します。チャクラ*とオーラ*を浄化し、エネルギーを補充し、優れた防御作用ももたらします。トルマリンクォーツは、他の世から引き継がれた破壊的なパターンや行動を解消し、固定されつつあり、来世へ引き継がれるであろう現世のネガティブな要素を軽減します。自信と自尊心の間のギャップを埋め、ネガティブな要素が戻らないようにします。

トルマリンワンド

天然のトルマリンワンドは便利なヒーリングツールです。オーラから障害物を取り除き、閉塞を取り去り、ネガティブなエネルギーを分散させ、特定の問題の解決策を示します。チャクラのバランスをとり、結びつけるのに最適です。肉体レベルでは、エネルギーの経絡のバランスを再調整します。

天然の
トルマリンワンド

フォーゲルワンド

　フォーゲル(およびフォーゲル形)ワンドは非常に精密な波動信号を持っています。非常に高く純粋な波動を持つ素晴らしい効果のあるヒーリングツールを作成するために、クォーツワンドの側面の下部に特定の角度で面が特別に刻まれて作られたものです。フォーゲルワンドの力と特性はその面の数によって異なります。短く太い端の方が女性型で、プラーナエネルギーを引き寄せますが、プラーナエネルギーは面の中を渦巻きを描きながら通り抜ける際に増幅されていきます。長く細い端の方が男性型で、エネルギーを強力に集束されたレーザー様の光線として外に放出します。チャクラを結びつけ、付着した心霊体*を取り除き、ネガティブな要素を取り払うのに優れた効果があります。エネルギーの閉塞を検出して是正し、身体のまわりおよび内部のエネルギーの場を強力に結合させます。

　このクリスタルは、極めて厳密な方法でプログラミングと使用を行う必要があり、適切な訓練を受けた後で用いるべきです。

フォーゲル形ワンド

フローライトワンド

　フローライトワンドは人工的に成形され、最も多い例は、グリーンフローライトとパープルフローライトの混合物から作られるものです。そのエネルギーには素晴らしい鎮静作用があり、皮膚の上を撫でるようにすると痛みや炎症を軽減することができます。小さなワンドであっても非常に大量のストレスを吸収し、もし浄化されないでいると、緊張によってひびが入ることがあります。ワンドを水に浸して浄化し、その後、水を大地に戻して痛みを変化させることが、よく勧められています。

オブシディアンワンド

　オブシディアンワンドは、情緒体の内部にネガティブなエネルギーがあって取り除く必要があり、患者がこれらのエネルギーを表面に出す準備ができている場合に理想的なクリスタルです。一旦エネルギーが放出されると、オブシディアンワンドはオーラ*を保護し、大地へ結びつけ、前進する道を示します。診断や閉塞部位の特定に使うこともできます。

アメジストワンド

　アメジストワンドは、眉間のチャクラ*を開いて松果体を活性化させ、直観的な眼力を刺激するのに完璧なツールです。また、仙骨のチャクラとオーラから閉塞を取り除く働きもあります。オーラが弱くなった部分を癒し、保護するために使うこともできます。

特別に形成された
クリスタルワンド

ローズクォーツワンド

　ローズクォーツワンドには、素晴らしい平穏が吹き込まれています。精神的苦痛を鎮め、失恋を癒すのに優れた効果がありますが、動揺や不安のあらゆる状態に対しても同じように効果があります。この石の穏やかな作用を受けて、動悸は急速に治まり、上昇した血圧も正常に戻ります。チャクラが異常回転している場合には、即座にエネルギーを安定させて調和をもたらします。

スモーキークォーツワンド

　スモーキークォーツは、ネガティブなエネルギーをグラウンディングし、保護作用をもたらすのに優れたクリスタルです。基底のチャクラをあなたの足の下にある大地のチャクラに結びつけることによって、基底のチャクラのエネルギーをグラウンディングします。エーテル体の基底のチャクラ*を浄化し、あらゆるジオパシックストレス*の影響を無効にします。ネガティブなエネルギーを取り除く必要があるすべての身体部位に用いることができます。

天然の
スモーキー
クォーツワンド

セレナイトワンド

　セレナイトワンドは非常に純粋な波動を持っています。オーラから心霊体（エンティティ）を引き離したり、なんらかの外的な力が心に影響を及ぼすことを防ぐために用いることができます。

天然の
セレナイトワンド

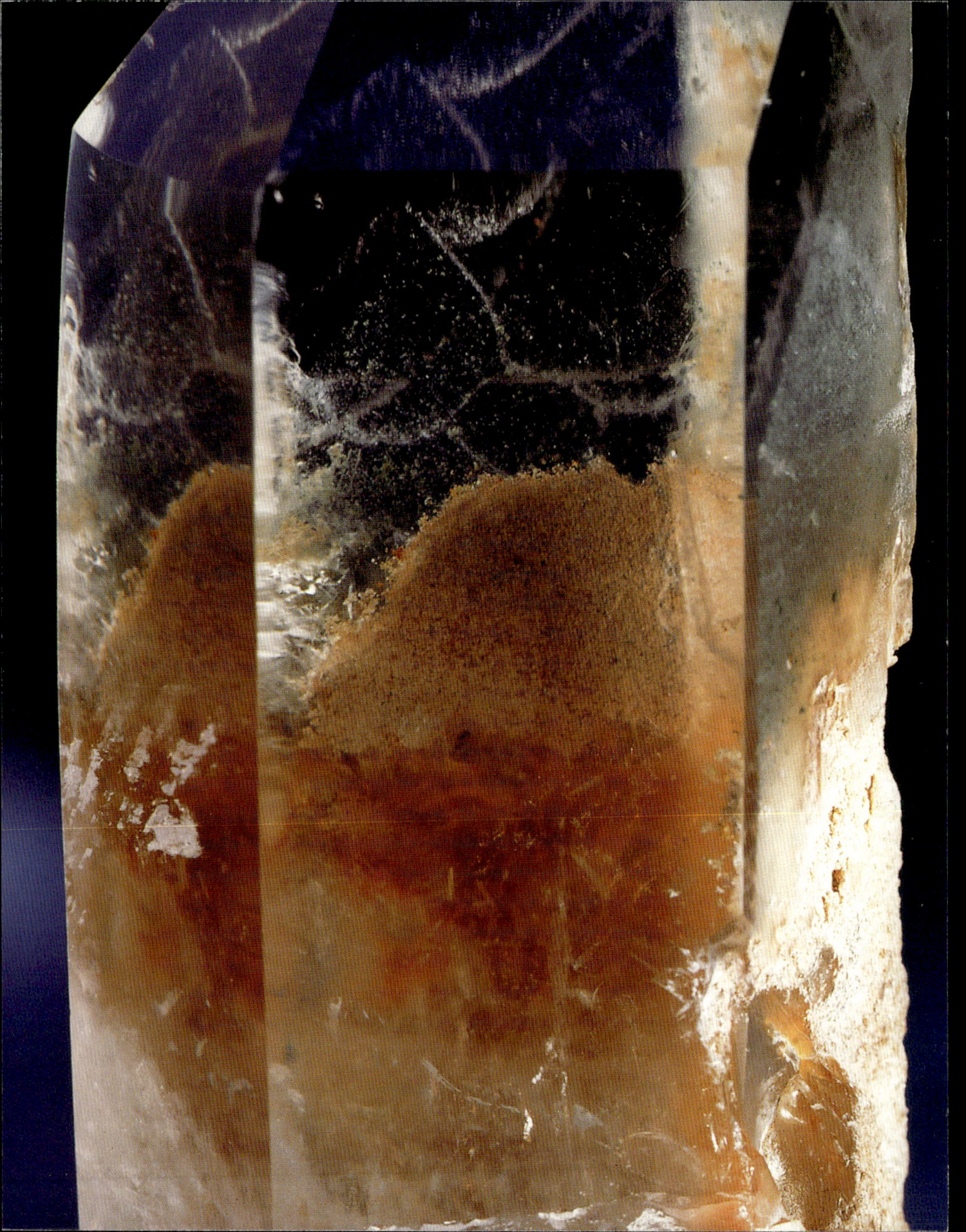

クリスタル活用のための情報一覧表

　次のページ以降では、クリスタルと占星術、クリスタルと身体、クリスタルとチャクラ*およびオーラ*の関係、クリスタルの望ましいレイアウトやグリッド、ジェムレメディの方法についての情報一覧表を設けました。これらの情報は、あなたがクリスタルを選ぶ際の手助けをすると共に、クリスタルに関する一般原則をご紹介することを目的としています。

　例えば、ヒーリングや防御を目的としたクリスタルのレイアウトは、あなたの目的に対して簡単に適応させることができます。意図に最も近いレイアウトを調べたり、身体との相関関係のページや索引を見たり、必要なクリスタルを見つけたりしてください。図鑑のページでクリスタルの特性を確認すれば、より詳しく細かいレベルでクリスタルを選ぶのに役立つことでしょう。レイアウトのページに示したようにクリスタルを置いたり、個別の必要に応じてレイアウトを変えてみてください。例えば愛を求めている場合には、ローズクォーツやロードクロサイト、ロードナイト、クンツァイトのようなクリスタルを使った心臓のチャクラ*のヒーリングレイアウトを使うことができます。熟年世代の場合には、人生後期の愛を促すと言われるグリーンアベンチュリンを加えると良いでしょう。情熱を求めている場合には、レッドジャスパーやグリーントルマリンが刺激を与えてくれます。すぐにあなたも自分の直観に基づいてニーズにぴったりあったクリスタルの正確な組み合わせを選ぶことができるようになるでしょう。

クリスタルと占星術

　誕生石は星のエネルギーを大地に結びつけて増幅します。占星術の十二星座は、それぞれ伝統的にクリスタルと密接な関係を持っています。誕生月によって決まるものもあれば、星座の支配星によって決まるものもあります。新しいクリスタルが発見されるにしたがって、各星座に割り当てられるようになっています。次の表を利用してください。

ガーネット

星座	クリスタル
牡羊座 3月21日～ 4月19日	ルビー、ダイヤモンド、アメジスト、アクアマリン、アベンチュリン、ブラッドストーン、カーネリアン、シトリン、ファイアーアゲート、ガーネット、ジェイダイト、ジャスパー、クンツァイト、マグネタイト、ピンクトルマリン、オレンジスピネル、スピネル、トパーズ
牡牛座 4月20日～ 5月20日	エメラルド、トパーズ、アクアマリン、アズライト、ブラックスピネル、ボジストーン、ダイヤモンド、カイアナイト、クンツァイト、ラピスラズリ、マラカイト、ローズクォーツ、ロードナイト、サファイア、セレナイト、タイガーアイ、トルマリン、バリサイト
双子座 5月21日～ 6月20日	トルマリン、アゲート、アパタイト、アポフィライト、アクアマリン、ブルースピネル、カルサイト、クリソコラ、クリソプレーズ、シトリン、デンドリティックアゲート、グリーンオブシディアン、グリーントルマリン、サファイア、サーペンティン、トルマリンクォーツ、ルチルクォーツ、タイガーアイ、トパーズ、バリサイト、ゾイサイト、ウレキサイト
蟹座 6月21日～ 7月22日	ムーンストーン、パール、アンバー、ベリル、ブラウンスピネル、ネリアン、カルサイト、カルセドニー、クリソプレーズ、エメラルド、オパール、ピンクトルマリン、ロードナイト、ルビー、モスアゲート、ファイアーアゲート、デンドリティックアゲート
獅子座 7月23日～ 8月22日	キャッツアイ、タイガーアイ、ルビー、アンバー、ボジストーン、ネリアン、クリソコラ、シトリン、ダンブライト、エメラルド、イアーアゲート、ガーネット、ゴールデンベリル、グリーントルマリン、ピンクトルマリン、クンツァイト、ラリマー、マスコバイト、オニキス、オレンジカルサイト、ペタライト、パイロリューサイト、クォーツ、レッドオブシディアン、ロードクロサイト、トパーズ、トルコ石、イエロースピネル
乙女座 8月23日～ 9月22日	ペリドット、サードオニキス、アマゾナイト、アンバー、ブルートパーズ、ダイオプテース、カーネリアン、クリソコラ、シトリン、ガーネット、マグネタイト、ムーンストーン、モスアゲート、オパール、ペリドット、パープルオブシディアン、ルベライト、ルチルクォーツ、サファイア、ソーダライト、スギライト、スミソナイト、オケナイト

クリスタル活用のための情報一覧表

天秤座 9月23日〜 10月22日	サファイア、オパール、アメトリン、アポフィライト、アクアマリン、アベンチュリン、ブラッドストーン、キャストライト、クリソライト、エメラルド、グリーンスピネル、グリーントルマリン、ジェード、クンツァイト、ラピスラズリ、レピドライト、マホガニーオブシディアン、ムーンストーン、ペリドット、トパーズ、プレナイト、サンストーン
蠍座 10月23日〜 11月21日	トパーズ、マラカイト、アパッチティアー、アクアマリン、ベリル、ジストーン、チャロアイト、ダイオプテース、エメラルド、ガーネット、グリーントルマリン、ハーキマーダイヤモンド、クンツァイト、ラカイト、ムーンストーン、オブシディアン、レッドスピネル、クロサイト、ルビー、トルコ石、ヒッデナイト、バリサイト
射手座 11月22日〜 12月21日	トパーズ、トルコ石、アメジスト、アズライト、ブルーレース・アゲート、カルセドニー、チャロアイト、ダークブルー・スピネル、ダイオプテース、ガーネット、ゴールドシーン・オブシディアン、ラブラドライト、ラピスラズリ、マラカイト、スノーフレーク・オブシディアン、クピンクトルマリン、ルビー、スモーキークォーツ、スピネル、ソーダライト、スギライト、ウルフェナイト、オケナイト
山羊座 12月22日〜 1月19日	ジェット、オニキス、アンバー、アズライト、カーネリアン、フローライト、ガーネット、グリーントルマリン、ブラックトルマリン、ジェット、ラブラドライト、マグネタイト、マラカイト、ペリドット、クォーツ、ルビー、スモーキークォーツ、トルコ石、アラゴナイト、ガレナ
水瓶座 1月20日〜 2月18日	アクアマリン、アメジスト、アンバー、エンジェライト、ブルーセレスタイト、ブルーオブシディアン、ボジストーン、クリソプレーズ、フローライト、ラブラドライト、マグネタイト、ムーンストーン、アタカマイト
魚座 2月19日〜 3月20日	ムーンストーン、アメジスト、アクアマリン、ベリル、ブラッドストーン、ブルーレース・アゲート、カルサイト、クリソプレーズ、フローライト、ラブラドライト、トルコ石、スミソナイト、サンストーン

スモーキークォーツ

アメジスト

クリスタル活用のための情報一覧表

シトリン

ピンククンツァイト

クリスタルとチャクラ

チャクラ*を癒し、バランスをとるには、適切な石をチャクラの上に置きますが、身体の前側でも後側でも、いずれか心地よいと感じる方に置きます。15分間そのままにしてください。特定の目的を果たすため、石はすべてのチャクラの上、または頭の上方と足の下方に置くことができます。

宝冠のチャクラから基底のチャクラへエネルギーをつなぐ：スモーキークォーツ
すべてのチャクラを開き浄化する：アンバー、デンドリティックアゲート、マラカイト
すべてのチャクラを浄化し、守る：トルマリン、ガーネット
チャクラの作用を調整する：ボジストーン、イエロークンツァイト、カイアナイト
チャクラの作用を高める：トルコ石
下部のチャクラを浄化する：ブラッドストーン

高次の宝冠	クンツァイト、アポフィライト、セレスタイト、マスコバイト、セレナイト、ペタライト、アゼツライト、フェナサイト
宝冠	モルダバイト、シトリン、クォーツ、レッドサーペンティン、パープルジャスパー、クリアートルマリン、ゴールデンベリル、レピドライト、パープルサファイア
眉間／第三の目	アポフィライト、ソーダライト、モルダバイト、アズライト、ハーキマーダイヤモンド、ラピスラズリ、ガーネット、パープルフローライト、クンツァイト、レピドライト、アズライトを伴ったマラカイト、ロイヤルサファイア、エレクトリックブルー・オブシディアン、アゼツライト、アタカマイト
喉	アズライト、トルコ石、アメジスト、アクアマリン、ブルートパーズ、ブルートルマリン、アンバー、クンツァイト、レピドライト、ブルーオブシディアン、ペタライト
高次の心臓	ダイオプテース、クンツァイト
心臓	ローズクォーツ、グリーンクォーツ、アベンチュリン、クンツァイト、バリサイト、マスコバイト、レッドカルサイト、ロードナイト、ウォーターメロン・トルマリン、ピンクトルマリン、グリーントルマリン、ペリドット、アポフィライト、レピドライト、モルガナイト、ピンクダンブライト、ルビー、クリソコーラ、グリーンサファイア
太陽神経叢	マラカイト、ジャスパー、タイガーアイ、シトリン、イエロートルマリン、ゴールデンベリル、ロードクロサイト、スミソナイト

クリスタル活用のための情報一覧表

仙骨	ブルージャスパー、レッドジャスパー、オレンジカーネリアン、トパーズ、オレンジカルサイト、シトリン
基底	アズライト、ブラッドストーン、クリソコーラ、オブシディアン、ゴールデンイエロー・トパーズ、ブラックトルマリン、カーネリアン、シトリン、レッドジャスパー、スモーキークォーツ
大地	ボジストーン、ファイアーアゲート、ブラウンジャスパー、スモーキークォーツ、キュープライト、ヘマタイト、マホガニーオブシディアン、トルマリン、ロードナイト

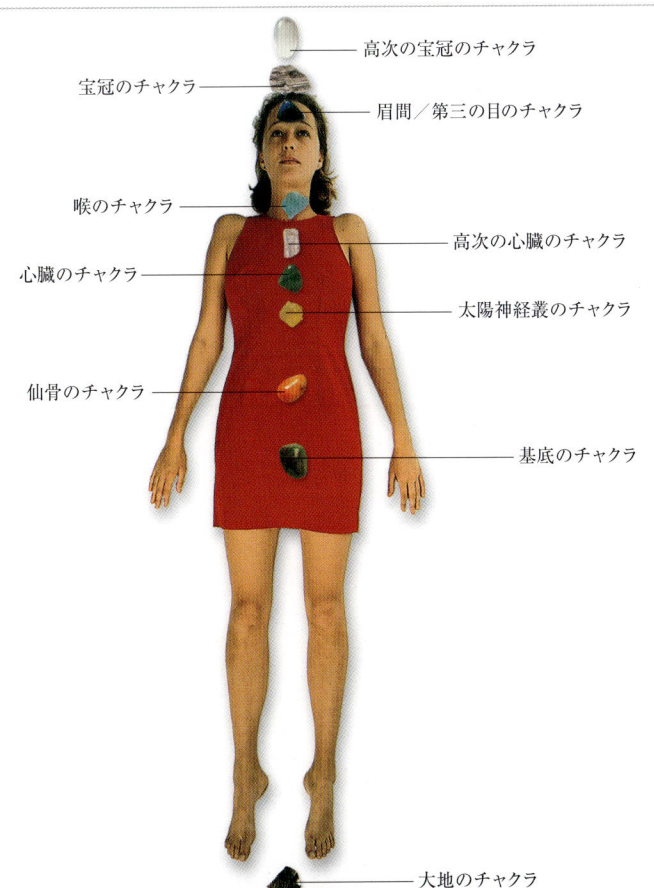

- 高次の宝冠のチャクラ
- 宝冠のチャクラ
- 眉間／第三の目のチャクラ
- 喉のチャクラ
- 高次の心臓のチャクラ
- 心臓のチャクラ
- 太陽神経叢のチャクラ
- 仙骨のチャクラ
- 基底のチャクラ
- 大地のチャクラ

クリスタル活用のための情報一覧表

クリスタルとオーラ

次の表に書かれた働きを得るには、身体の周りの手の届く範囲内に、それぞれのクリスタルを身につけたり置いてください。

アンバー	古代から防御する石として用いられている。オーラ*を肉体、精神、スピリチュアリティに協調させる。ネガティブなエネルギーを追い払い、オーラを浄化する。
アメジスト	オーラを穏やかに浄化し、オーラの穴を修復し、保護し、神聖なエネルギーを引き入れる。
アパッチティアー（クリアー・ブラックオブシディアン）	ネガティブなエネルギーを吸収しないように、オーラを穏やかに保護する。
ブラックジェード	ネガティブな要素からオーラを保護する。
ブラッドストーン	エーテル体レベルの浄化を行い、オーラに大きな効果を及ぼす。
シトリン	オーラを浄化し、オーラの穴を塞いで調整する。
フローライトとトルマリン	サイキック（心霊的）な防護シールドを作る。
グリーントルマリン	オーラの穴を修復する。
ジェット	他者のネガティブな想念からオーラを守る。
ラブラドライト	エネルギーの漏出を防ぐ。スピリチュアル・エネルギーに同調することでオーラを保護する。
マグネタイト	オーラを強化する。
クォーツ	オーラを浄化し、保護し、穴があれば塞いで、オーラの場を広げる。
クンツァイトとセレナイト	精神的影響をオーラから取り除く。
ペタライト	波動が非常に強い。ネガティブなカルマや存在をオーラから引き離す。
スモーキークォーツ	エネルギーをグラウンディングさせ、オーラに入り込んだネガティブなパターンを解消する。

クリスタル活用のための情報一覧表

生体磁気シース
オーラとエーテル体とチャクラとの連結ポイント

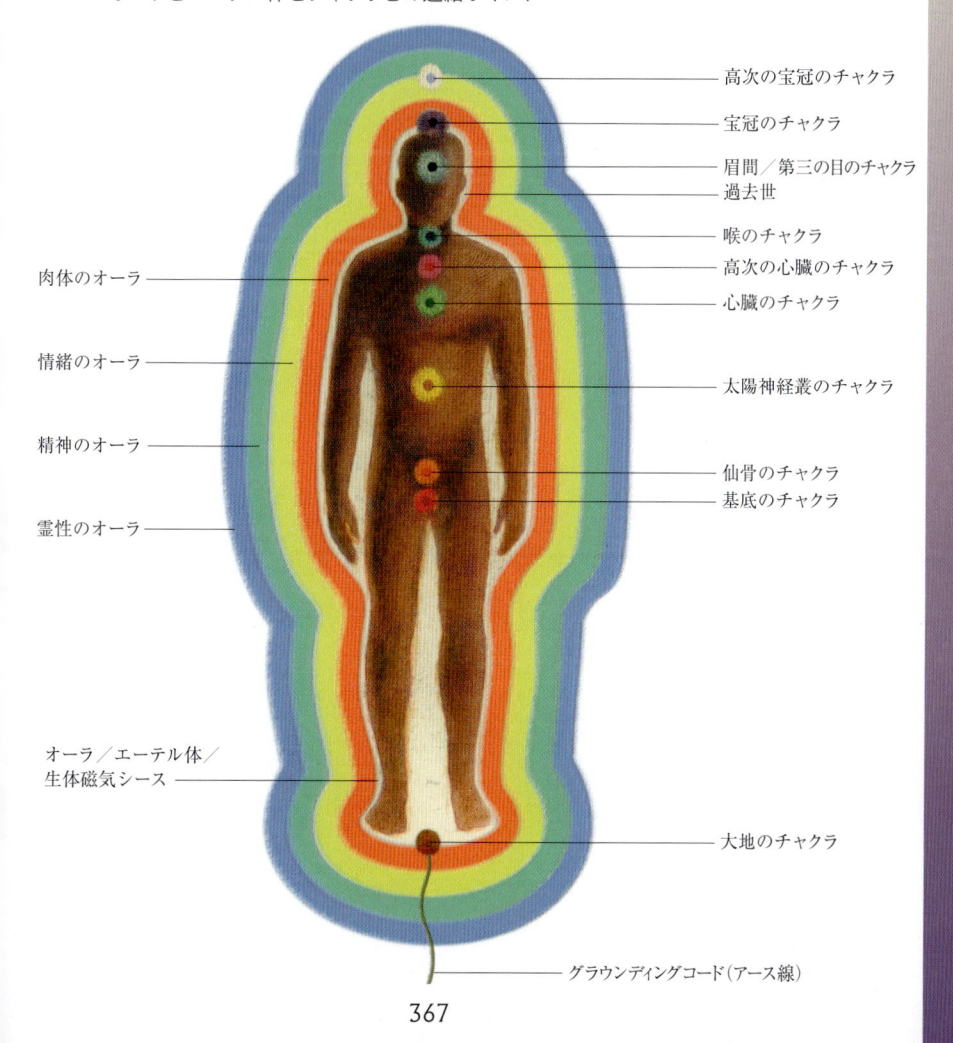

- 高次の宝冠のチャクラ
- 宝冠のチャクラ
- 眉間／第三の目のチャクラ
- 過去世
- 喉のチャクラ
- 高次の心臓のチャクラ
- 心臓のチャクラ
- 太陽神経叢のチャクラ
- 仙骨のチャクラ
- 基底のチャクラ

- 肉体のオーラ
- 情緒のオーラ
- 精神のオーラ
- 霊性のオーラ

- オーラ／エーテル体／生体磁気シース

- 大地のチャクラ
- グラウンディングコード（アース線）

クリスタル活用のための情報一覧表

クリスタルと人体の相関

　適切なクリスタルを器官の上に置き、必要に応じて、バランスを回復したり、刺激したり、鎮静化させてください。

脳	アンバー、グリーントルマリン、ダークブルー・トルマリン、ベリル、ブルーレース・アゲート
耳	アンバー、レッド-ブラック・オブシディアン、スノーフレーク・オブシディアン、セレスタイト、ロードナイト、オレンジカルサイト
目	アクアマリン、ベリル、カルセドニー、クリソプレーズ、サファイア、チャロアイト、ダークブルー・トルマリン、セレスタイト、ブルーフローライト、ファイアーアゲート、キャッツアイ、オレンジカルサイト
歯	アクアマリン、ルチルクォーツ、フローライト
首	アクアマリン、クォーツ
肩	セレナイト
筋肉組織	キューブライト、マグネタイト、ダンブライト
肺	ベリル、ピンクトルマリン、ペリドット、ロードナイト、アンバー、ダイオプテーゼ、クンツァイト、ラピスラズリ、トルコ石、ロードクロサイト、サードオニキス、ブルートルマリン、クリソコーラ、エメラルド、モルガナイト
脾臓	アンバー、アクアマリン、アズライト、ブラッドストーン、カルセドニー、レッドオブシディアン
胃	グリーンフローライト、ファイアーアゲート、ベリル
腸	ベリル、ペリドット、セレスタイト、グリーンフローライト
虫垂	クリソライト
腕	マラカイト、ジェイダイト
前立腺	クリソプレーズ
精巣	ジェイダイト、トパーズ、カーネリアン、バリサイト
手	モルダバイト、アクアマリン、ムーンストーン
骨格系	アマゾナイト、アズライト、クリソコーラ、カルサイト、キューブライト、フローライト、デンドリティックアゲート、パープルフローライト、サードオニキス、アイアンパイライト
神経系／神経組織	アンバー、グリーンジェード、ラピスラズリ、グリーントルマリン、デンドリティックアゲート

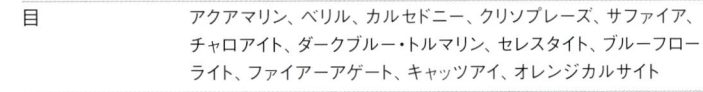

クリスタル活用のための情報一覧表

骨髄	パープルフローライト
松果体	ジェムロードナイト
下垂体	ピーターサイト
顎	アクアマリン
喉	アクアマリン、ベリル、ラピスラズリ、ブルートルマリン、アンバー、グリーンジャスパー
甲状腺	アンバー、アクアマリン、アズライト、ブルートルマリン、シトリン
胸腺	アベンチュリン、ブルートルマリン
心臓	キュープライト、ローズクォーツ、チャロアイト、ロードナイト、ガーネット、ダイオプテーゼ
肝臓	アクアマリン、ベリル、ブラッドストーン、カーネリアン、レッドジャスパー、チャロアイト、ダンブライト
胆嚢	カーネリアン、ジャスパー、トパーズ、カルサイト、シトリン、イエロークォーツ、タイガーアイ、カルセドニー、ダンブライト
腎臓	アクアマリン、ベリル、ブラッドストーン、ヘマタイト、ジェイダイト、ネフライト、ローズクォーツ、シトリン、オレンジカルサイト、スモーキークォーツ、アンバー、マスコバイト
膵臓	レッドトルマリン、ブルーレース・アゲート、クリソコーラ
脊椎	ガーネット、トルマリン、ラブラドライト、ベリル
卵管	クリソプレーズ
女性生殖器系	カーネリアン、ムーンストーン、クリソプレーズ、アンバー、トパーズ、ユナカイト
膀胱	トパーズ、ジャスパー、アンバー、オレンジカルサイト
循環器系と血液	アメジスト、ブラッドストーン、カルセドニー、キュープライト、ヘマタイト、レッドジャスパー
血管	バリサイト、パイロリューサイト、スノーフレーク・オブシディアン
膝	アズライト、ジェイダイト
関節	カルサイト、アズライト、ロードナイト、マグネタイト
皮膚	アズライト、ブラウンジャスパー、グリーンジャスパー
足	オニキス、スモーキークォーツ、アポフィライト

ベリル

レッドカーネリアン

クリスタル活用のための情報一覧表

ファイアーアゲート

内分泌系	アンバー、アメジスト、イエロージャスパー、ピンクトルマリン、ファイアーアゲート
免疫系	アメジスト、ブラックトルマリン、ラピスラズリ、マラカイト、トルコ石
消化管	クリソコーラ、レッドジェード、グリーンジャスパー
代謝	アメジスト、ソーダライト、パイロリューサイト
背部	マラカイト、サファイア、ラピスラズリ
下背部	カーネリアン
毛細血管	デンドリティックアゲート

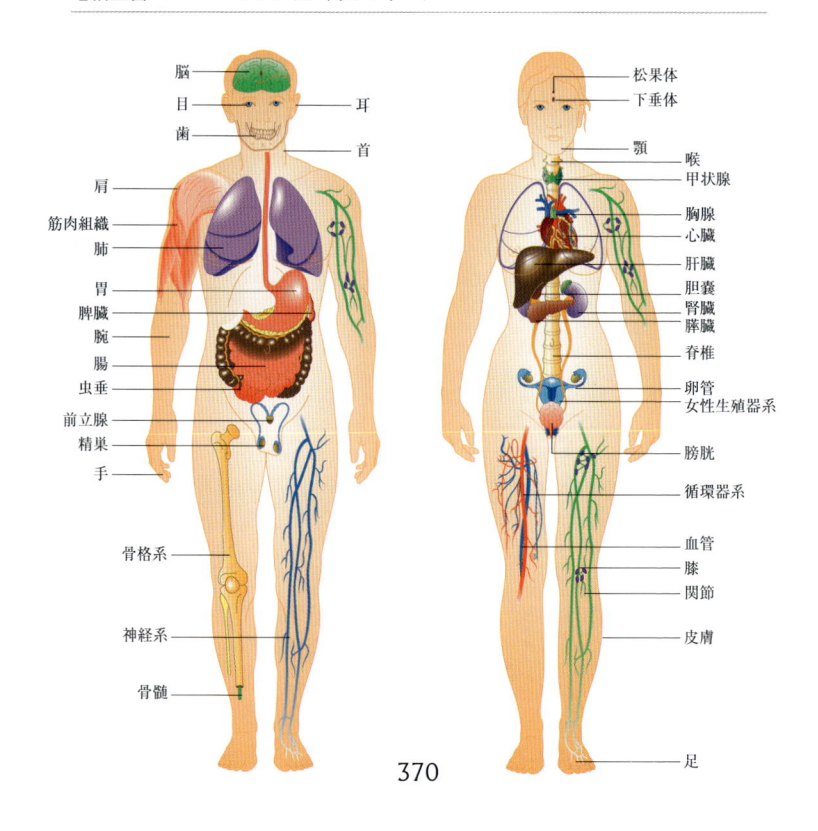

（左図ラベル）脳、目、耳、歯、首、肩、筋肉組織、肺、胃、脾臓、腕、腸、虫垂、前立腺、精巣、手、骨格系、神経系、骨髄

（右図ラベル）松果体、下垂体、顎、喉、甲状腺、胸腺、心臓、肝臓、胆嚢、腎臓、膵臓、脊椎、卵管、女性生殖器系、膀胱、循環器系、血管、膝、関節、皮膚、足

ジェムレメディ

クリスタルは強力な波動を持つため、これらの波動を水に移すことは簡単です。ジェムレメディは、エリキシルやエッセンスとしても知られていますが、石に毒性がない限りは内服することができます。また、皮膚に塗布したり、入浴時のお湯に入れることもできます。ブラックトルマリンのような石を用いたレメディでは、石を浸した水を霧吹きに入れ、部屋の中に噴霧することができます。

エリキシルの作り方

洗浄した砕けにくいクリスタルを、湧き水と共にガラスのボウルに入れます。(砕けやすい石や毒性のある石は小さなガラス瓶に入れた上でガラスのボウルに入れてください。これは間接的調製法です。)ボウルを12時間日光にあてます。クリスタルを取り出し、エリキシルの母液を密封栓付きのガラス瓶に入れます。1週間以上保存するには、保存料として50％のブランデーまたはウォッカを加えます。冷暗所に保管してください。お風呂のお湯に入れるか、調剤して使います(p372参照)。

ジェムレメディの直接調製法

エリキシルを瓶に移す

調剤方法

母液7滴をドロッパー付きガラス瓶に入れます。経口摂取または皮膚に塗布する場合は、ブランデー1/3に対し水2/3を加えます。目薬として使う場合には、アルコールを加えてはなりません。7滴ずつ1日3回使用してください。(注意:レメディの中には外用でのみ使用すべきものがあります。)

ブルーレース・アゲート	目の感染症に対処する。
ブラックトルマリン	サイキックな面で保護し、電磁スモッグ*をさえぎる。時差ぼけを軽減し、情緒や精神、肉体から有害なエネルギーを解き放つ。
マラカイト	肉体、精神、情緒、霊性を調和させ、肉体を大地にグラウンディングさせる。タンブルのみを使用。
フローライト	エーテル体の閉塞を解消する。抗ウイルス作用。
ジェイダイト	目の不調を癒し、落ち着きをもたらす。
アマゾナイト	代謝のバランスを整える。
グリーンジャスパー	バイオリズムと自然な性欲を回復させる。
ヘマタイト	外界との境界層を強化する。
クンツァイト	心を開かせる。
アンバー	抗生物質様の働きをし、喉の症状を癒す。
ゴールデンベリル	喉の痛みの際のうがい薬として使用する。
ブラッドストーン	便秘や抑うつを解消する。
チャロアイト	肉体の浄化に優れた効果がある。
ハーキマーダイヤモンド	霊的ビジョンや夢を呼び起こすのを助ける。
モスアゲート	真菌感染症に対処する。

モスアゲート

ブラックトルマリン

クリスタルのレイアウトとグリッド

　身体のまわりにクリスタルを配置するとdis-easeすなわち安楽でない状態*が急速に軽減されます。また、ベッドのまわりにグリッドを作ったり、グリッドで家を守ることもできます。免疫系を刺激したり、ストレスを軽減するためにクリスタルを使うこともできます。ジオパシック・ストレス*や電磁スモッグ*から身を守ったり、記憶力を研ぎ澄ませることもできます。使用する前に必ずクリスタルのプログラミングを行ってください。

ストレスを軽減するには

　リラックスがストレスの最高の薬です。8個のアメジストのポイントクリスタルを使って、身体のまわりの手が届く範囲の距離にポイントを内側に向けて並べます。そのうちの1個は足の少し下、1個は頭の上側、2個は首、2個は腰、2個は足首にそれぞれ置いてください。目を閉じて最低10分間（できれば20分）リラックスします。これらのクリスタルは一晩中そのままにしておくことも、ベッドのまわりに置くこともできます。

免疫系を刺激するには

　短期的な治療　ピンクスミソナイトを心臓の上、グリーントルマリンを心臓の上方にある胸腺の上、クォーツ1個をポイントを上に向けて頭の上側に置きます。8個のマラカイトを身体のまわりに置いてください。15分から20分間そのままの状態を保ちます。

　長期的な治療　睡眠中にグリーントルマリンを胸腺の上にテープで固定します。ピンクスミソナイトをベッドの各コーナーと枕の下に置いてください。

ピンク
スミソナイト

チャクラに合わせたレイアウト

　茶色の石を1個足の間でわずかに下側に、赤い石1個を基底のチャクラの上、オレンジ色の石1個を太陽神経叢の上、ピンクの石を心臓の上、クンツァイトを心臓より高い位置に、青い石を喉の上、藍色の石を第三の目の上に、紫の石を宝冠の位置に、さらに白い高波動の石を頭の上方にそれぞれ置きます。

グリーン
トルマリン

クリスタル活用のための情報一覧表

家のグリッドを作成する

　ブラックトルマリン(ジオパシック・ストレス*や電磁スモッグ*からの防御用)、セレナイト(防御と天使の導きを得るため)、またはサードオニキス(犯罪に対する警戒用)を家の各コーナーか各部屋に置きます。可能であれば大型の石片を玄関の外に置いてください。

記憶力のためのレイアウト

　記憶力の強化には2個のシトリンまたはイエローフローライト、頭脳の明晰化にはグリーンカルサイト、洞察力を高めるにはアズライトが必要となります。黄色のクリスタルを頭の両側の耳の高さに置きます。グリーンカルサイトは頭の天辺に、アズライトは第三の目の上に置き、20分間そのままにしてください。

心を癒すには

　7個のローズクォーツ、1個のダイオプテース、1個のウォーターメロン・トルマリンを下の写真のように配置して20分間そのままにします。4個のアメジストのポイントクリスタルを追加し、それぞれポイントを内側に向けて置き、心を塞いでいる可能性のある情緒のアンバランスを取り除くこともできます。

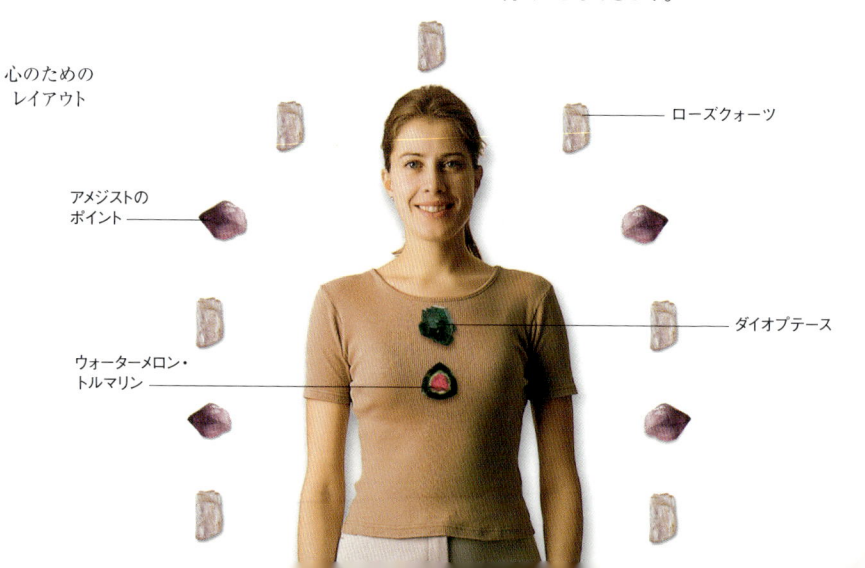

心のための
レイアウト

ローズクォーツ

アメジストの
ポイント

ダイオプテース

ウォーターメロン・
トルマリン

占いの意味

クリスタルはそれぞれに関連した伝統的な意味があります。知りたいことの答をすばやく知るには、下記の表に挙げたクリスタルを一つの袋に入れた中から一つ選びます。あなたが知りたい事柄に集中し、クリスタルを一つ無作為に取り出してください。各クリスタルに関する意味を読んで答を見つけ出します。もし2個か3個のクリスタルが手の上に出てきたら、それらすべてのクリスタルの意味を読んでください。

アメジスト	人生の節目や意識の変化。愛における誠実さ、嫉妬からの開放。
アゲート	世俗的な成功、または心地よい驚き。健康、富、長寿。土地に関係している人には特に幸運。
ブルーレース・アゲート	癒しが必要。
ブラックアゲート	勇気と繁栄を必要としており、やがて手に入れる。
レッドアゲート	健康と長寿が手に入る。
ブラッドストーン	不愉快な驚き。但し、病気の可能性は低い。
レッドジャスパー	俗事に注意を払うこと。
アベンチュリン	成長と発展が可能。
ガーネット	手紙が届けられようとしている。
シトリン	神聖な叡智が助言している。
ダイヤモンドまたはクリアクォーツ	永続性。事業の発展。クリスタルが輝きを失った場合は背信を意味する。
エメラルド	多産、密かな崇拝者。色を失った場合、愛がさめつつある。
ヘマタイト	新たなチャンスの到来。
ジェード	不滅と完全を必要としており、やがて手に入れる。
ラピスラズリ	神の恩恵があなたに与えられる。
クォーツ	あなたが投げかけた問題および実際に生じた問題を明確化すること。
ローズクォーツ	愛と自己治癒を必要としており、やがて手に入る。

モスアゲート

クリスタル活用のための情報一覧表

オパール

スノークォーツ	大きな変化が近づいている。
ルビー	力と情熱。幸運と友情。但し見知らぬ人に注意すること。
サファイア	真実と純潔。過去の出来事が悪い結果をもたらす。
スノーフレーク・オブシディアン	変化の終わり。
タイガーアイ	何事も見かけ通りとは限らない。
ユナカイト	妥協と統合。
オパール	死または終わり。 クリスタルが輝きを失った場合、恋人の浮気を意味する。
サードオニキス	結婚が近い。
トパーズ	警戒すること。
トルコ石	旅が近づいている。

スノーフレーク・オブシディアン

愛を呼び寄せる

クリスタルは儀式に使うことができます。たとえば、ローズクォーツを使って愛を呼び寄せる例を挙げましょう。必要なものはローズクォーツ4個と大きなアメジスト1個です。他に、ろうそくとろうそく立ても必要です。このうち、ろうそく立てはローズクォーツ製のものを使うことができます。

1. クリスタルと4本のろうそくを絹の布をかけたテーブルの上に置きます。1本のろうそくを北に置き、火を灯しながら北の方角の精霊を迎え入れます。残りのろうそくは、南、東、西にそれぞれ置き、同じように火を灯しながらそれぞれの方角の精霊を迎え入れます。これらの精霊たちに守護霊となり守ってもらうように頼みます。

2. ローズクォーツを両手にとり、テーブルに向かって座ります（クリスタルが大きい場合は1回に1個ずつ行います）。目を閉じて、静かにクリスタルに波長を合わせます。クリスタルのエネルギーがあなたの両手を通り、腕を経由して心臓に流れるようにします。エネルギーが心臓に到達したら、心臓が開き、広がるのを感じてください。クリスタルを心臓の上にあてましょう。ローズクォーツは心臓を強力に浄化して癒すため、そのエネルギーであなたの心を清めてください。

3. 次に、「私は愛を引き寄せる磁石です。愛が心の中に入ってくることを歓迎します」と大きな声で言いましょう。ローズクォーツをテーブルの上のアメジストのまわりに置いて、「愛が私の生活に訪れるのを歓迎します」と、同じく大きな声で言いましょう。クリスタルを注視しながらしばらくの間静かに座ります。儀式を終える準備ができたら立ち上がり、ろうそくの火を順番に吹き消しますが、その際「あなたの光と愛を宇宙に送ります」と言ってください。クリスタルはテーブルの上に置いたままにするか、ベッドのまわりに置きます。

用語集

アカシックレコード
密教思想において、時空を超えて存在する保管庫で、宇宙の中で過去に起こったこと、および未来に起こることについての情報が保管されている。

アンセストラルライン
家族のパターンや信念が前の世代から受け継がれる道。

天使の領域
天使が住むと言われるエネルギーレベル。

アセンディッドマスター
高度に進化した霊的存在で、地球の霊的発展を導く。人間の姿をとっていた場合も、そうでなかった場合もある。霊および肉体の波動を高めようとする地球上の人々はアセンション（高次元への上昇）のプロセスの途上にある。

アストラルトラベル
魂は物理的肉体から離れて遠く離れた場所に移動することができる。幽体離脱あるいはソウルジャーニー（魂の旅）としても知られる。

アタッチドエンティティ
生きている人間のオーラにとりつくことができるようになった心霊体。

オーディブルオラクル
クラック現象のように音を介して天の啓示を伝える託宣。

オーラ
物理的肉体をとりかこむ精妙な生体磁気シースで、身体から約45cmから90cmの範囲で防御ゾーンを形成しており、その人の肉体、精神、情緒、および霊性の状態に関する情報を含んでいる。人間のエネルギーの場に対するこの伝統的な呼び名はギリシャ語でそよ風を意味するavraに由来する。直観の目はオーラの中にdis-ease状態を見ることができる。エーテル体の項も参照。

自動書記
軽く握ったペンが自発的に紙の上を動いて起こる筆記、またはペンを持つ人が何かに駆り立てられるようにして考えを心の中からペンに委ねることによって起こる書記。

生体磁場／シース
すべての生物を取り囲んでいるエネルギーの場。

生と生の間の状態
神秘思想において、肉体から魂が抜け出た状態（例えば地球上での死）。この状態の魂は精妙なエネルギー体として存在し、前世で起きたことの記憶を有している。この状態にある時に魂は来世への計画を作成する。生と生の間の状態は人間として肉体を持つ間の魂によってもアクセス可能である。この状態では、過去世を癒し、現世における目的や計画についてアクセスすることが可能である。

至福
意識の高揚感を表現した言葉で、非常に大きな喜びを感じ、大地に足がついていないような感覚、浮遊感があり、物理的な現実世界において正常に機能できない状態。

損傷したチャクラ
薬物や不適切な心霊治療、長時間の瞑想

などによって損傷を受けたチャクラ。チャクラは開いたままとなり、エネルギーの濾過機能や瞑想を行うことができない。

天への道
高次の霊の領域へ至る道。天の領域の項も参照。

天の領域
ニューエイジ思想における、高次の存在の居所。

チャクラ
精妙なエネルギーが回転する渦巻き。この言葉はサンスクリット語で車輪を意味するchakramに由来するが、これは霊視者やヨーガの修行者には回転する光の円板状に見えるためである。精妙なエネルギーの通路や中心のシステムは、指圧やヨーガ、エネルギーヒーリングで用いられる経絡とエネルギーポイント(ツボ)の基礎となっている。七つの主要なチャクラが脊椎に沿って一列に存在している。これらのセンターは肉体のエネルギーを精妙体のエネルギーに接続している。七つのチャクラの位置は、頭の天辺、額の中心(第三の目)、喉、太陽神経叢、脊椎の基底部、生殖器、そして足の下(大地)である(p364-365参照)。チャクラが正常に機能している時は、身体の物理的エネルギーと精妙エネルギーのバランスがとれ調和している。この機能がうまくいかないと、肉体的、精神的、情緒的、または霊的な障害を引き起こすことがある。エネルギーワーカーの多くが、クリスタルの波動と身体の生体磁気エネルギーすなわち精妙エネルギーの場の相互作用によってチャクラを治癒できると信じている。損傷したチャクラの項も参照。

チャネリング
肉体を離れた存在(肉体から離脱した魂)から、肉体を持つ存在の声や心を経由して情報が伝えられるプロセス。

キリスト意識
キリスト思想においては、我々独自の神性(キリストによって示されたものと類似)への信仰で、この神性が我々を宇宙のすべての生命体に結びつける。密教思想においては、神聖なエネルギーの至高の認識と表現を意味する。宇宙意識の項も参照。

慢性疲労症候群(CFS)
過度の疲労、筋肉痛、集中力欠如、記憶力低下、抑うつを特徴とするウイルスに関連した消耗性疾患で、今のところ現行の治療法の中で確立されたものはない。

霊聴
霊的な声がはっきりと聞こえること——物理的な聴力では聞き取れないものが聞こえる能力。

霊感
霊的な感覚がはっきりとわかること——物理的に触知できないものを感じることができる能力。

霊視
霊的なものがはっきりと見えること——物理的に見えないものを見ることができる能力。

宇宙意識
非常に高次の意識状態で、そこに存在するものは非物理的な神性なエネルギーの一部である。

デーヴァの王国
デーヴァ、すなわち自然霊(密教思想では山川草木のような自然界のものに宿り、あるいは支配していると信じられている存在)が住む場所。デーヴァは一般に目に見えないが、霊視能力のある人には見えたり、デーヴァと

交信したり、これらの霊が存在するエネルギーレベルであるデーヴァの王国への直観的なアクセスを得たりすることがある。

Dis-ease（安楽ならざる状態）
身体的なバランスの乱れ、塞いだ気持ち、抑圧された感情、ネガティブな考えから生まれる状態。

結合運動障害
ぎこちなさ、協調運動障害、左右の識別不能を特徴とする状態。難読症を併発することが多い。

大地のチャクラ
足の少し下に位置するチャクラで、魂を肉体化させ、肉体を大地に結びつける。グラウンディングとグラウンディングコードの項も参照。

アースヒーリング
資源の汚染や破壊によって引き起こされる大地のエネルギーの歪みを是正しようとする試み。

電磁スモッグ
微妙ではあるが検出可能な電磁場で、敏感な人々には有害な影響を及ぼす。スモッグは電力線およびコンピュータや携帯電話、テレビなどの機器から放出される。

エネルギーインプラント
外部からの異質なエネルギー源から精妙体に注入される思考、またはネガティブな感情。

神秘思想
ある一つの学派ではなく形而上的存在への信仰に基づく非科学的、非物質的思想。

エーテル・ブループリント
肉体が形成される際の精妙なプログラム。現世における疾患や障害の原因となりうる過去世のdis-easeや怪我の記憶を含む。

エーテル体
身体をとり囲んでいる精妙な生体磁気シース。オーラとしても知られる。オーラ、生体磁場の項も参照。

フォールトライン
クリスタルの内部にあるひびや割れ目で、光を屈折させてクリスタルが分かれているように見える。

ジオパシックストレス
地下水、電力線、ネガティブな大地のエネルギーライン（レイライン）によるかすかな影響やエネルギーの歪みによって生じるストレス。

グリッディング
エネルギーの防御や強化のために、クリスタルを建物や人、部屋のまわりに配置すること。

グラウンディング
自分自身と地球との間に健全なつながりをもたせること。これによって過剰なエネルギーやバランスを崩したエネルギーを身体から地球に流す。

グラウンディングコード（アース線）
波動性のエネルギーコードで、地球につないでエーテル体と魂を肉体化させる。

ヒーリングクライシス
症状がじきに消えることを示すポジティブな兆候。同一の症状が短期的に悪化することが特徴。

ホメオパシー
ヒーリングシステムの一つで、ギリシャ人

医師ヒポクラテス（紀元前460年頃～紀元前377年頃）が最初に実施した。ある疾患の症状を起こす可能性のある物質を希釈したものを少量投与することによって身体の治癒力を刺激する。ドイツ人医師サミュエル・ハーネマン（1755年～1843年）が現代におけるホメオパシーの創始者。

催眠コマンド
外的なエネルギー源によって注入された無意識のプログラムで、人を操作することができ、自動的に行動させる。

インナーチャイルド（内なる子供）
子供のような純真な人格の一部、または虐待やトラウマが積み重ねられた人格の一部の可能性があり、したがって癒しを必要としている。

インナーレベル
存在のレベルで、直観、精神的気づき、感情、感覚、そして精妙エネルギーを含む。アウターレベルと精妙体も参照。

カルマ（の）
過去世から生じた、あるいは過去世に属するという意味。借り、信念、罪悪感のような感情は現世へと持ち越されることがある。

カルマの種
過去世のトラウマ、姿勢、またはエーテル体に宿る疾患の残留物で、現世におけるdis-easeや疾患を引き起こす可能性をもつもの。

キルリアンカメラ
ロシア人の発明によるもので、身体をとりまく生体磁気シースすなわちオーラの写真を撮影する。この撮影法は1939年にセミヨン・キルリアンが発見した。

クンダリーニ
脊椎の基底部に存在する内的な霊的エネルギーおよび性的エネルギーであるが、刺激によって宝冠のチャクラまで上昇させることができる。

レムリア
神秘思想における古代文明の一つで、アトランティス文明より古いと信じられている。

レイライン
精妙エネルギーの線で、直線またはらせん状で、地表上の古代遺跡あるいは目立った場所を結ぶ。

ライトボディ
非常に高い周波数で振動する精妙なエネルギー体。魂と高次の意識のいわば乗り物である。

ライトライブラリー
ヒーリングや叡智に関するエネルギー貯蔵庫。

母岩
自然状態でクリスタルが生成する際の基盤となる岩。

メンタルインフルエンス
他人の考えや意見が一部の人の心に浮かぶという、時に強力なこともある影響

経絡
中国医学における微妙なエネルギーの経路で、皮膚の表面の近くを流れ、指圧のツボがある。

ミアズム
過去世における、結核や梅毒のような家族または場所を介して受け継がれる感染性のdis-easeに関する微妙な記憶。ホメオパシ

ーの創始者サミュエル・ハーネマンの造語。ホメオパシーの項も参照。

ネガティブな感情のプログラミング
幼少期や過去世で刷り込まれた、罪悪感を伴った「ねばならない」や「べきだ」という考え方は、潜在意識に残って現在の行動に影響する。このような考え方を解放するか、再プログラミングしない限り、発展への努力が妨げられる。

オクルージョン（内包）
クリスタル内部にあるミネラルの沈殿で、通常は物質の色によって曇った斑点、点、または幻影状となって現れる。チベットクォーツの項（p228）も参照。

アウターレベル
肉体および環境に位置づけられた存在のレベル。インナーレベルの項も参照。

オーバーソウル
ソウルグループの一部で、より高い波動を放射し、グループの霊的成長を導く。ソウルグループの項も参照。

プラーナエネルギー
万物を貫通するエネルギー。活性化とエネルギーの再充填を行うことから、ヒーリングワークでは特に有用。サンスクリット語で息を意味するpranaが語源。

多色
見る角度によって、クリスタル内部に二つ以上の色または色の濃淡を持つ。

誕生前状態
人間が誕生前に住む次元。生と生の間の状態の項も参照。

サイキックアタック
意識的、無意識的に関わらず、他人に対する悪意に満ちた思考または感情を向けること。アタックを受けた人に病気や混乱をもたらすことができる。

サイキックバンピリズム
人が他人のエネルギーを吸い取る、またはエネルギー源とする能力。

霊能
霊視やテレパシー、ヒーリングなどの能力。

気（英語ではqiまたはkiと表記）
肉体と精妙体を活性化させる生命力。中国語で、"chee"と発音。

ラジオニクス
すべてのdis-easeは身体を取り囲む電磁場の歪みから起こることを前提として特別に設計された器具を用いて、遠く離れた状態で診断や治療を行う方法。19世紀のアメリカの物理学者アルバート・エイブラムズ博士の研究に端を発する。

リフレーミング
過去に遡って、過去の出来事を別の角度から見つめなおすことで、その出来事が現世で引き起こしている状況が癒されること。

レイキ（霊気）
実際に手を触れて行う自然なヒーリング技法で、高周波のエネルギーの流れが施術者の手を経由して患者に伝わるように感じられる。霊気という言葉は、「超自然的力または神聖な存在」を意味する「霊」と、「生命エネルギー」を意味する「気」からなる。この技法は1922年に日本で臼井甕男（うすいみかお）が最初に用いた。

水晶占い
クリスタルの中に未来、または、過去もしくは現在の秘密を示す像を見ること。

シックビル症候群
頭痛、めまい、吐き気、胸部症状、全身の疲労感を含む一連の症状で、実際の空気汚染や不十分な換気、またはネガティブな環境エネルギーに関係している。

スマッジング（燻煙）
アメリカ先住民が用いる浄化法の一種で、霊的儀式のために自分自身や聖地の準備を整えるために用いる。ゆっくりと燃えるハーブの煙をくすぶらせる。

ソウルグループ
肉体化している（人間の姿をしている）魂の一群。

ソウルリンク
ソウルグループの構成員間のつながり。

魂の奪還
トラウマ、ショック、または虐待により、魂のエネルギーの一部が離れてしまい身動きがとれなくなることがある。魂の奪還の施術者やシャーマンは魂を取り返して、肉体に戻したり、あるいは一次的にクリスタルの中に入れる。

スピリットガイド
生と生の間の状態から地球上の魂に支援を行っている肉体を離れた魂。生と生の間の状態の項も参照。

スターチルドレン
他の惑星系から進化した存在で、地球の霊的進化を助けるために地球上で肉体化したもの。

スターゲート
地球外の存在との接触が可能なアクセスポイント。

精妙体
生物の肉体、情緒、精神、および霊性レベルに関係する生体磁気シースの層。生体磁気シースの項も参照。

精妙エネルギーフィールド
すべての生物を取り囲んでいる目に見えないが検出可能なエネルギーの場。

第三の目
両眉の間の少し上に位置するチャクラ。眉間のチャクラとしても知られ、内なる目や直観の場所である。チャクラの項も参照。

ソートフォーム（想念型）
エーテル体レベルまたは霊性レベルで存在しうる強力なポジティブまたはネガティブな思考によって生み出される型で、人間の精神機能に影響を与えることができる。

三焦の経絡
中国伝統医学で用いられる身体の経絡の一つ。経絡の項も参照。

タンブル
砂を入れた大型のドラムで研磨された石を表す用語。研磨によって滑らかになり、多くの場合光沢を持った石となる。

ビジョンクエスト
アメリカ先住民のシャーマンが行う術の一つ。自然と対峙し、恐れに立ち向かうために、荒野で一人で過ごすことが含まれる。適切な指導なしには行ってはならない。

索引

あ

RNAを安定させる 58
愛
　祈り 377
　エリキシル 372
　親子間 95
　隠された 157
　厳しい 133
　結婚生活における 80, 122, 256
　欠如 138, 221, 244, 269
　自己の 121, 178, 235, 236, 247
　受容する 39
　情熱的な 153, 209, 361
　所有欲 284
　人生後期 361
　心痛 112, 125
　断ち切る 201
　知性 165, 287
　引き寄せる 21, 40, 56, 72, 80, 97, 110, 136, 137, 174, 178, 181, 205, 235-236, 274, 280, 293, 295, 301, 306, 314, 377
　普遍的 65, 226, 227, 231, 270
　無条件の 72, 83, 162, 178, 183, 199, 220, 231, 236
　結びつける 173
　理解 235, 302
　レイアウト 361
　霊的 165, 279
アウターレベル 382
亜鉛の吸収 134
アカシックレコード 378
　アクセスする 189, 217, 323, 337, 347
　運び手 64, 176, 186, 218, 228, 233
悪意 110, 213
悪性 74, 127, 221
アクティベータクリスタル 342
悪夢 54, 55, 99, 114, 221, 240
　抑える 139
　予防する 92
悪を追い払う 84
　(他者からの悪意も参照)
顎 68, 369
脚 141, 159, 219, 241, 291
　膝 369
　腰骨 93, 139, 152, 159, 241
アシドーシス 139
アストラルトラベル 378
　アカシックレコードの解読 218

意識を向ける 313
グラウンディング 59-60, 65, 140
促進する 55, 56, 57, 89, 97, 107, 138, 144, 147, 156, 164, 172, 176, 186, 192, 200, 201, 237, 274, 317, 323
旅の間の保護 87, 140, 155, 160, 263
旅の間の導き 277-278
旅の間の安全 72, 77
アセンディッドマスター 188, 216, 323, 378
温める作用を持つ石 70, 95, 117, 119, 198, 211
アタッチドエンティティ 378
　取り除く 163, 175, 215, 259, 355, 357, 359
圧電特性 22
足 159, 207, 219, 369
アパーチャ 345
アモルファスクリスタル 331
過ち(間違い)
　過去世における 205, 228
　評価する 203
　認める 213
「誤った考え」 203
嵐の要素 218
アルコール
　アルコールに関する問題 269, 270, 319
　影響を緩和する 54, 148
アルツハイマー病 177, 200, 236, 302
アレルギー 66, 74, 121, 123, 177, 193
アンセストラルライン 85, 199, 214, 307, 378
　タイムライン・クリスタル 344
安全 114, 146, 269
　精神的 39, 45, 303
　断ち切る 189
　取り戻す 270
安定化する石 138, 156, 181, 201, 351
　家の中 111
　集団エネルギー 131
　性格 152
　精神的 87, 89, 105, 107, 109, 129, 158, 159, 161, 177, 209, 259, 261, 293, 306
生体磁場 167
体重は 115
　肉体を 39, 157
友情 223

霊性を 70
胃 40, 46, 52, 68, 157, 171, 287, 303, 306
　潰瘍 232, 247, 284
　痙攣 179
　疾患 131
　ストレスによる不快感 114
　相関 368
　痛み 161
　夜間の問題 150
胃炎 39, 315
怒り
　アクセスする 153, 247
　軽減する 21, 42, 63, 65, 70, 74, 90, 99, 118, 138, 145, 146, 150, 163, 167, 173, 181, 193, 213, 270
　コントロールする 139
意義の探究 256
生きる意欲 209
移行の石 107, 121, 164, 167, 177, 188, 211, 353
医師 134
意識高揚の石 54, 57, 60, 68, 75, 77, 89, 93, 104, 120, 123, 137, 142, 157, 169, 170, 171, 174, 187-188, 192, 194, 195, 204, 209, 211, 214, 216, 218, 220-221, 225, 231, 245, 254, 259, 262, 266, 271, 274, 277-278, 294, 301, 305-306, 323, 337, 351
意志決定
　愛のこもった意志決定 65, 66
　賢明な意志決定 207
　促進する 40, 54, 76, 85, 99, 105, 153
イシスクリスタル 353
意志力 92, 93, 141, 257
依存症 133, 148, 177, 247, 284
依存症(中毒) 46, 54, 125, 141, 147, 276, 319
　人間関係の問題 178
　理解 304
　離脱中の支援 177, 289
　(アルコール、薬物問題も参照)
痛み 23, 105, 181, 284
　軽減する 90, 97, 125, 130, 175, 181, 198, 200, 201, 213, 265, 270, 280, 299, 306, 337, 357
　情緒的 123, 301
　精神的 60, 123
一体感 300
委任 70

384

疣（いぼ） 89
イメージを高める 115
インスリン分泌の調整 112, 209
陰と陽 39, 140, 155, 156, 168, 207, 246, 289, 309
インナーチャイルド 114, 125, 269, 381
インナーレベル 381
インフルエンザ 48, 130, 211
インポテンツ 81, 95, 136, 138, 201, 238, 240, 251, 315, 323
ウイルス 130, 306
疑い 293
内気 184
打ち身 55
宇宙意識 379
腕 60, 368
膿 85
裏切り 125
占い 200, 375-376
恨み 95, 110, 213, 231, 247
運 (83, 152, 283
運動反応
（筋肉系を参照）
運命 167, 206, 213, 306
エーテル体（オーラを参照）
エーテルブループリント 210, 217, 340, 380
AIDS 215, 247, 321
T細胞の活性化 125
（自己免疫疾患、免疫系も参照）
叡智 127, 144, 265, 352
意志決定 207
「叡智の石」 253
古代の 120, 275, 339, 340, 351
知性 170
同調する 52, 118, 231, 293, 301, 338
栄養吸収 134, 146, 191, 219, 257, 270, 295, 306
（ミネラル、ビタミン吸収も参照）
エッグ（卵形）クリスタル 24, 327, 331
エッチドクリスタル 339
エネルギー
エネルギーインプラント 108, 234, 351, 380
過剰 131, 133, 159
逆行 180
浄化する 136
節約 225, 313
増幅する 122-123, 133, 136, 167, 183, 211, 217, 225, 340, 354, 362
停滞 63, 89, 92, 294
フィルタリングする 90
閉塞を取り除く 115, 175, 197, 201, 225, 298, 320
漏出 150, 169

エネルギーインプラント 108, 234, 351, 380
ME（慢性疲労症候群を参照）
エリキシル 371-372
エレスチャル 332
遠隔ヒーリング（癒し） 352
（ラジオニクスも参照）
演劇関係の仕事 94
演出手腕 287
炎症 22, 42, 48, 74, 76, 91, 102, 134, 139, 156, 181, 232, 270, 282, 306, 323, 357
関節の 18, 42, 47
禁忌 141
（腫脹も参照）
遠慮を取り払う 65
オーディブルオラクル 84-85, 378
オーバーソウル 187, 382
オーラ（エーテル体） 361, 366-367, 378
「穴」 123, 230
安定（化）させる 36, 129, 155, 157
エネルギーの漏出 150, 169
拡張する 137
活気づける（エネルギーを与える） 131, 147, 237, 356
強化する 201, 223, 358
クォーツの効果 225
鎮める 214, 230
浄化する 56, 58, 104, 129, 137, 230, 237, 274, 293, 356
診断 56
心霊体を取り除く 215, 359
清澄にする 121
脊髄とのつながり 263
ソートフォームを取り除く 170
増幅する 251
調整（協調）する 50, 155, 170, 181, 299
（閉塞や障害を）取り除く 267, 299, 356
ネガティブな要素を追い払う 83, 201
開く 200, 238
閉塞を取り除く 354, 358
保護する 68, 117, 141, 162-163, 169, 202, 212, 221, 299, 355, 356, 358
「応急手当の石」 246
臆病 141
オクルージョン 333, 382
抑えがたい衝動 105, 114, 141
汚染
環境汚染 73, 155, 164, 197, 306
感受性 47, 302
吸収する 183
プルトニウム 183
防御 67, 80, 306

（電磁スモッグも参照）
恐れ
恐れを感じている際の支援 179
金銭的悩み 26
軽減する 48, 50, 65, 92, 104, 107, 123, 146, 181, 207, 226, 240, 270, 280, 300
原因を見つける 78
失敗 240
正気を失うことへの恐れ 107
責任への恐れ 118
取り除く 72, 92, 170, 175
不合理な恐れ 245
理由のない恐れ 160
音
「オーディブルオラクル」 84-85, 378
ヒーリング（癒し） 22-23, 42
おとぎ話の領域 56
お守り
悪意に対する 289
運に対する 275
危険に対する 136
幸運に対する 187
多産に対する 187, 286
溺死に対する 68
ネガティブなエネルギーに対する 160
思い出
過去世 124, 265
クリスタルに保存する 207
苦しい記憶を解放する 87, 321
閉塞を取り除く 163, 225
抑圧を思い出す 170, 233
呼び起こす 184, 189
（記憶も参照）
思いやり 60, 73, 82, 114, 137, 167, 173, 189, 198, 215, 244, 254, 265, 274, 297, 300, 301
親子関係 42, 95, 219, 284, 300, 344
（家族も参照）
終わらせる 68

か
会議 290
解決策 249
外交力（機転を参照）
回復期 48, 90, 99, 127, 270, 311, 322
潰瘍 130, 213, 315
胃 232, 247, 284
腸 58
皮膚 89
カウンセラー 197, 238
（センタリングの石、思いやり、倫理性、傾聴能力、影の側面も参照）
化学療法 240
鏡のように映し出す石 193, 196, 201

学習支援 63, 89, 102-103, 129, 145
受験 290
数学／技術科目 141
ハーブ療法 300
霊性 351
学習障害 280
（難読症も参照）
影の側面 197-198, 199, 238, 243, 272
統合する 304, 317
過去
　アクセスする 179, 338, 342, 345, 353
　過去から学ぶ 193, 213
　断ち切る 61, 90, 99, 118, 121, 134, 211, 212, 237, 240
　直面する 265
　バランスをとる 167
　ヒーリング（癒し） 93, 233, 247, 249, 265, 311
　（過去世も参照）
過去世
　アクセスする 62, 65, 70, 105, 124, 136, 142, 144, 156, 186, 188, 200, 209, 265, 347
　裏切りのトラウマ 247
　悲しみを解放する 211
　監禁のトラウマ 146
　刻みつけられた傷 340
　キリスト教会からの迫害 317
　死のトラウマ 270
　縛りを解放する 66, 157, 163, 219, 225, 227, 231, 323
　傷害 143, 207
　性的トラウマ 184
　魂の認識 317
　探究する 265, 306, 315
　地球外の 99
　人間関係 174
　剥奪のトラウマ 221
　ヒーリング（癒し） 61, 145, 170, 186, 197, 199, 205, 210, 219, 223, 227, 228, 238, 249, 251, 266, 270, 302, 339, 356
　閉塞 176-177, 307
　問題の原因を突き止める 143, 279, 291, 311, 315
過剰な刺激 80
過剰な執着 181
過剰反応 190, 187, 382
下垂体 68, 136, 148, 219, 355, 369
風邪 48, 130, 161, 170, 211
嗄声 272
家族
　アンセストラルラインを癒す 85, 199, 214, 307

神話 56
対立 118, 133, 159, 300, 344, 350
結びつき 44
肩 42, 83, 221, 291, 368
カタルシス 197, 321
活気づける石 64, 66, 92, 95, 99, 101, 105, 109, 117, 118, 130, 131, 136, 155, 181, 215, 241, 250, 273, 315, 320, 346
病後 282
活性化する石 46, 52, 94, 159, 226, 231
活動過剰 62, 191, 251, 301
渇望 46
家庭内の幸福 126
カテドラルクォーツ 336-337
悲しみ 62, 78, 125
　解消する 125
　解放する 92, 211
　過去の 207, 227, 231
　軽減する 54, 78, 181, 280
　慰める 202
可能性
過敏性腸症候群 92
　（消化器系、腸も参照）
花粉症 68
空の巣症候群 321
カリスマ(性) 83, 138, 268, 294
カルシウム
　吸収 63, 70, 89, 108, 137, 265
　欠乏 50, 272, 287
　沈着（蓄積） 50
　バランスをとる 139, 145, 164
カルチャーショック 99
カルマ/カルマの 98, 205, 294, 381
　dis-ease 323
　過去世の 156
　サイクル 205
　縛り 231
　浄化する 121
　是正する 105
　種 225, 381
　ネガティブな 215
　負債 205
加齢 260
癌 79, 138, 215, 240, 280
感覚器官の感度を回復する 257
環境 54, 118, 143, 156, 164, 240, 243, 299
　安心している 98, 207
　汚染 73, 155, 164, 197, 306
　活気づける(エネルギーを与える) 215
　浄化する 52
　促進する 109
　ヒーリング（癒し） 108, 131, 188, 197, 221

保護する 60, 117, 162
監禁（比喩的） 146
関係(しがらみ)を断ち切る 183, 200, 215, 231, 284, 345
頑固さ 281-282
カンジダ（口腔カンジダ症） 102, 321
関節 22, 52, 63, 78, 163, 175, 177, 198, 282
　炎症 184, 247
　可動性を高める 93, 130
　強化する 89
　相関 369
　（関節炎も参照）
関節炎 42, 63, 78, 91, 95, 112, 130, 138, 184, 247, 299
鎮痛 112, 198
　（関節も参照）
感染症 22, 42, 48, 112, 127, 130, 149, 167, 209, 245, 249, 251
　ウイルス性 130, 306
　急性 85
　細菌 91, 299
　真菌 48, 114, 231, 372
　突発する 282
　喉 42, 232
　泌尿生殖器の 119
　リンパ 42
肝臓 52, 63, 78, 83, 85, 121, 131, 137, 171, 191, 219, 295, 303
　アルコールによる障害 105
　活気づける（エネルギーを与える） 137
　肝斑 108
　解毒する 102, 127, 148, 157, 185, 211
　再生する 125, 148, 211
　刺激する 114, 302
　相関 369
　閉塞を取り除く 157
寛大さ 82, 293
顔面痛 83
気(生命力) 167, 181, 230, 287, 320, 357, 382
キークリスタル 345
記憶
　強化する 127, 145, 226, 374
　クリスタル 143
　処理する 102
　促進する石 39, 52, 54, 77, 89, 90, 102, 141, 150, 209
　魂 251
　（思い出も参照）
機会を明らかにする 205
気管支炎 150, 223, 238, 321
危機
　危機の石 136, 235, 241
　ヒーリングクライシス 241, 321, 380

索引

危険 85, 136, 247
　危険からの防御 149, 159, 209, 211
儀式 275
　シャーマンの 297
　魔術 80, 186, 317
気腫 81, 247
傷を癒す石 22, 52, 90, 130, 157, 247, 270, 344
開放創 101
寄生虫 231, 238, 265
犠牲的精神(傾向) 132, 173, 175, 242, 284, 297, 306
季節性情動障害(SAD) 284
喫煙
　依存の裏にある理由 276
　禁煙 40, 141, 156, 276
　肺の閉塞や障害を取り除く 102
吃音 73
基底のチャクラ 46, 240
　安定(化)させる 69
　エネルギーの解放 63
　活気づける(エネルギーを与える) 81, 92, 291
　活性化する 95, 157, 210
　ラウンディング 197
　高次の宝冠のチャクラとのつながり 323
　浄化する 161, 210, 231, 240, 245, 291, 359
　心臓のチャクラとのつながり 301
　大地のチャクラとのつながり 181, 359
　ヒーリング(癒し) 92
　開く 81
　宝冠のチャクラとのつながり 137, 138, 211, 226
　保護する 138-139
機転 99, 149, 242, 269, 302, 303
機転(器用さ) 114, 129
気分変調 161, 177, 306
希望 113, 226, 295, 304, 315
客観性 129, 181, 272, 298, 308
嗅覚 138, 146
　感度を回復 257
共依存 133, 247, 284
強化する石 70, 111, 201, 206, 215, 219, 248, 251, 256, 274, 287, 303, 306
　(個別の身体の項目も参照)
共感 73, 103, 184, 189, 190, 236, 300, 306
狭心症 74
胸腺 74, 165, 213, 221, 299, 300
　活性化する 119, 125
　強化する 230
　刺激する 72
　浄化する 173

相関 369
兄弟愛 101, 201, 246
協調 129, 297
強迫観念 105, 156, 212, 302
胸部 83, 165, 175, 221, 236, 323
　胸苦しさ 42, 211
恐怖症 112, 118, 221, 238, 272, 290
　原因を見つける 78, 321
協力 127, 131, 138, 242
極度の疲労(消耗) 85, 105, 159, 177, 219, 238, 251, 282, 301, 306
　精神的 63
　慢性 313
　(疲労も参照)
虚弱 114
拒食症 177, 293
キリスト意識 231, 379
キルリアンカメラ 225, 381
禁忌
　炎症 141
　幻影の誘発 191
　攻撃(性) 150
　神経過敏 250
　精神医学的症状 55
　精神の同調 127
　繊細な人々 250
　満月の間 191
禁酒 54, 315
筋肉系 74, 121, 127, 241, 249
　痛み 181, 265
　運動反応 63, 168, 280
　強化する 99, 159
　緊張 97, 210, 263
　筋力テスト 225
　痙攣 50, 51, 70, 78, 99, 112, 179, 200, 202, 215, 302
　疾患 167
　収縮 91
　柔軟性 133, 269
　水銀中毒 238
　相関 368
　肉離れ 301
　(詳しくは、軟骨組織の問題、首の問題、パーキンソン病、反復性の捻挫、リウマチ、トゥーレット症候群を参照)
筋肉髄膜炎
　(慢性疲労症候群を参照)
空想 95
苦痛 202
首の問題 42, 83, 175, 232, 263, 291, 368
グラウンディング 39, 45, 83, 85, 134, 180, 240, 243, 274, 299, 310, 362, 380
　アストラルトラベル 65
　エーテル体 218

エネルギー 52, 69, 85, 117, 131, 155, 246, 257, 291, 298, 358, 359
エリキシル 372
環境の 98
グラウンディングコード 367, 380
経絡からエーテル体へ 226
現在へ 94, 249
自閉症 280
情報 231
スターチルドレン 188
チャクラワークでの 168, 197
肉体 86, 155
浮遊感を感じている人々 70
モルダバイトのための 188
ライトボディ 259
霊的 51, 65, 129, 214
霊的エネルギーを大地へ 183, 288
霊的エネルギーを肉体へ 137, 165, 170, 199, 353
クラスター 329
繰り返し 201
クリスタル
　ウィンドー(窓) 327
　形状 15-1,6 324-359
　形成 14-17
　購入 27, 28
　浄化 13, 31
　選択 26
　相関 368-369
　装飾品 18-21
　手入れ 30-31
　特性 36-37
　特定 36-37
　ヒーリング(癒し) 22-27
　ひび 327
　プログラミング 29
クリスタル守護霊 217
　守護霊 37
クリスタル図鑑 34-323
クリスタルの本質 37
クリスタルボール 326, 330
グリッディング 361, 373-374, 380
グループ
　活動 63, 272, 280, 300, 321, 350
　転生 234
くる病 63
クロス(十字)の形成 351
クンダリーニ 381
　刺激する 76, 161, 254, 288, 321, 346
　上昇(高揚)させる 62, 136, 201, 273
　バランスをとる 274
　道を開く 265
　向ける 161
ゲートウェイクリスタル 345

387

形而上学的特性を持つ石 195, 277
芸術に関連した活動 97, 99, 209, 293
携帯電話 19, 50, 73, 122, 123, 163, 164, 298
傾聴能力 99, 102, 173, 179
経絡 381
　エネルギーの供給を止める 181
　活気づける(エネルギーを与える) 87, 219, 228, 321, 356
　強化する 306
　三焦 46, 211, 215, 383
　浄化する 228
　調整(協調)する 150, 292, 300, 356
　(閉塞や障害を)取り除く 167, 175, 219
　バランスをとる 140, 193, 226, 243, 297, 356
　ヒーリング(癒し) 60, 63
痙攣 50, 70, 78, 99, 105, 112, 179, 184, 198, 200, 202, 215, 241, 302, 306, 315
脚 141
胃 179
血管 179
月経時 112, 161, 179, 265
腸 131, 179
夜間 181
決意 155, 223, 240
血液 101, 137, 181
　活気づける(エネルギーを与える) 58
　凝固を促進 89, 103, 253, 267
　凝固を遅延 179
　血圧 219
　安定する 74, 103, 105, 245
　降下させる 63, 90, 102, 112, 125, 167, 170, 173, 184, 272, 359
　血管 40, 44, 302
　拡張する 245
　強化する 223
　修復する 60
　血糖 193
　血流 85, 95, 141, 205, 251, 315
　細胞 133, 141, 159
　止血する 95, 107, 198
　疾患 25, 112, 141, 207, 210, 221, 253, 265
　浄化する 55, 58, 84, 85, 115, 119, 137, 157, 173, 209, 226, 251, 265, 280
　水銀中毒 238
　相関 369
　バランスをとる 112
　(循環器系も参照)
結核 81
血管 134, 203, 249
　強化する 226, 253
　血管痙攣 179
　修復する 302
　相関 369
　弾力性の回復 253, 269, 315
月経障害 119, 191
緊張 112, 170, 191, 209-210
月経痛 112, 161, 179, 184, 265
月経前ストレス(PMS) 112, 170, 191, 209-210
結合運動障害 193, 380
結婚 80, 122, 256
潔癖症(性的に) 205
解毒作用を持つもの 63, 108, 110, 114, 121, 124, 131, 139, 143, 152, 198, 212, 232, 240, 251, 255, 265, 278, 301, 302, 306, 319, 323
肝臓 148, 185, 211
体臭 158, 179
下痢 301
権威者 219, 223
幻影(錯覚)
　追い払う 107, 129, 167, 170, 219, 302, 340, 345
　誘発する(禁忌) 191
限界を克服する 294
銀河間を移動する石 217
研究 134
謙虚さ 162, 273
顕現の石 62, 80, 83, 103, 118, 122, 167, 199, 204, 217, 221, 277, 289, 293, 295, 320, 322, 335
言語表現 294
　欠点 73, 200, 299
　人前での話 63, 168, 306
　流暢さ 102, 114, 115, 127, 172, 287
献身 136, 181, 289, 302
幸運 83, 97, 187, 256, 283, 293
抗菌作用 148, 231, 372
口腔カンジダ症 102, 321
工芸 300
抗痙攣作用 50, 70, 99, 112, 179, 200, 202, 215
攻撃(性) 85, 191, 231, 302
高血圧 63
高次の心臓のチャクラ
　開く 124
高次の宝冠のチャクラ
　活性化する 216
　基底のチャクラへのつながり 323
　刺激する 121
　開く 121, 194, 214, 259, 262
甲状腺 72, 78, 167, 173, 245, 253, 299
　強化する 112
　刺激する 238
　疾患 42, 68, 226
　相関 369
　バランスをとる 60, 119, 238
甲状腺機能低下 72
甲状腺腫 52, 114, 319
交渉を助ける 97
拘束を打破する 146
肯定
　強化する 261
　支援する 293
　促進する 236
行動
　考えを行動に移す 89, 155
　行動の意図を明らかにする 170
　行動を促す 58, 85, 152, 159
　直観で行動する 277
　批判の後の行動 118, 163
　ポジティブ(積極的)な行動 127
　理性的な行動 290
行動パターン
　解放する 107, 136, 177, 291, 306, 356
　特定する 198, 203, 245
更年期 119, 177, 210, 299, 321
合理的思考 139, 272, 282, 298, 313
声
　強化する 168
声帯 272
　(言語表現も参照)
呼吸器系 55, 148, 150, 173, 238, 245
　(詳しくは、喘息、胸部、気腫、肺、粘膜、喫煙を参照)
心のざわめき 93, 260
心の暗闇 90
鼓腸 156, 319
骨格系 44, 110, 152, 203, 260
　強化する 42, 89
　相関 368, 369, 370
　(詳しくは、関節炎、腰背部の問題、骨・軟骨組織の問題、骨折、関節、骨粗鬆症、脊椎を参照)
骨折 42, 184
骨粗鬆症 50, 269
孤独 139
孤独 139, 203
言葉による条件づけ 219
子供
　悪夢 114
　活動過剰 191, 251, 301
　自己表現 91
　所有欲 284
　神経質 353
　スターチルドレン 188
　成長促進 74, 89
　早すぎる成熟 163

不眠 105
　(幼少期も参照)
コミュニケーション 350
　困難 90, 173, 210, 240
　鎮める 102, 145
　心霊コミュニケーション 131, 200, 226, 230, 269
　促進する 48, 63, 91, 97, 99, 102, 111, 130, 162, 167, 200, 230, 232, 347
　沈黙を守る 112
　閉塞を取り除く 68, 77
　他の世界とのコミュニケーション 174, 187, 285
　霊視 96
　霊とのコミュニケーション 352
孤立 137, 203
コレステロールの問題 74, 83, 131, 179
根気 44, 73, 155, 181, 201
コントロール
　コントロールする 153, 161, 173, 175, 265
　自制(セルフコントロール) 207, 257, 293
　必要 125
　放棄する 272
困難な状況
　解決する 249, 269
　原因を見つける 199, 200
　困難な状況の間を支援する 206, 240
　立ち去る 181
　直面する 280
コンパニオンクリスタル 347
コンピュータ 19, 50, 129, 164, 176, 177, 272
混乱 62, 68, 85, 167, 193, 198, 206, 219, 247, 259, 272, 299

さ

サービス業 62, 132, 133, 138, 150, 158, 162, 299, 350
罪悪感
　隠された 157
　カルマの 205
　軽減する 107, 112, 138, 175, 212, 272
催淫性 301
サイキックアタック 19, 230, 382
　回復の助け 228
　中和(無効化)する 57, 303-304
　発生源へ戻す 172
　防御 54, 108, 230, 238, 251, 298, 372
サイキックバンピリズム 74, 382
細菌
　抗生物質 148, 231

有用細菌 108
　(感染症も参照)
再生 60, 83, 107, 157, 184, 269, 311
財政 115
最大化する 92
細胞 130, 215
　形成 63, 150
　血液 133, 141, 159
　構造を調整する 184
　再生 112, 152, 238, 294, 323
　細胞間構造の閉塞 267
　細胞障害 55, 76, 125, 136, 143, 195, 276
　細胞の青写真を安定させる 164
　染色体の損傷 107
　代謝を調整する 257
　T細胞 163
　バランスをとる 231
催眠コマンド 381
　解放する 66, 266, 321
　中和(無効化)する 189
先延ばしにする 284, 321
坐骨神経痛 177
殺菌作用 90
差別 284
酸 85, 107, 185, 306, 315, 323
残酷さ 60, 173
酸素供給 40, 58, 81, 150
死 55, 107, 121, 164, 167, 211, 353
　生きる意欲 209
　死の恐怖 94
　強く求める 61
　不死性 107
シーアストーン 353
CFS(慢性疲労症候群を参照)
シートクリスタル 347
指圧 225
ジェネレータクリスタル 334
ジェムメディー 371-372
　保存料 319
ジオード 325, 329
ジオパシックストレス 380
　安定(化)させる 44
　グリッディング 73
　軽減する 156, 359
遮断する 19, 24, 50, 54, 55, 122, 129, 143, 163, 175, 197, 240
　変換する 69
視覚化を促進する石 54, 83, 147, 171, 178, 181, 183, 220, 232, 251, 293, 295, 300, 309, 310, 347
視覚的な経験 232, 274, 299, 308
歯科治療 130
時間のバリアを超えて 164

色素沈着を強める 278
識別 89
子宮 40
事業(ビジネス) 43, 94, 133, 115, 136, 211, 303, 309, 349
　委任 70
　会議 290
　グループワーク 129, 272
　計画 149
　指導力(リーダーシップ) 73, 251, 396
　出張 99
　守る 161
時空を超えた旅 109, 188, 342, 345
自己
　愛 178, 235, 236, 247, 301
　疑い 101, 193
　気づき 65, 102, 112, 173
　自己規制 141, 202
　自己欺瞞 179
　自己充足 163
　自己破壊的 247
　自制 199, 207, 257, 293
　自尊心 83, 138
　実現 234, 293, 306
　充足 152
　受容 39, 92, 114, 249, 272
　信念 170
　憎悪 238
　尊重 48, 82, 92, 118, 133, 141, 150, 209, 231, 236, 245, 249, 272, 284, 289, 356
　探究 248
　知識 152, 173, 198, 199, 209
　独善 110
　二元性 207
　破壊 174, 243, 306
　ヒーリング(癒し) 83, 175, 262, 284, 304
　批判 289
　表現する石 42, 48, 52, 61, 62, 68, 72, 78, 118, 127, 147, 163, 167, 173, 184, 193, 209, 230, 253, 272, 299, 303, 307, 315
　分析 39
　許し 205
思考を増幅するもの 173, 206, 211
自己主張 155, 213
自動書記 267, 378
自己中心 114, 179, 200, 350
自己免疫疾患 125, 215, 247, 321
自殺傾向 52, 240
時差ぼけ 93, 372
四肢の冷え 198

自信 39, 82, 83, 103, 109, 112, 118, 129, 136, 141, 150, 210, 213, 223, 356
視神経 184
地震のためのグリッディング 193
静けさ 54, 111, 154, 167, 174, 253, 268
鎮める石 39, 41, 45, 65, 67, 74, 118, 144, 157, 203, 259, 261, 290
　オーラを 214
　情緒的 127, 179, 190, 240, 254
　身体系を 253
　精神的 54, 68, 80
慈善 137
自然 175, 183, 221
舌の感度を回復 257
疾患/dis-ease 24, 189, 380
　悪性 74, 127, 221
　怒りによる 91
　回復系 48, 181, 227, 282, 311
　解放する 156, 223, 340
　過去世からの 143, 291
　カルマによる 150, 323
　感染性 149, 251
　恐怖症や恐れによる 221
　極度の疲労（消耗）による 219
　月経関連の 191
　原因を見つける石 57, 73, 83, 150, 170, 173, 189, 198, 279, 291, 299, 311, 343, 354
　コンピュータ関連の 177
　自己免疫 321
　シックビル症候群 177
　消耗性 299
　心因性 103, 150, 183, 280
　診断 165, 189, 217, 221, 299
　ストレスに関連した 58
　精神疾患（精神の項の「疾患」を参照）
　対処する 39, 51, 63, 92, 105, 107, 193, 222, 295, 314, 322
　チャクラのアンバランスによる 44
　天気に関連した 102
　伝染を予防する 286
　投影 133
　（部位を）特定する 39, 175, 177
　発言しなかったことによる 172
　放射能による 143
　慢性 48, 57, 76, 99, 102, 119, 121, 123, 155, 156, 238
　ミアズム 78, 112, 121, 215
　予防する 160
　（疾患の名称別の項目も参照）

シックビル症候群 177, 272, 383
嫉妬 21, 110, 138, 213
失敗
　恐れ 240
　感情 165, 284
実用主義 240
自発性 202, 209, 245
至福 378
自閉症 62, 105, 280
シャーマニズム 186, 214, 297, 354
　儀式 147, 199, 253
　旅 155, 176, 200
　ビジョンクエスト 214, 218
　見えなくする力 209
社会事業 115, 299, 350
社会的不適合 280
弱点 287, 354
社交性を高める石 48, 62, 102, 111, 132, 299, 302
　不適合 280
重金属 114
就職の見込み 253
集団 93
集中（力） 39, 58, 63, 70, 95, 118, 129, 141, 177, 225, 240, 251, 253, 254
柔軟性 52, 85, 193
　情緒的 40, 215
　精神的 40, 70, 102
　肉体的 115, 133, 259
十二星座 361, 362-363
受験 290
手根管症候群 133
受胎力（多産） 95, 114, 187, 321, 340
　お守り 286
　刺激する 247, 323
　受胎 191
　促進する 115, 138, 152, 236, 287
　卵管 369
　（不妊、生殖器系も参照）
腫脹 22, 55, 61, 102, 282
　関節の腫脹 184
　腺の腫脹 68, 161
　（炎症も参照）
出産 47, 152, 191, 209, 213, 269, 270
　助産婦の石 184
　母性本能 101
　（育む石も参照）
腫瘍 23, 85, 110, 184, 200, 276
受容 60, 61, 70, 94, 115, 198
　愛の受容 39
　過ちの受容 141
　今現在の受容 102, 104, 109, 124, 249
　支援の受容 165

自己の受容 39, 92, 114, 249, 272, 353
真実の受容 205
心霊能力の受容 190
他者の受容 58, 105, 114
肉体の受容 61, 66, 188, 201, 240, 312
変化の受容 111, 236
（増殖も参照）
循環器系 40, 85, 101, 150, 155, 181, 198, 201, 203, 251, 286, 291, 299
　強化する 80, 138, 150, 163, 236
　刺激する 103, 119, 134, 302
　疾患 46, 141, 200
　浄化する 48, 157, 245
　相関 369, 370
　（詳しくは、動脈硬化、血液、毛細血管、コレステロールの問題、心臓、レイノー病、静脈を参照）
循環呼吸 158, 313
傷害 55, 181, 198
障害物を取り除く 52, 163, 204, 255, 281
消化器系 26, 52, 63, 112, 138, 153, 155, 156, 157, 191, 198, 211, 213, 215, 257, 293, 302
　強化する 150
　刺激する 39, 119
　疾患 55, 89, 269, 272
　浄化する 48, 85
　相関 368, 370
　乳糖不耐症 139
和らげる（鎮める） 114
（詳しくは腹部、胃炎、腸、過敏性腸症候群、栄養吸収、胃潰瘍を参照）
浄化作用のある石 92, 117, 136, 152,136, 203, 205, 212, 216, 257, 294, 306, 372
　エーテル体の浄化 72
　エネルギーの浄化 85, 89, 297
　環境の浄化 51-52
　情緒の浄化 211, 212
　精神の浄化 124
　魂の浄化 225
　肉体の浄化 51-52, 101, 105, 129
松果体 191, 231, 369
　アクセスする 355
　活性化する 247, 358
　古代の叡智へのつながり 351
　刺激する 219, 251, 271, 302
　心霊能力へのつながり 254
消極性 302
正気を失うことへの恐れ 107
焼灼感 58

上昇プロセス 167, 170, 188, 216, 349
焦燥感 85
情緒(感情)
　安心 39, 45, 303
　影響(不当な) 283-284
　苦しい 123, 301
　知性 89, 181, 191
　沈滞(抑うつ) 372
　パターン/プログラミング 382
　明らかにする 87
　解放する 58, 66, 78, 79, 91, 107, 112, 129, 173, 177, 183, 189, 211, 212, 245, 261, 265, 270, 306, 355, 356
　幼少期からの 114
　バランスをとる 55, 63, 107, 112, 118, 161, 246, 249, 265, 272, 277
　満たされない欲求 81
　乱用 269
　理解 68, 191
　(行動パターン、抑圧、トラウマも参照)
焦点 177, 253
衝動 114
情報
　アクセスする 39, 62, 189, 345
　受け入れる用意がある 272
　グラウンディング 231
　コード化された 297
　実用的な 132
　処理する 184, 257, 343
　整理する 129
　統合する 245, 289
　フィルタリング 68, 89, 211
　保持する 89, 118
情報一覧表 360-377
食道 299
植物 43, 44, 87, 227, 297, 300
植物 47
助産婦 184, 270
　(出産も参照)
女性性 175
　男性性とのバランス 50, 58, 74, 87, 191, 286, 297, 306, 340
触覚の感度を回復 257
ショック 125, 191, 198, 227, 246, 247, 321
　保護 279
視力(身体的なもの) 91, 123, 127, 223, 245, 254
　夜間視力 83, 156, 200, 289
　緑内障 102, 123
視力(心霊的なもの) 125, 183, 209, 254
　刺激する 232
　促進する 266, 310, 313, 372
　開く 112, 137, 310

視力(霊性的なもの) 72, 76, 104, 127, 142, 215, 219, 254, 293, 347
　閉塞を取り除く 78
しわ 130, 309
心因性のdis-ease 77, 87, 183, 280, 291
人格障害 289
真菌感染症 48, 114, 231, 372
神経 44, 241
　強化する 119, 293
　再生する 303
　鎮痛 130
　(手根管症候群、神経系、神経痛も参照)
神経過敏 63, 74, 85, 152, 179, 250
神経系 46, 72, 74, 173, 261, 315
　強化する 107, 119, 241, 293, 300
　調整(協調)する 99, 280
　再生する 83
　鎮める 50, 90, 153
　疾患 92, 205, 287, 295
　自律神経 58, 105, 284
　水銀中毒 238
　相関 368
　バランスをとる 226
　不随意運動 70, 99
　閉塞を取り除く 42, 50
　(アルツハイマー病、パーキンソン病、トゥーレット症候群も参照)
　(詳しくは、脳、神経、神経質、神経痛、神経症を参照)
神経質 72, 179, 193, 241, 261, 293, 315
神経症 73
神経衰弱 268
神経痛 44, 95, 130, 163, 177, 270
神経の極度の疲労(消耗) 287, 295
真実
　明らかにする 97, 129, 138, 173, 197
　促す 62, 112, 113, 127, 167, 196, 292
　個人の 219, 253, 271, 294
　直面する 173, 245
　統合する 137
　認識する 65, 219
　話す 60, 167, 200, 232
　もたらす 205
　霊的 42, 213
人生の目的を明らかにする 279
親切さ 268, 274
心臓 74, 105, 124, 127, 139, 201, 213, 241, 244, 251, 270, 300, 301, 302, 323
　エリキシル 372

抑えられた心 211
活気づける(エネルギーを与える) 66
強化する 103, 139, 163, 236
経絡 215
再生する 74, 137
疾患 81, 105, 114, 125, 175, 179
疾病予防 179
失ése 359
浄化する 107, 235
相関 369
バランスをとる 250
ヒーリング(癒し)のレイアウト 374
発作 74, 125
腎臓 52, 78, 152, 211, 221, 236, 299, 303
石 179, 249
感染症 119
強化する 138
血液浄化 141
刺激 251
浄化する 72, 85, 158, 209, 245
相関 369
調整する 95, 193
心臓のチャクラ 72, 231, 235
　アストラルトラベル 156
　活性化する(エネルギーを与える) 113
　活性化する 66, 163, 212, 246, 302
　関連した石 152
　基底のチャクラとのつながり 301
　高次の宝冠のチャクラとのつながり 121
　刺激する 56, 139, 175, 192, 250, 254
　浄化する 80, 200, 212, 263, 301
　調整(協調)する 163, 274
　バランスをとる 184
　ヒーリング(癒し) 112
　開く 50, 92, 178, 183, 200, 212, 226, 263, 274, 300, 314
　閉塞を取り除く 138
　宝冠のチャクラとのつながり 104, 226
　保護する 74
　レイアウト 361
　安定(化)させる 226, 245
靱帯 91, 95, 278
身体器官 63, 85, 191, 226
　刺激する 181
　鎮める 181, 253
　浄化する 173
　バランスをとる 56, 284

身体系（各名称別に参照：循環器、消化器、内分泌、免疫、リンパ、筋肉、神経、生殖器、呼吸器、骨格、泌尿生殖器）
身体組織
　活性化　52
　カルシウム濃度のバランスをとる　145
　結合組織　177, 221
　硬化組織　249
　再生　74, 87, 89, 141, 210, 213, 306
　神経組織　83
　損傷を受けた組織　238
　診断ツールとなる石　221, 245, 299, 358
　心痛　112, 125, 163, 236
　人道（博愛）主義　62, 68, 105, 246, 352
　心配　50, 65, 78, 105, 207
　「悩み解決の数珠」　156-157
　神秘思想　380
　神秘主義
　　イニシエーション　170, 339
　　関連した石　169, 192
　　刺激する　274
　　ビジョン　209
　神秘的な出来事　107
　信頼　52, 103, 110, 114, 170, 221, 254, 270, 272, 315
　　神への　97
　　自己への　89, 94, 181, 272
　信頼性　141
　心理療法　107
　　診断　245
　　性心理学的問題　184
　　（精神障害も参照）
　心霊手術　286, 355
　心霊能力　89
　　開発　62, 77, 267, 281
　　強化する　269
　　グラウンディング　310
　　刺激する　142, 167, 170
　　受容　190
　　促進する　127, 131, 172, 190, 225, 269, 288, 291, 299, 317, 347
　　能力　382
　　　ビジョン（霊視を参照）
　　開く　138, 161, 265
　　妨害を払いのける　223
　神話の領域　56
　水銀中毒　238, 259-260
　水晶占い　201, 382
　　キャスティングクリスタル　310
　　助けとなる石　54, 65, 66, 76, 79, 80, 97, 157, 183, 192, 198, 199, 200, 211, 237, 240, 259, 278, 295, 297, 353

膵臓　42, 63, 83, 105, 119, 137, 184, 191, 323
　再生　112
　浄化する　40
　相関　369
　バランスをとる　193
数学　60, 141
スクエアクリスタル　331
スターゲート　66, 383
スターチルドレン　188, 383
スタミナ（活力）137, 204, 206, 257, 274, 302
頭痛　23, 55, 57, 58, 83, 125, 175, 179, 210, 241, 280, 323
　（片頭痛も参照）
「既に特定された患者」　133
ストレス　373
　解放する　48, 78, 125, 167, 172, 240, 268, 298, 290
　軽減する　21, 52, 55, 65, 67, 72, 80, 105, 129, 177, 191, 213, 245, 276, 303, 356, 357
　情緒的　70, 78, 164, 177, 179
　ストレスによるdis-ease　58, 81
　ストレスの間の支援　154, 175, 206, 241
　精神的　42, 57, 65, 67, 197, 206
　肉体的　55, 143, 201, 206
スパイラルクォーツ　346
スピリットガイド　167, 172, 323, 383
スポーツ障害　181
　（筋肉も参照）
スマッジング（薫煙）　31, 383
性およびセクシュアリティ
　インポテンツ　81, 95, 136, 138, 201, 238, 240, 252, 315, 323
　エリキシル　372
　緊張を解放する　210
　疾患　72, 114, 184
　性衝動のバランスをとる　136
　性心理学的問題　184
　性ホルモンのバランスをとる　219
　性欲を高める　130, 290, 297, 301
　促進する　46, 139, 223, 251, 287
　不感症　95, 139
　欲望を鎮める　65, 274, 290
　喜びを長引かせる　155
　乱用　244
　（生殖器系も参照）
性格を強化する　110, 127, 257
生活の質　138
正義　156, 211
誠実さ　138, 173, 293
　自分自身に対する　155

成熟
　肉体的　58, 110
　霊性的　167
性衝動の喪失　297
生殖器系　72, 83, 92, 155, 191, 211, 241, 245, 289, 302, 311
　共鳴するクリスタル　210
　刺激する　251
　疾患　287, 323
　女性　95, 102, 184
　生殖器　72, 83
　相関　368, 369
　男性　323, 368
　（カンジダ、性およびセクシュアリティも参照）
聖女ヒルデガルド・フォン・ビンゲン　293
精神
　痛み　60, 123
　強壮剤　207
　緊張　112, 253
　静けさ　68, 76, 80, 93, 95, 144, 170, 260, 272, 300, 313
　鎮める　54, 76, 80, 152
　疾患　114, 129, 289, 297
　　（疾患別の項目を参照）
　集中する　54, 129, 146
　精神活動パターン/プログラミング　199, 203, 205, 219, 272, 321, 355, 356
　精神衰弱　97, 268
　精神的影響（過度な）　128-129, 163, 219, 223, 259, 283-284, 359, 381
　精神力を促進する　39, 85, 91, 97, 114, 118, 127, 131, 150, 159, 171, 213
　病　134
精神活動パターン/プログラミング
　（精神の項も参照）
精神障害　55, 164, 184
　精神的な痛み　60, 123
　（詳しくは、抑うつ、神経症、妄想、統合失調症を参照）
精神測定　207
精神的影響
　（精神の項も参照）
精神的重荷　79, 212, 265
性心理学的問題　184
　（罪も参照）
精巣　323, 368
　（生殖器系も参照）
生存問題　141, 231
生体磁気シース　24, 286, 367, 378
成長
　肉体的　68, 74, 89, 201, 219
　霊的　39, 188, 237, 285, 293, 311
性的衝動　209, 245

静電気 225
生と生の間の状態 234, 259, 265, 279, 378
精妙エネルギーの場 383
精妙体 383
　活気づける(エネルギーを与える) 91, 228
　浄化する 92, 117, 205, 212, 216
　浅薄さ 110
　身体へのグラウンディング 137
　精密なワーク 355
　調整(協調)する 78, 147, 167, 181, 193, 226, 309
　ネガティブな要素を解放する 230
　バランスをとる 117
　閉塞を取り除く 198
　保護する 149
脊椎 127
　エーテル体とのつながり 263
　疾患 136, 210
　傷害 130
　相関 369
　調整(協調)する 133, 141, 200, 259, 297, 299, 301
　椎間板の弾力性 70
　椎骨のヘルニア 200
責任
　受け入れる 158
　恐れ 118
　感情に対する 209
　自分で責任をとる 148, 184, 213, 254
　責任をとる 99, 299
　非常に大きな 68, 242
絶食 156, 193
絶望 136, 150, 280, 315
セプタクォーツ 340-341
セルフヒールド・クリスタル 344
セルライト 63, 119
セレンの吸収 134
善意 101
仙骨のチャクラ
　回転を回復する 201
　活気づける(エネルギーを与える) 113, 302
　活性化する 210, 228
　共鳴する 114, 210
　浄化する 210
　閉塞を取り除く 358
潜在意識
　明らかにする 190, 199, 345
　アクセスする 183
　認識する 179
　理解する 170, 259
繊細さ、感受性
　グラウンディング 280
　軽減する 70, 118, 188, 272
　男性における 42, 353
　強める 68, 112, 236
染色体の損傷 107

全身の強壮作用 267
占星術 25, 60
喘息 66, 81, 150, 181, 184, 245, 313
　(胸部、呼吸器系も参照)
センタリングの石 39, 44, 54, 69, 83, 109, 134, 156, 178, 203, 210, 228, 254
浅薄さ 110
羨望 95, 138, 157
前立腺 198, 321, 368
ソートフォーム 147, 170, 383
憎悪 157
双極性障害 105, 175, 177, 213
操作 95, 215, 223
創作力 123, 146, 287
増殖 110, 184, 200, 276, 282
　(腫瘍も参照)
創造性
　刺激する 58, 62, 94, 112, 113, 123, 137, 175, 209, 226, 228
　推進(奨励)する 99, 173
　創作力 146
　促進する 73, 82, 83, 85, 97, 101, 117, 130, 131, 138, 142, 162, 245, 352
　探究する 40
　分析する 150
　閉塞を取り除く 289
　物語を話す際の 103
　問題解決における 107
創造力を促進する石 56, 83, 123, 155, 170, 282, 301, 309
増幅するもの 187
　エネルギー 133, 136, 167, 183, 211, 217, 225, 340, 354, 362
　オーラ 251
　思考/感覚 173, 209, 211
　特性 209
　ヒーリング(癒し) 130, 131, 230
ソウルメートを引き寄せる 174, 244, 348-349
疎外感 105, 137
組織能力 155
組織の混乱 129
尊敬 254
尊厳 158
損傷したチャクラ 46, 379

た
体液
　吸収 272
　浄化 236
　調整 60, 95, 152, 191, 241, 257, 299
　貯留 61, 191
体温
　下げる 102

　調整する 179, 219
大局的に見る 40, 105, 110, 129, 255, 259, 293
退行 70, 90
　(過去世も参照)
第三の目(眉間)のチャクラ 383
　活性化する 147, 232, 299
　刺激する 55, 56, 77, 121, 131, 175, 216, 219, 254, 266, 271
　浄化する 72, 77
　心臓のチャクラとのつながり 163
　心霊体を取り除く 175
　開く 50, 58, 71, 76, 97, 121, 172, 176, 200, 358
　閉塞を取り除く 210, 302
代謝
　遅らせる 290
　強化する 213
　刺激する 74, 85, 95, 136, 139, 293, 301
　疾患(糖尿病を参照)
　相関 370
　調整する 170, 223
　速める 63, 179, 290
　バランスをとる 50, 55, 112, 123, 143, 219, 272, 372
体臭 158, 179
体重コントロール 60, 115
　拒食症 177, 293
　空腹を軽減する 63, 103, 193
　体重減少(減量) 148, 168, 179, 263, 301
　体重増加 121, 311
帯状疱疹 130
耐性 68, 70, 102, 163, 297, 299
大地のチャクラ 181, 312, 380
　安定(化)させる 70
　基底のチャクラとのつながり 197
　グラウンディング 202
　刺激する 156
　浄化する 202
　ヒーリング(癒し) 143
　開く 274
　保護する 240
大地の母 157
体内時計 191
タイムリンク・クリスタル 342
ダイヤモンドウィンドー 343
太陽神経叢のチャクラ 63, 111-112, 164, 171, 184
　回転を回復する 201
　活性化する 212, 232
　活発化する 294-295
　刺激する 157, 175, 303
　浄化する 117, 212, 232
　心霊体を取り除く 175
　調整(協調)する 82, 274
　(閉塞や障害)を取り除く 245
　バランスをとる 270

開く 79, 80, 212, 274
対立 97, 155, 173, 200, 219, 251, 280, 289
　(家族の項の「対立」も参照)
ダウジング 155, 200
他者からの悪意 107, 289, 298, 303
他者を助ける 154
多重人格障害 200
多色クリスタル 382
助けを引き寄せる 294
惰性
　克服する 149
　予防する 316
脱水 48, 193
脱力感 95
多発性硬化症 247, 303
旅 99, 157
　異次元間の 217
　シャーマンの 155, 176, 200, 214, 218
　乗り物酔い 184
　瞑想の 248
　(アストラルトラベルも参照)
タビュラークリスタル 332
ダブルターミネーション 328, 350
魂
　活気づける(エネルギーを与える) 47
　活性化する 230
　心の闇 90
　浄化する 225
　成長 121, 133, 174, 199, 237, 251
　ソウルグループ 383
　奪還 164, 227, 270, 383
　魂の願望 81, 123
　魂の目的 20, 107, 142, 349
　つながり 317, 383
　肉体を与えられた魂 61, 201
　ヒーリング(癒し) 91, 197, 216, 251
　「古い魂」 161
　保護する 279-280
ため込み 221
ためらい 257
胆管 157
短気 290
探究 248, 279
　ビジョンクエスト 214, 218, 383
誕生(出産を参照)
誕生石 28, 362-363
誕生前状態 234, 382
炭水化物の吸収 276
男性
　過度な男らしさ 150, 191
　自信 150
　女性性 191
　繊細な男性 42, 353
男性性 201, 240

男性性と女性性のバランス 50, 58, 74, 87, 191, 286, 297, 306, 340
断定的な態度 68, 114
耽溺 54, 141
タントリックツイン 348-349
胆嚢 52, 63, 92, 101, 121, 171, 201, 213, 295, 303
　相関 369
　鎮痛 179
蛋白質の欠乏 83
タンブルクリスタル 383
力
　誤った使用 199
　刺激する(力を与える石を参照)
　正しい使用 289
力を与える石 82, 112, 115, 158, 172, 174, 196, 199, 211, 274, 284, 303
　孤独 203
地球外とのコミュニケーション 99, 187, 188, 217, 221, 254, 267, 285
地球へ向かっている霊 108
地球(大地)を癒す石 69, 70, 175, 180, 183, 187, 193, 209, 233, 253, 260, 291
知性
　愛 165
　活性化する 120
　支援する 131
　刺激する 52, 62, 177, 255, 274
　鎮める 260
　情緒 74, 89, 181
　促進する 68
　知的束縛 272
　直観 163, 170, 186
　霊 131
痴呆症 101, 236
チャクラ 24, 326, 361, 364-365, 379
　安定(化)させる 359
　(回転を)回復する 201
　活気づける(エネルギーを与える) 89, 111, 124, 136, 356
　活性化する 183, 216, 351
　逆回転にする 285
　グリッディング 373
　鎮める 111
　浄化する 52, 89, 90, 111, 136, 205, 231, 356
　接続する(つなぐ) 297, 357
　損傷したチャクラ 46, 379
　調整(協調)する 44, 68, 87, 90, 111, 115, 131, 155, 167, 181, 188, 269, 279, 297, 313, 342
　調和させる 226
　(閉塞や障害を)取り除く 78, 142, 265, 283, 297, 351

　バランスをとる 44, 63, 89, 231, 285, 288, 297, 356
　ヒーリング(癒し) 216
　開く 188, 273, 279
　閉塞を取り除く 176, 188, 346
　保護 356
　(個別のチャクラの項目も参照: 基底、宝冠、大地、心臓、高次の宝冠、高次の心臓、仙骨、太陽神経叢、第三の目、喉)
チャネリング 60, 77, 86, 171, 230, 237, 274, 279, 352, 379
チャネリング中の保護 266
チャネリングの準備 205
注意
　オパール 209
　オブシディアン 196-197
　クォーツ 20
　サルファ 282
　ハーキマーダイヤモンド 20
　マラカイト 185
　ムーンストーン 191
　モルダバイト 188
忠実 113, 122, 209, 254, 299
不貞の恐れ 126-127
虫垂 368
忠誠 126, 181, 209, 254
中毒 123, 127, 278
中年の危機(ミッドライフ・クライシス) 236
中立性 112, 129
腸 211, 213, 215, 219, 291
　けいれん 131, 179
　疾患 92, 131, 300
　水銀中毒 238
　相関 368
聴覚の問題 55, 173, 234, 247
　(耳も参照)
直観
　アクセスする 219
　刺激する 65, 167, 170, 274, 302, 358
　思考 50, 271
　示す 48, 277
　信頼する 181, 253
　促進する 20, 56, 68, 77, 129, 184, 190, 200, 272, 278, 283, 306, 317, 321
　知性 163, 170, 186
　開く 50, 54, 83, 117, 138, 192, 254, 277, 352
　本能 150
散らかす 221
鎮静する 181
痛風 107, 114, 170, 221, 306, 315
手 368
デーヴァのエネルギー 73, 114, 183, 297, 379-380
DNA
　安定(化)させる 58

修復する 130, 137, 143, 150, 164, 177
　調整(協調)する 184
T細胞の活性化 125
血糖 48, 265
抵抗
　強化する 138
　取り除く 92, 99, 105, 163, 287, 295
　ヒーリング(癒し)に対する 81
貞節 207
停滞したエネルギー 63, 89, 92, 294
敵意 101, 280
「適切なタイミング」 170
鉄の吸収 108, 137, 141
テレパシー
　刺激する 60, 142, 232, 267
　促進する 59, 101, 143, 181, 200, 259, 285
テレビ 311
テロリズム 304
天
　道 164, 379
　領域 379
てんかん 127, 161, 163, 177, 184, 280, 302
　予防する 179, 259, 321
天気に関する魔術 84, 102
典型的なヒーリングツール 56
電磁スモッグ 380
　吸収する 73, 240
　(閉塞や障害を)取り除く 143, 155, 176, 183, 272, 303, 306
　防御 19, 24, 50, 122, 129, 163, 298, 372
　(詳しくは、携帯電話、コンピュータ、電子レンジ、テレビを参照)
天使の領域 378
　エネルギーを大地に流す 260
　真実と叡智の天使 294
　天使とのコンタクト 20, 27, 37, 59, 92, 96, 120, 174, 192, 194, 214, 216, 259, 261, 262, 265, 269, 323
　ラファエル 17
電子レンジ 50, 164
天然のステロイド 159
トゥーレット症候群 99
投影 170, 193, 231, 247, 349
統合 167, 254, 256, 289
統合失調症 200, 280, 289
洞察
　原因に対する 70, 198, 202, 285
　刺激する 89, 295
　示す 272
　精神的 58
　潜在意識 183
　促進する 78, 184, 291, 353

統合する 311
夢に対する 145
抑うつに対する 48
霊的な 54, 165
同時性 191
同調 27, 125, 142, 144, 167, 173, 214, 230, 305, 337
糖尿病 127, 185, 265
　インスリンの調整 112, 209
銅の吸収 102
動脈硬化 74, 175, 179, 198
毒性のある石 182, 371
独立 80, 139, 177, 223, 251, 284, 322
富 19, 26, 48, 73, 118, 131, 251, 255, 297
　豊かさを引き寄せる石 43, 95, 115, 122, 291, 293, 320, 333
トラウマ 92, 107, 133, 227, 235, 247, 321, 356
　過去世 184, 198
　精神的 39, 50, 107, 131, 153, 189, 197, 232
　魂を肉体に戻す 90
トランス状態 171, 200, 352
トランス・チャネリング・クリスタル 352
トランス(変性意識)の石 58, 85, 104, 142, 170, 183, 193, 209, 222
トランスシオン・クリスタル 352
トルマリンクォーツ 243, 356

な
内省 46, 65, 163, 170
内分泌系 46, 55, 63, 231, 253, 295
　活気づける(エネルギーを与える) 157
　相関 368, 369, 370
　バランスをとる 68, 83, 114, 119, 138, 170, 191, 215, 219, 226, 301
　(腺の名称別の項目、ホルモン、更年期も参照)
仲間意識 272
流れに従う 175
軟骨組織の問題 175, 284
何でも治す力 90
難読症 184, 254, 280, 297, 299
臭いの吸収 319
肉体の受容 61, 66, 188, 240, 312
ニューエイジ 59, 75, 96, 187, 204, 214
入院 155
庭石 221, 297, 319
人間関係
　安定(化)させる 223, 256

過去世における 174, 265
協力関係 138
困難な 148, 153, 178, 213, 231, 269
所有欲 284
身体的特徴 321
信頼を回復する 236
促進する 97, 111, 122, 137, 173, 211, 244, 348-349
バランスをとる 126, 129
ヒーリング(癒し) 125
理解 347
霊的 139
(依存、家族、忠実、愛も参照)
認識力を高める石 39, 58, 60, 68, 73, 95, 105, 257, 271, 289, 315
妊娠 78, 191, 311
(出産も参照)
忍耐 181
忍耐 52, 121, 126, 145, 158, 201, 300, 302
抜け目のなさ 293
寝汗 299
ネガティブ(な要素)
　追い出す 199, 223, 303
　追い払う 50, 52, 54, 56, 62, 73, 83, 89, 111, 112, 117, 127, 129, 130, 138, 140, 160, 176, 201, 236, 270, 293, 297, 306, 355, 356, 357, 358, 359, 372
　吸収する 91, 101, 117, 131, 155, 183, 185, 197, 257, 281
　情緒的 74, 90, 382
　精神的 65, 107, 146, 152, 291, 298, 309
　そらす 227, 238, 280
　治療中のネガティブなエネルギー 169-170
　中和(無効化)する 240
　変化させる 52, 105, 117, 202, 226, 251, 253, 300, 322
熱
　身体から取り去る 141
　体温のバランスをとる 179
粘り強さ 48, 68, 103
粘膜 127, 130, 138, 321
　強化する 52
　再生 66, 102
　粘液の除去 92
　(副鼻腔も参照)
燃料節約 225
脳 78, 123, 130, 167, 299, 300
　アンバランス 42, 48, 99, 297, 342
　血流 150
　疾患 42, 170, 254, 278, 342
　(アルツハイマー病、痴呆、結合運

動障害も参照)
小脳 168
神経経路 54, 280
相関 368
組織再生 83
ベータ波 56, 240
(神経系も参照)
農業 43, 47, 87, 297, 319
農作物(農業を参照)
脳振盪 80
水腫 42
脳卒中 138
能力を認識する 113, 159, 289, 294
喉 42, 167, 168, 173, 232, 289, 299, 323
エリキシル 372
相関 369
問題 52, 60, 61, 68, 78, 130, 173, 175
(詳しくは、食道、喉頭炎、喉頭、喉の痛み、扁桃炎、声を参照)
喉の痛み 138, 372
慢性 284, 299
喉のチャクラ
活性化する 41, 230, 232, 299
共鳴する 210
刺激する 55, 56, 156, 266, 323
浄化する 200
心臓のチャクラとのつながり 163
調整(協調)する 274
(閉塞や障害を)取り除く 68
バランスをとる 172
ヒーリング(癒し) 41, 97, 253
開く 50, 63, 72, 97, 167, 176, 200, 241, 253, 274
閉塞を取り除く 42, 72, 138, 307
のぼせ 46, 119
呪い 107, 172, 289

は

歯 63, 68, 78, 130, 146, 179, 207
カルシウム濃度 145
水銀中毒 259- 260
相関 368
パーキンソン病 99, 209, 236
バーナクルクリスタル 350
ハーブ療法 132, 134, 300
肺 60, 74, 102, 127, 139, 150, 213, 215, 219, 221, 257, 299, 301, 323
再生する 137
疾患 55, 81, 112, 236, 313
相関 368
破壊的性向 118, 322
吐き気 74, 125
博愛主義 293

育む石 42, 101, 152, 246, 260, 270, 283, 300, 347
「最高の養育者」 154
白昼夢を見ているような感覚 289
白内障 306
激しい怒り 54, 95, 145
励まし 273, 314
働きかける 226
働きすぎ 276
白血病 83, 85, 139
発熱 42, 141, 148, 167, 201, 209, 251, 281, 282
下熱する 42, 48, 107, 139, 205, 286
体温のバランスをとる 179
伝統療法 276
冷却する 91, 272
鼻の問題 130, 181
パニック 164, 246
発作 163, 270, 272, 301, 306
歯の問題(歯を参照)
バランスをとる石 52, 55, 70, 97, 127, 134, 156, 173, 185, 193, 250, 253, 269, 306
エネルギー 133, 136, 200, 247
経験のバランス 157
情緒のバランス 55, 63, 107, 112, 118, 161, 246, 249, 265, 272, 274
精神のバランス 55, 91, 97, 265
霊性のバランス 63
霊性体と精神体のバランス 270
霊性体と肉体のバランス 60
(男性性と女性性のバランス、陰と陽、および身体系別の項目も参照)
繁栄(富を参照)
反抗的な要素 281-282
瘢痕化 247, 299
犯罪者の発見 267
犯罪防止 256
判断 259
判断する 188, 255
販売技術 115
バンピリズム 74, 251, 382
反復性の捻挫 133
ヒーラー 213, 220, 226, 241, 299
エネルギーを向ける 265, 340
活性化力 233
抵抗に対処する 81
ネガティブな要素をフィルタリングする 238, 299
ヒーラーのヒーリング 220
ヒーリング(癒し) 22-27
危険 241, 321, 381
精密な 355
増幅するもの 130, 131, 230
レイアウト 361

ヒーリング(癒し)への受容性 301
冷え 70, 179, 201, 263, 302
悲観主義 284, 291
引き出す 149
膝 369
鼻出血 181
ビジョンクエスト 214, 218, 383
脾臓 52, 63, 78, 83, 101, 119, 152, 171, 184, 213, 303, 323
解毒する 85
刺激する 251, 302
相関 368
ビタミンの吸収 95, 137
ビタミンA 108, 138, 200
ビタミンB群 159, 249
ビタミンC 114, 202
ビタミンD 202
ビタミンE 108, 200
否定 244, 303
人前での話 63, 168, 306, 350
皮肉 145
泌尿生殖器系 74, 119, 167
相関 369
(膀胱、腎臓も参照)
皮膚 40, 78, 110, 138, 159, 181, 203, 213, 245, 270, 301, 309, 311, 321
加齢 260
感染症 486
再生 66, 130
疾患 40, 55, 89, 114, 156, 191, 249, 281, 282, 300
修復 60, 238, 315
浄化 177
しわ 130, 309
相関 369
増殖 108
なめらかにする 236
皮疹 74, 134, 205
(組織も参照)
秘密 207
日焼け 60, 232
ピラミッド 331
疲労 58, 63, 125, 143, 150
更年期の 119
(慢性疲労症候群も参照)
火渡り 66
貧血 141
不安 65, 90, 99, 150, 163, 359
不安定性 193
ファントム 330
風水の石 221
フォールトライン 380
不確実性 65, 293
不感症 95, 139
不器用さ 193
副甲状腺 167, 184
副腎 74, 152, 167, 171, 236
アドレナリン 83
刺激する 251
鎮める 91

バランスをとる 211
副鼻腔 74, 127, 148, 269
　副鼻腔炎 130, 299
腹部 211, 241, 315
不死性 107
不十分感 149
侮辱 247
不信 138
父性 300
不耐 179
ブッダクリスタル 120, 351
不貞 127, 305
不動性 94, 206
船乗りのお守り 67
不妊 138, 238, 269, 274, 321
　感染によるもの 114
　卵管 369
　（受胎力も参照）
不眠 55, 59, 105, 114, 141, 173, 177, 193, 272, 299, 300
　ジオパシックストレスによる 143
　精神活動の過剰による 54, 144
　夢遊病 191
プラーナエネルギー 382
　（気も参照）
フリーラジカル 260
ブリッジクリスタル 350
プルトニウム汚染 183
分析能力
　教える 89
　強化する 107
　刺激する 105, 177, 202
　創造性のバランスをとる 150
　促進する 39, 95, 97, 118, 139
分離した感覚を解消する 219
ベータ波の脳波 56, 240
平穏をもたらす石 52, 121, 139, 141, 153, 162, 172, 174, 178, 185, 221, 230, 235, 253, 259, 359, 372
閉所恐怖症 114, 127, 301
閉塞を解消する石 54, 72, 87, 92, 174, 198, 219, 297, 311, 356, 358
　エネルギーの閉塞 115, 175, 197, 201, 225, 298, 320, 355, 357
　過去世 142
　過剰エネルギー 133
　コミュニケーションの閉塞 77
　精神的閉塞 58, 198, 223, 254, 299
　霊的な閉塞 47
　（オーラの「閉塞を取り除く」、チャクラ（概要と個別の説明）、精妙体も参照）
臍のチャクラ
　アストラルトラベル 156
　グラウンディング 52
　浄化する 117

調整（協調）する 274
バランスをとる 184
開く 274
別離 143
変化
　新たな始まり 91, 123, 165, 190
　依存性の性格の人における変化 289
　イメージの変化 193
　行動パターンの変化 177
　受容する 109, 111, 175, 236, 321
　順応する 85, 99, 101, 153, 230
　奨励する 157, 183, 213
　積極的に受け入れる 97, 114, 282
　促進する 83, 107, 121, 211, 238, 248, 263
　定着させる 289
　肉体的変化 110
　変化の間の支援 159, 170
　（移行の石も参照）
偏狭さ 110, 129
偏見 58, 110
片頭痛 23, 74, 92, 125, 148, 161, 173, 179, 245
扁桃炎 267
便秘 92, 119, 232, 301, 372
ホームシック 98, 189
ボールクリスタル 326, 330
ポイント 328, 330, 354
宝冠のチャクラ 40
　活性化する 117, 123, 251, 254
　基底のチャクラとのつながり 136, 226
　クンダリーニ 161
　刺激する 55, 121, 131, 156, 254, 265
　心臓のチャクラとのつながり 104, 254, 265
　調整（協調）する 82
　肉体的のつながり 274
　バランスをとる 105
　開く 76, 79, 80, 82, 121, 158, 176, 188, 259, 262, 300
　保護する 138
暴行 92
膀胱 52, 85, 119, 221, 299, 313, 369
縫合部分 152
放射線 143, 155, 164
　疾患 240
　障害 272
　防御 183, 225, 298
放射能発生源 183
報復 247
法律が関わる状況 138, 141

暴力 160, 231, 281, 303-304
母岩 381
保護作用のある石 19, 45, 52, 54, 60, 83, 85, 86, 95, 107, 149, 152, 155, 160, 162, 169, 183, 197, 214, 221, 240, 256, 275, 289, 297, 305, 355, 358, 359
　家のための 259, 374
　エリキシル 372
　危険に対し 211
　犯罪に対し 256
　魔法に対し 127
　レイアウト 361
　霊に対する防御 108, 128
　（オーラ、チャクラ、電磁スモッグ、汚染、精妙体の項も参照）
星型クリスタル 98
ポジティブ（な要素） 94, 124, 127, 145, 149, 179, 209, 240, 243, 244, 245, 251, 273, 280, 284, 298, 316
姿勢 238
所有欲 284
母性本能 101
保存 66
発疹 249
母乳による授乳 101, 103, 107, 191, 205, 260
骨 78, 130, 150, 207, 257
　カルシウム濃度 145
　強化する 89, 99, 138
　骨髄 131, 173, 207, 369
　骨折 184, 289
　疾患 42, 112, 131, 179
　成長 247
　調整 91
　ヒーリング（癒し） 63, 70, 95, 101
　（詳しくは関節、骨粗鬆症を参照）
ホメオパシー 78, 134, 381
　（ミアズムも参照）
ホルモン
　産生を促進 55
　バランスをとる 68, 83, 114, 119, 138, 170, 191, 215, 219, 226, 301
　（内分泌系も参照）

ま

マグネシウムの吸収 108, 137, 164, 265
魔術
　過去世におけるキリスト教会からの迫害 317
　関連した石 83, 84, 186
　儀式 80, 275, 297, 317
麻酔 163
麻痺 107, 303
マラリア 148

索引

慢性疲労症候群(CFS) 58, 63, 119, 301, 302, 321, 379
ミアズム 78, 112, 121, 215, 381-382
見えなくする力 209
味覚の回復 278, 293
水入り 327
見捨てられること 125, 270, 284
水の浄化 227
満たす 79, 80, 142, 230, 246, 248, 321
ミネラル
　吸収 95, 101, 108, 134, 137, 241
　欠乏 156
　蓄積(沈着) 101
　バランスをとる 155
　(詳しくは、カルシウム、銅の吸収、鉄の吸収、マグネシウムの吸収、亜鉛の吸収を参照)
耳 97, 130, 247, 257, 368
メニエル病 125
無益感 200
無気力 62, 89, 94, 213, 251, 290, 321, 322
無私 85
虫
　殺虫剤 99, 282, 297
　虫刺され 247
矛盾 58, 156, 158, 240
無知 110, 167
無頓着 290
胸やけ 138
夢遊病 191
目 40, 56, 92, 101, 105, 110, 193, 203, 210, 215, 289, 299, 300, 306
　エリキシル 372
　遠視 68
　活性化 66
　感度を回復する 257
　強化する 213, 223
　近視 68
　刺激する 137
　視神経 184
　視力改善 254
　視力回復 245
　全身疾患 97, 114, 119, 130, 170, 191, 200
　相関 368
　白内障 306
　はっきりさせる 46, 91, 123, 253, 309
　夜間視力 46, 83, 200, 289
　和らげる(鎮める) 74, 127
　緑内障 102, 123
名声 294
瞑想 32-33, 37, 87
　動く瞑想 218
　穏やかさをもたらす 111, 178, 230

グラウンディング 86, 168, 310, 346
クンダリーニ 254
高次の世界との同調 68, 91, 93, 270
心の静けさ 76, 95, 145, 223, 225, 240, 259, 260, 313
古代の叡智にアクセスする 228, 339, 340
準備 70, 77
セルフヒーリング(自己治癒) 262
促進する 46, 57, 71, 72, 131, 156, 167, 181, 201, 203, 211, 214, 233, 265, 294, 306, 309
太陽の力 283
旅 248
波動を高める 97, 240
秘密を明らかにする 98, 345
火渡り 66
深める 62, 113, 220, 231, 323, 351
導き 120, 242
誘発 162, 174
理解 54, 271
女神 157, 175, 353
メニエル病 125
めまい 81, 173, 184, 236
免疫系 269, 299, 301
　強化する 48, 58, 70, 89, 102, 103, 156, 157, 173, 177, 211, 226, 230, 249, 257, 272, 299, 321, 323
　刺激する 56, 72, 85, 91, 158, 163, 225, 301, 373
　鎮める 68
　疾患(自己免疫疾患を参照)
　浄化する 173
　促進する 102, 306
　相関 370
　バランスをとる 107
　霊性の(免疫) 306
　(リンパ系も参照)
毛細血管 42, 44, 286, 370
妄想 245, 280, 297
毛髪 181, 191, 193, 311, 321
燃え尽き 211
目的の欠如 173
言語能力 102
喉頭 168, 173, 272, 278, 299
喉頭炎 278
指導力(リーダーシップ) 73, 251, 269
怠惰(無気力を参照)
乳糖不耐症 139
母乳分泌を増加 101
レーザークォーツ 355
レイアウト 373-374
レイヤードクリスタル 332

問題解決 56, 107, 193, 243, 287, 293, 311
　解決策を見つける 40, 223, 297, 308, 356
　原因を見つける 200, 238
　問題を見つける 46, 156, 260
　両面を見る 50, 82, 246, 300

や

夜間視力 200, 289
薬物問題 270
　(依存症も参照)
火傷 91, 112, 226, 236, 299
優しさ 300
薬効の利用 138
やる気 54, 62, 89, 94, 118, 250, 290, 292
和らげる(鎮める)石 39, 50, 83, 130, 152, 203, 292
憂鬱 101, 150
憂鬱症 213
勇気 67, 80, 85, 94, 137, 155, 251, 314, 321
友情 126, 152, 173, 184, 223, 256, 270, 302
幽体離脱体験
　(アストラルトラベルを参照)
行方不明者 343
豊かさを引き寄せるもの 43, 95, 115, 122, 291, 293, 320, 333
癒着 130
夢
　明らかにする 103, 240
　癒しの夢 167
　思い出す 96, 142, 145, 155, 157, 167, 254, 372
　刺激する 55, 83, 85, 184, 251, 301
　促進する 245
　明晰夢 121, 190
　予言夢 157
　理解する 54, 152, 172, 308
　悪い夢 101
　(悪夢も参照)
許し 82, 92, 114, 202, 238, 247, 280, 292
　自分自身の 205, 213, 236, 265, 280
用語集 378-383
幼少期 114, 268-269
　インナーチャイルド(内なる子供)のヒーリング(癒し) 114, 125, 251
妖精の十字架 275
腰背部の問題 370
　下背部 95, 211
　坐骨神経痛 177
　脊椎の調整 78, 133, 141, 200, 259, 299, 301
　椎間板の弾力性 70
　椎骨のヘルニア 200

398

背部の強化 241
腰部 93, 139, 152, 159, 241
抑圧
　解放する 40, 65, 87, 173, 236
　拒絶への恐れ 42
　処理する 129, 157, 219, 245, 284, 322
　「何でも言うことを聞く都合の良い人」 316-317
抑うつ 40, 48, 52, 58, 63, 90, 92, 118, 139, 146, 150, 161, 163, 164, 173, 177, 227, 232, 240, 253, 257, 276, 289, 302, 303, 306, 321, 327
　季節性情動障害 284
　高齢者における 95
　神経衰弱 268
　双極性障害 105, 175, 177, 213
抑制 136, 184, 209, 284
欲望(性的) 207
欲望 209, 270
　抑える 65, 274, 290
　満たされていない 141
予言(水晶占いを参照)
予知 219, 221
欲求不満 63, 105, 150, 167, 253
喜びをもたらす石 83, 101, 102, 112, 118, 127, 153, 231, 283, 293, 300

ら

ライトボディ 167, 189, 231, 381
　活性化する 142, 216
　固定する 231, 259, 320
ライトライブラリー 337, 381
ライフパス・クリスタル 346

落胆 177, 227, 316
ラジオニクス 164, 170, 200, 352, 382
楽観主義 48, 52, 58, 80, 102, 118, 223, 284, 294
卵管 369
卵巣疾患 323
乱用 94, 231, 247, 270
　精神的 269
　性的 244
リウマチ 95, 107, 127, 130, 138
　(骨、関節、筋肉系も参照)
理解 107, 127, 142, 147, 254, 259, 297, 303
　心からの 200
　二重の意味を読み取る 92
　複雑な概念 184
理解する 209
利己主義 145
リスクを冒す 183
理想主義 85, 114, 271
利他主義を促進するもの 52, 298
　(人道(博愛)主義も参照)
利尿 60
リフレーミング 382
リフレクソロジー 175
療法家 170, 197, 238, 299
　(カウンセラー、ヒーラーも参照)
緑内障 102, 123
リラクセーション 46, 90, 93, 138, 178, 241, 293, 301, 309
リンパ系 103
　感染症 42
　強化する 68
　刺激する 85, 102
　腫瘍 48, 55, 161
　浄化する 40, 236, 251, 272, 280
　(体液も参照)

倫理 299
霊感 210, 379
レイキ(霊気) 65, 200, 319, 382
冷却作用のあるクリスタル 23, 41
霊視 125, 183, 209, 254
霊性 379
　活性化する 68, 210
　刺激する 96, 142, 190, 291
　刺激する 232
　促進する 266, 310, 313
　促進する 54, 127, 171, 285
　開く 112, 137, 310
霊聴 234, 379
霊的成長(成長の項を参照)
霊的ビジョン(視力(霊的)を参照)
レイノー病 70, 141
レイライン 44, 69, 381
レインボークリスタル 327, 349
レコードキーパー 90, 98, 338
劣等感 138, 150
レムリア 381
老人性痴呆症 101, 236
浪費 313
論争 40
論理 167, 271, 287

わ

若返り 273
和合性を高める 58
ワンド 23, 24, 327, 354
　アメジスト 358
　オブシディアン 358
　クォーツ 354, 359
　セレナイト 359
　トルマリン 356
　フォーゲル 357
　フローライト 357

ガイアブックスの本

クリスタル百科事典

この一冊で
クリスタルのす+べて
を知ることができる

ジュディ・ホール 著
本体価格 4,800円

著者ジュディ・ホールが、30年にわたる経験に基いて、400種を超えるクリスタルの深遠な神秘や不思議な力を紹介。色別によるわかりやすい分類、鮮明な写真でクリスタルの本当の価値が判る決定版。

新クリスタルバイブル

200種類以上の
新しく発見された
"癒しの石"

ジュディ・ホール 著
本体価格 2,600円

新たに発見された200種類以上をオールカラーで紹介。クリスタル図鑑と癒しへの利用法、環境やカルマに与える影響を解説した総合ガイド。

THE CRYSTAL BIBLE
クリスタルバイブル

発　　　行　2004年3月10日
第　9　刷　2019年3月1日
本 体 価 格　2,600円
発 行 者　吉田　初音
発 行 所　株式会社 ガイアブックス
〒107-0052 東京都港区赤坂1丁目1番地
　　　　　　　　　　細川ビル2F
TEL.03(3585)2214　FAX.03(3585)1090
http://www.gaiajapan.co.jp

Copyright GAIABOOKS INC. JAPAN2019
ISBN 978-4-88282-354-4 C0040

落丁本・乱丁本はお取り替えいたします。
本書を許可なく複製することは、かたくお断りします。
Printed and bound in China

著　者：ジュディ・ホール（Judy Hall）
カウンセリング、ヒーリング、占星術などの専門家の資格をもち、イギリスで長く活動している。1943年生まれ。著書は、『クリスタルを活かす』『クリスタル占星術』『前世占星術』『クリスタル百科事典』『新しく見つかったクリスタル＆癒しの石』（いずれもガイアブックス）など多数。

翻訳者：越智 由香（おち ゆか）
大阪外国語大学イスパニア語学科卒業。訳書に『ペットの自然療法事典』『風水バイブル』『クリスタル百科事典』（いずれもガイアブックス）など。